Wissenschaftliche Beiträge aus dem Tectum Verlag

Unterreihe Psychologie

Band 1

Sozial ängstliche Kinder: Untersuchungen zum mimischen Ausdrucksverhalten und zur Emotionserkennung

von

Siebke Sophie Melfsen

Tectum Verlag
Marburg 1999

Die Deutsche Bibliothek - CIP-Einheitsaufnahme

Melfsen, Siebke Sophie:
Sozial ängstliche Kinder: Untersuchungen zum mimischen
Ausdrucksverhalten und zur Emotionserkennung
/ von Siebke Sophie Melfsen
- Marburg : Tectum Verlag, 1999
Zugl: Univ. Diss Marburg 1998
ISBN 3-8288- 8008-8

Tectum Verlag
Marburg 1999

ANHANG

1. EINLEITUNG

Während im Bereich der psychischen Störungen bei Erwachsenen in den letzten 25 Jahren beachtliche Erkenntnisfortschritte erzielt wurden, fehlt eine vergleichbare Forschung bei Kindern. Das Interesse an der Klinischen Kinderpsychologie ist in stärkerem Ausmaß erst in den 90er Jahren erwacht, und der Kenntnisstand ist dementsprechend noch gering. Dieser Rückstand in der Forschung steht im Widerspruch zum Bedarf: Epidemiologische Studien zeigen, daß 17-22% der Kinder und Jugendlichen unter 18 Jahren in den westlichen Industriestaaten an Entwicklungsstörungen, emotionalen Störungen oder Verhaltensstörungen leiden (Kazdin, 1994). Viele Dysfunktionen, die in der Kindheit auftreten, zeigen zudem lebenslang ungünstige Konsequenzen. Fortschritte in der grundlagenorientierten Klinischen Kinderpsychologie sind erforderlich, um genaue Deskriptionen der Störungsbilder vorlegen und auch Modelle für die Aufrechterhaltung der Symptomatik entwickeln zu können. Erst auf dieser Grundlage können gezielte Präventiv- und Behandlungsangebote erarbeitet werden.

Die vorliegende Arbeit beschäftigt sich mit der sozialen Angst im Kindesalter. Aufgrund ihrer weiten Verbreitung kommt dieser Angst eine besondere Bedeutung zu. Denkt man zudem an die wichtige Rolle, die soziales Verhalten in der Entwicklung des Kindes spielt, sowie an die Folgen sozialer Isolierung in der Kindheit, so wird die Notwendigkeit grundlagenorientierter Forschung in diesem bislang vernachlässigten Bereich offenkundig.

In einer Serie von Untersuchungen werden im folgenden spezielle Aspekte der emotionalen Kompetenz sozial ängstlicher Kinder beleuchtet. Es wird überprüft, inwieweit bei ihnen bestimmte Defizite und Auffälligkeiten im mimischen Emotionsausdruck und in der mimischen Emotionserkennung bestehen.

Die Arbeit gliedert sich in einen theoretischen und einen empirischen Teil. Im theoretischen Teil werden Konzepte der sozialen Angst bei Kindern und das Konzept der emotionalen Kompetenz vorgestellt. Im empirischen Teil werden zunächst zwei Vorstudien beschrieben. Sie sind der Bereitstellung von zwei diagnostischen Instrumentarien zur Erfassung der sozialen Angst bei Kindern gewidmet.

Es folgt die Darstellung der Hauptstudien. Vorangestellt sind die Ergebnisse einer Befragung der Mütter zu Vorläufer- und Begleitsymptomen der sozialen Angst ihrer Kinder sowie zum Auftreten sozialer Angst bei Mitgliedern der Ursprungs-familie. Wenngleich diese Befragung nicht mit einem validierten Instrument erfolgte, könnten die erhaltenen Informationen doch erste Anhaltspunkte für mögliche Hintergrundvariablen der sozialen Angst im Kindesalter geben. Kernstück der vorliegenden Arbeit sind drei experimentelle Untersuchungen zum mimischen Emotionsausdruck und zur mimischen Emotionserkennung sozial ängstlicher Kinder. Diese drei Studien wurden an derselben Stichprobe durchgeführt. Um Redundanzen zu vermeiden, wurde die Beschreibung der Stichprobe vorgeschal-tet. Im übrigen erfolgt die Schilderung der einzelnen Studien so, wie man sie für Einzelveröffentlichungen vornehmen würde.

Die Befunde der Untersuchungsreihe stützen im wesentlichen die Annahme, daß es bei sozial ängstlichen Kindern Auffälligkeiten im mimischen Emotionsausdruck und in der mimischen Emotionserkennung gibt. Viele Fragen bleiben ungeklärt. Die Verfasserin hofft jedoch, mit der vorliegenden Arbeit einen kleinen Beitrag zum besseren Verständnis der sozialen Angst bei Kindern geliefert zu haben.

2.   SOZIALE ANGST BEI KINDERN

Im folgenden wird ein Überblick zur sozialen Angst bei Kindern gegeben, der inhaltlich z. T. über die Themen hinausgeht, die in den empirischen Untersuchungen behandelt werden. Das betrifft z. B. die Vorstellung von Konzepten der sozialen Angst und Modellen der Sozialphobie. Diese Erweiterung des Theorieteils erfolgte, weil es entsprechende Überblicke zur sozialen Angst und Sozialphobie bei Kindern bisher nicht gibt und weil bei der Vorstellung der Studien auf Fachtagungen immer wieder Rückfragen zu Begriffsklärungen und Abgrenzungen verschiedener Konzepte der sozialen Angst gestellt wurden.

2.1   Erscheinungsbild der sozialen Angst

Fallbeispiel I

Mit einer tief ins Gesicht gezogenen Schirmmütze kam P., 11 Jahre, in den Untersuchungsraum. So konnte weder er anderen, noch konnten andere ihm in die Augen schauen. Seine kurzen Antworten gab er mit leiser Stimme, drehte dabei oftmals den Kopf weg. Situationen, in denen er im Mittelpunkt der Aufmerksamkeit stand und Situationen mit Fremden vermied er. In diesen Situationen befürchtete er, „etwas falsch zu machen und dann ausgelacht" zu werden. Außerdem würde er oftmals rot werden, und das sei ihm peinlich. Die Frage, ob er schüchtern sei, verneinte er. Ps Mutter berichtete, daß er schon von früher Kindheit an sehr ängstlich gewesen ist. Nach Beginn der Schule verstärkten sich seine sozialen Ängste. Er beteiligte sich kaum am Unterricht. Vor Klassenarbeiten klagte er über Magenschmerzen und versuchte, mit der Mutter zu verhandeln, um nicht zur Schule zu müssen. P. hatte zwar mehrere Freunde, bei fremden Kindern hatte er sich jedoch solange in der Nähe seiner Mutter aufgehalten, bis diese ungehalten reagierte. Seine Mutter beschrieb, daß er lieber stundenlang allein auf dem Schulhof wartete, als mit zu den Eltern seiner Freunde zu gehen. Selbst zur Nachbarin traute er sich nicht. Wenn seine Mutter darauf bestand, reagierte er trotzig und mit Wutanfällen.

Fallbeispiel II

J., 9 Jahre, flüsterte ihre Antworten kaum hörbar. Wurde sie angesprochen, so drehte und wendete sie sich auf ihrem Stuhl, ihre Hände begannen, das Gesicht oder die Kleidung zu bearbeiten. Selten sprach sie von sich aus. Ihre Mutter berichtete, daß sie Gleichaltrige bereits im Kindergarten fast nur aus sicherer Distanz beobachtete, obwohl sie ihrer Mutter oftmals berichtete, wie sehr sie sich eine Freundin wünsche. In der Schule stand sie alleine auf dem Schulhof, zu Hause zog sie sich in ihr Zimmer zurück. Auf Vorschläge der Mutter, in einen Sportverein zu gehen, reagierte sie mit Tränen: Sie befürchtete, von den anderen nicht gemocht und abgelehnt zu werden. Von Einladungen zu Geburtstagsparties berichtete sie der Mutter oftmals gar nicht erst. Nur wenn die Mutter mitkam, ging sie zu Gleichaltrigen. Da ihre Mutter selber soziale Ängste hatte und Feiern und Einladungen häufig vermied, hatte sie großes Mitleid mit ihrer Tochter.

Soziale Angst zeigt sich im Ausdrucksverhalten interindividuell unterschiedlich. Die größte Übereinstimmung besteht im reduzierten Sprechverhalten. Sozial Ängstliche beginnen seltener Gespräche, sprechen weniger, lassen längeres Schweigen entstehen und können weniger gut mit Unterbrechungen durch den Gesprächspartner umgehen. Der Zusammenhang zwischen spezifischen Körperhaltungen, Bewegungen oder dem Blickkontakt ist weniger konsistent (Asendorpf, 1990a). Besonders interessant könnte in diesem Zusammenhang auch das mimische Ausdrucksverhalten sein. Doch liegen unseres Wissens hierzu bislang keine Untersuchungen vor.

Soziale Isolation vs. Integration (Abb. 2.1): Grund zur Besorgnis vieler Eltern ist oftmals weniger die soziale Angst selbst als die soziale Isolation ihres Kindes. Sie fragen sich, warum das Kind so oft allein ist.

Tatsächlich ist bei vielen, aber nicht allen sozial ängstlichen Kindern die soziale Isolation ein großes Problem. Sozial isolierte Kinder werden von ihren Alterskameraden entweder nicht beachtet oder aber zurückgewiesen.

Die soziale Isolation kommt allerdings nicht nur bei sozial ängstlichen Kindern vor. Kinder mit aggressiven Verhaltensweisen sind zumeist isoliert, weil sie von der Gruppe abgelehnt werden. Sie zeigen nicht immer soziale Angst, sondern oftmals nur Unverständnis für ihre Situation.

Aber auch Kinder, die sozialen Rückzug zeigen, leiden nicht immer unter sozialer Angst. Von der sozialen Angst zu unterscheiden ist die *Ungeselligkeit*, bei der ein nur geringes Kontaktbedürfnis vorhanden ist und somit kein Leidensdruck aufgrund der sozialen Isolation besteht. Es gibt Kinder, die wenig soziale Interaktionen zeigen, weil sie es einfach vorziehen, alleine zu sein, nicht weil sie Probleme hätten, wenn sie mit anderen interagieren wollten. Im Unterschied zur Ungeselligkeit besteht bei der sozialen Angst der starke Wunsch nach mitmenschlichem Kontakt. Soziale Angst und Ungeselligkeit sind in Bezug auf ihre Reaktionen auf soziale Situationen in der mittleren Kindheit häufig schwierig zu unterscheiden. Ungesellige Kinder zeigen die gleiche Bevorzugung nicht-sozialer Aktivitäten, in sozialen Interaktionen zeigen sie aber keine Auffälligkeiten.

Eine zweite Subgruppe sozial ängstlicher Kinder ist nicht sozial isoliert, sondern integriert. Ihre sozialen Ängste betreffen nicht das Interaktionsverhalten mit vertrauten Gleichaltrigen, sondern z. B. mit fremden Gleichaltrigen oder mit Erwachsenen.

INTERAKTIONSRATE

Soziale Integration

Soziale Isolation

GRUPPENSTATUS

Abgelehnt

Unbeachtet

VERHALTEN DES KINDES IN GRUPPEN

Aggressives Verhalten

Sozialer Rückzug

KONTAKTBEDÜRFNIS

SOZIALE ANGST?

Mittelstark oder stark

Gering

UNGESELLIGKEIT

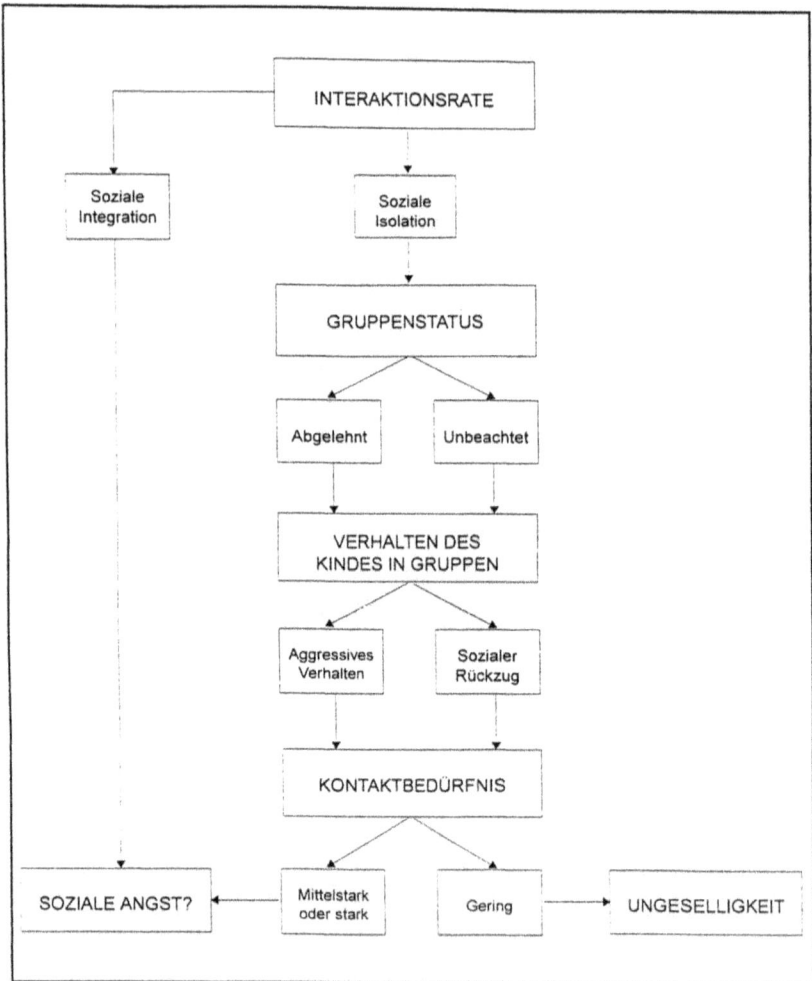

Abbildung 2.1 Soziale Angst I: Soziale Isolation vs. Integration

Gefürchtete Situationen und auftretende Reaktionen (Abb. 2.2): Bei der sozialen Angst im Kindesalter kann nicht nur nach sozialer Isolation vs. Integration unterschieden werden, sondern auch z. B. nach der Art der gefürchteten Situation(en) und der Reaktionen auf diese Situationen.

SOZIALE ANGST

GEFÜRCHTETE SITUATIONEN

BEKANNTHEITSGRAD

Angst auch vor vertrauten Situationen — Angst nur vor fremden Situationen

INTERAKTIONSPARTNER

Angst vor Kindern und Erwachsenen — Angst vor Kindern — Angst vor Erwachsenen

SOMATISCHE KOMPONENTE

Körperliche Symptome vorhanden — Körperliche Symptome nicht vorh.

KOGNITIVE KOMPONENTE

Starke Bewertungs-ängste — Schwache Bewertungs-ängste

VERHALTENS-KOMPONENTE

Aktives Vermeidungs-verhalten — Unbehagen

LEIDENSDRUCK

JA — NEIN

| Mutismus | Selbstunsichere Persönlichkeits-störung | Generalisierte Sozialphobie | Spezifische Sozialphobie | Subklinische Formen der sozialen Angst | Vorübergehender Zustand der Schüchternheit |

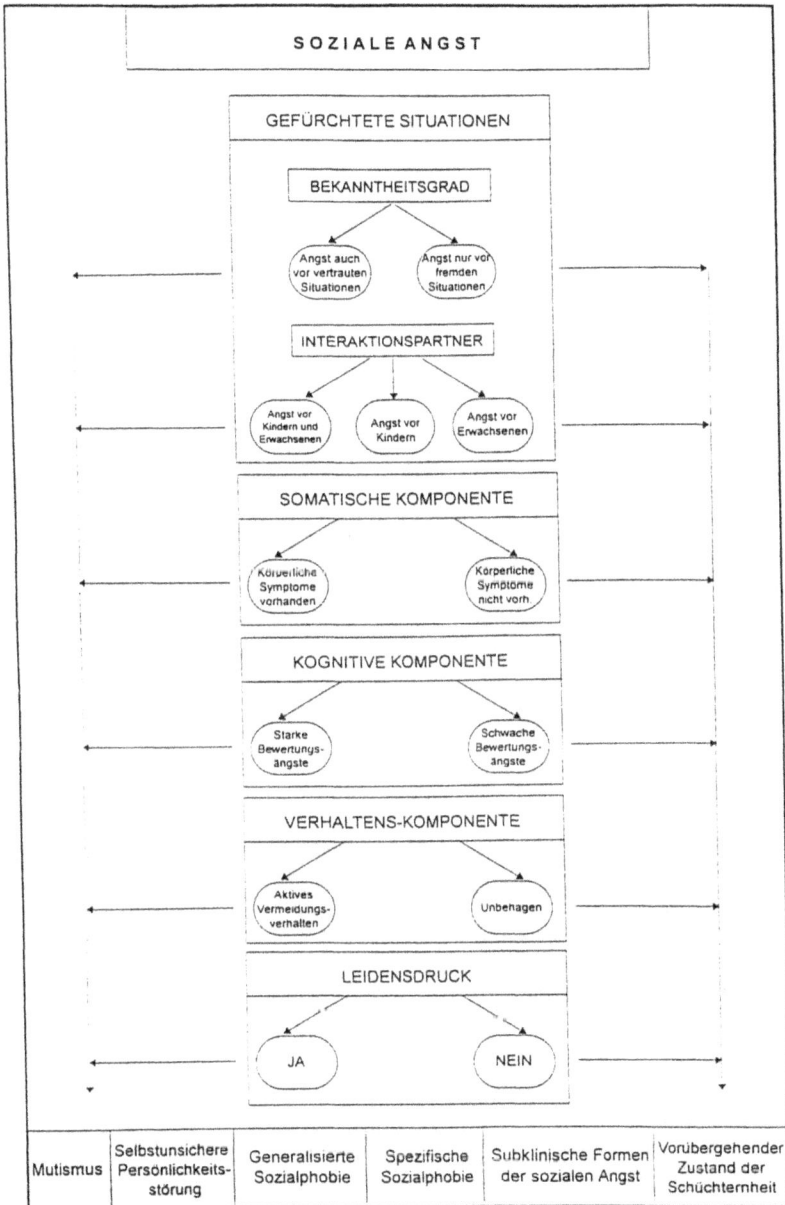

Abbildung 2.2 Soziale Angst II: Gefürchtete Situationen und Art der Reaktionen

1. *Soziale Situationen*: Tritt die soziale Angst auch in eigentlich vertrauten oder nur in fremden, nicht vertrauten Situationen auf?
2. *Interaktionspartner*: Bezieht sich die soziale Angst nur auf erwachsene Interaktionspartner, nur auf Kinder oder auf beide?
3. *Körperliche Symptome*: Welche körperlichen Symptome treten in den sozialen Situationen auf?
4. *Kognitionen*: Wie stark ist die Angst der Bewertung durch andere ausgeprägt?
5. *Vermeidungsverhalten*: Lassen sich aktives oder passives Vermeidungsverhalten oder lediglich ein Unbehagen in den gefürchteten sozialen Situationen beobachten?
6. *Leidensdruck*: Wie stark ist der Leidensdruck?

2.2 Konzepte der sozialen Angst

"Soziale Angst" wird als Oberbegriff für eine Vielzahl von Konzepten verwendet, die sich auf ein Unbehagen in sozialen Situationen beziehen. "Social anxiety arises whenever people are motivated to make particular impressions on others, but doubt that they will be successful in doing so" - so die Theorie von Leary (1986, S. 122). Entsprechend beschreibt Leitenberg (1990) das Wesen der sozialen Angst als Furcht, zu versagen, sich lächerlich zu machen oder durch ungeschicktes Verhalten gedemütigt zu werden.

Die unterschiedlichen Konzepte der sozialen Angst haben zumeist ihre eigenen, gesonderten Forschungstraditionen und Definitionen. Es handelt sich aber nicht immer um eine echte Differenzierung zwischen ihnen, sondern es bestehen theoretisch-konzeptuelle Unklarheiten. Entsprechend schwierig ist eine Zusammenschau bisheriger Forschungsergebnisse. Vieles spricht für eine graduelle statt für eine qualitative Unterscheidung folgender Konzepte der sozialen Angst:

1. Vorübergehender Zustand der Schüchternheit
2. Länger andauernde Schüchternheit
3. Spezifische Sozialphobie
4. Generalisierte Sozialphobie

5. Selbstunsichere Persönlichkeitsstörung

6. Selektiver Mutismus

2.2.1 Konzepte, die möglicherweise im Zusammenhang mit der sozialen Angst bei Kindern stehen

2.2.1.1 Behavioral inhibition

Im frühen Lebensalter wird zumeist anstelle von sozialen Ängsten von *behavioral inhibition* gesprochen. In verschiedenen Studien wurden Zusammenhänge zwischen *behavioral inhibition* und Angststörungen festgestellt (Biedermann et al., 1990; 1993; Rosenbaum et al., 1988; 1991a; 1991b; 1992). Inwieweit es sich um verschiedene Konzepte handelt, ist bislang ungeklärt.

2.2.1.1.1 Beschreibung und Definition

Behavioral inhibition ist ein früh erfaßbarer Reaktionsstil, der durch Gehemmtheit, Vermeidung und Unbehagen in neuen Situationen charakterisiert ist. Dieser Reaktionsstil bezieht sich nicht nur auf unbekannte Personen, sondern auch auf unbekannte Objekte und Situationen (Garcia-Coll, Kagan & Reznick, 1984). Es gibt umfassende Forschungsarbeiten zu Verhaltens- und physiologischen Korrelaten der *behavioral inhibition* (z. B. Asendorpf, 1991, 1993; Broberg, Lamb & Hwang, 1990; Kagan, Reznick & Snidman, 1987; Matheny, 1989). Die stärkste Aufmerksamkeit hat das *behavioral-inhibition*-Konzept von Kagan und Mitarbeitern erhalten (z. B. Garcia-Coll et al., 1984). Es wurde ein *behavioral-inhibition*-Index gebildet, der die Latenzzeit bis zur Interaktion mit unbekannten Personen, die Zurückhaltung beim Spiel und den angespannten Ausdruck gegenüber Versuchsleiter oder Objekt umfaßte. Nach Kagan (1989) zeigen etwa 10-20% der Kinder im Alter von zwei Jahren in ungewohnten Situationen *behavioral inhibition*. Eine etwas größere Gruppe, etwa 30-35%, zeigen einen komplementären Reaktionsstil. Kagan postuliert einen qualitativen Unterschied zwischen den beiden Kategorien *inhibited* und *uninhibited*. Da es sich bei seiner Stichprobe um eine bereits vorselegierte Gruppe handelte, ist die Häufigkeit von *behavioral inhibition*

9

in der normalen Population geringer einzuschätzen. Kritik an dem verwendeten *behavioral-inhibition*-Index bezieht sich u. a. darauf, daß die berücksichtigten Verhaltensmaße zwar eine Augenscheinvalidität für *behavioral inhibition* besitzen, aber selbst bei den Extremgruppen nur gering miteinander korrelieren.

Eine Reihe von Langzeitstudien (Garcia-Coll et al., 1984; Kagan, 1989; Kagan, Reznick, Clarke, Snidman & Garcia-Coll, 1984; Kagan, Reznick & Snidman, 1988; Kagan, Reznick, Snidman, Gibbons & Johnson, 1988; Reznick et al., 1986) ergaben, daß *behavioral inhibition* ein weitgehend stabiler Reaktionsstil ist, der jedoch nicht irreversibel ist. Die Langzeitstudien von Kagan verwenden allerdings Aufgaben, die für die verschiedenen Altersstufen nicht gleichwertig sind. Damit erklären sich möglicherweise einige der unterschiedlichen Befunde für die verschiedenen Altersgruppen. Weiterhin wurden Variablen, wie die Art der täglichen Kinderbetreuung, nicht kontrolliert. Nach Asendorpf (1993) spielen solche Umweltfaktoren aber eine wichtige Rolle für die Beeinflussung von *behavioral inhibition*.

Die Annahme, daß *behavioral inhibition* eine genetische Basis hat, wurde in Studien mit mono- und dizygotischen Zwillingen untersucht. Die Korrelationen zwischen den *behavioral inhibition* Indices waren bei den monozygotischen Zwillingen signifikant höher als bei den dizygotischen Zwillingen (Matheny, 1989). Die Heritabilitätsschätzungen sind für die beiden Extremgruppen der behavioral inhibition jedoch höher als für die Gesamtgruppe (DiLalla, Kagan & Reznick, 1994). Der genetische Einfluß könnte also für diese beiden Extremgruppen besonders stark sein. Damit stimmt überein, daß sich die *behavioral inhibition*-Eigenschaften in den Extremgruppen als stabiler erwiesen.

Aus diesen Untersuchungsbefunden kann auch abgeleitet werden, daß soziale Ängste möglicherweise eine genetische Prädisposition besitzen.

2.2.1.1.2 Physiologische Korrelate

Behavioral inhibition wurde mit einer Reihe physiologischer Korrelate in Verbindung gebracht. Am häufigsten wurden aber die Herzrate und die Herzratenvariabilität untersucht. Kinder mit *behavioral inhibition* zeigten im Alter von 21 Monaten bis 5.5 Jahren stabilere Herzraten und eine geringere Herzratenvariabilität als

Kinder ohne *behavioral inhibition* (Garcia-Coll et al., 1984). Diese Unterschiede waren im Alter von 7.5 Jahren aber nicht mehr statistisch signifikant. Andere physiologische Variablen, die untersucht wurden, umfassen die Pupillenweite sowie den Cortisol- und den Noradrenalinspiegel (Reznick, Kagan, Snidman, Gersten, Baak & Rosenberg, 1986). Kinder mit *behavioral inhibition* zeigten z. B. eine stärkere Pupillenweitung bei kognitivem Streß. Kagan (Kagan, Snidman & Arcus, 1992) führt diese Unterschiede auf unterschiedliche Reizbarkeit der Amygdala und ihrer Projektionen zum motorischen System, dem cingulate und frontalen Cortex, dem Hypothalamus und dem sympathischen Nervensystem zurück. Davidson (1992) und Fox (1991) zeigten, daß Kinder mit *behavioral inhibition* eine stärkere Desynchronisation der Alpha-Aktivität im rechten Frontalhirn, Kinder ohne *behavioral inhibition* eine stärkere Desynchronisation im linken Frontalhirn haben.

Die physiologischen Maße sind weniger stabil als die Verhaltensmaße. Eine Erklärung könnte darin liegen, daß die untersuchte Altersgruppe sehr schnelle physische Veränderungen zeigt. Gleichwohl sind die physiologischen Befunde bislang sehr inkonsistent, sieht man von der höheren und stabileren Herzrate ab.

Untersuchungen an erwachsenen Sozialphobikern lassen eine höhere Herzrate in den gefürchteten Situationen erkennen. Die Höhe der Herzrate differenziert dabei zwischen verschiedenen Subgruppen der Sozialphobie (z. B. Heimberg, Hope, Dodge & Becker, 1990) sowie zwischen Subgruppen der Sozialphobie und einer normalgesunden Kontrollgruppe (Hofmann & Roth, 1996). Patienten mit einer spezifischen Furcht vor öffentlichem Reden reagierten mit einer höheren Herzrate in der gefürchteten Situation als Patienten mir einer weniger eng umschriebenen generalisierten Sozialphobie.

2.2.1.1.3 Andere Konzepte

Angststörungen: In verschiedenen Studien wurden Zusammenhänge zwischen *behavioral inhibition* und Angststörungen festgestellt (Biederman et al., 1990; 1993; 1992; Rosenbaum et al., 1988; 1991a; 1991b; 1992). Es stellt sich die Frage, ob es sich um verschiedene Konzepte handelt oder ob *behavioral inhibition* ein Symptom einer Angststörung ist, das bereits im frühen Lebensalter identifizierbar ist (Turner, Beidel & Wolff, 1996). Kagan und Mitarbeiter vermuten jedoch, daß *behavioral inhibition* und Angststörungen nicht identisch sind, sondern daß es sich um unterschiedliche Konzepte handelt: *Behavioral inhibition* als eine Temperamentseigenschaft, die nicht notwendigerweise unangepaßt ist, Angststörungen als eine Gruppe umschriebener Symptome, die zur Belastung für das Kind führen. Wesentlich für diese Argumentation ist, daß 70% der Kinder mit *behavioral inhibition* keine Angststörung entwickeln (Biedermann et al., 1990) und *behavioral inhibition* eine häufig überdauernde Eigenschaft ist.

Eine alternative Sichtweise ist, daß *behavioral inhibition* eine Prädisposition für Angststörungen sein könnte, in der Weise, daß Kinder mit *behavioral inhibition* mit höherer Wahrscheinlichkeit auf angsterzeugende Ereignisse reagieren und somit vulnerabel für Angststörungen sind. *Behavioral inhibition* ist aber weder notwendig noch ausreichend zur Entwicklung von Angststörungen (Turner, Beidel & Wolff, 1996).

Approach-avoidant-behavior: Die unterschiedlichen Reaktionstendenzen gegenüber Ungewohntem, die mit dem Konzept „*behavioral inhibition*" erfaßt werden, entsprechen dem approach-avoidant-behavior" (Annäherungs- und Vermeidungsverhalten): Überwiegenden Verhaltenstendenzen der Annäherung oder Vermeidung bei unbekannten Lebewesen oder Objekten. Diese Verhaltenstendenzen lassen sich auch bei Tieren beobachten (Schneirla, 1965; Suomi, 1983; Suomi, Krämer, Baysinger & Delizio, 1981).

Slow-to-warm-up: Behavioral inhibition steht auch im Zusammenhang mit einer von Thomas and Chess (1977) postulierten Temperamentsdimension, „Slow-to-warm-up", die eine beträchtliche Stabilität über die ersten beiden Lebensjahre hinweg zeigt.

Introversion und Extraversion: Ein verwandtes Konstrukt bei Erwachsenen beinhaltet die Dimensionen "Introversion" und "Extraversion" (Eysenck & Eysenck, 1968). Selbstbeurteilte Introversion und Extraversion sagt den Zeitanteil vorher, den Personen im Alltag mit ungezwungener Geselligkeit verbringen.

2.2.1.1.4 Schlußfolgerung

Die bisherigen Untersuchungen zeigen, daß es in einem kleinen Teil der Population einen Reaktionsstil gibt, der weitgehend durch *behavioral inhibition* charakterisiert werden kann und der durch Umweltfaktoren beeinflußbar ist. Studien in anderen Labors, interkulturelle Studien und Studien an anderen Spezies bestätigen das Konzept der *behavioral inhibition*. Dieses Konstrukt ist aber nicht so stabil, wie anfänglich angenommen. Kagan postuliert einen qualitativen Unterschied zwischen den beiden Kategorien "inhibited" und "uninhibited" (Kagan, Reznick & Snidman, 1987; Kagan, Snidman & Arcus, 1992). *Behavioral inhibition* als dimensionales Konstrukt zu betrachten, würde jedoch besser damit übereinstimmen, daß es nur in einer kleinen Extremgruppe stabil ist und auch dort nur bei jenen Kindern, die sowohl die charakteristischen Verhaltensmaße als auch die physiologischen Maße zeigen. Obwohl Zusammenhänge zwischen *behavioral inhibition* und Angststörungen festgestellt wurden, ist bislang unklar, ob es sich um ein früh ausgeprägtes Symptom einer Angststörung handelt oder ob es eine Prädisposition für Angststörungen darstellt.

2.2.2 Konzepte der sozialen Angst bei Kindern

2.2.2.1 Schüchternheit

Schüchternheit ist eine subklinische Form der sozialen Angst.

2.2.2.1.1 Beschreibung und Definition

"Shyness is a phenomenon so universally human that we can easily say: someone who has never been shy or someone who, under certain circumstances, does not run the risk of becoming so is an abnormal person" (Schouten, 1935, S. 1). Schüchternheit, zumindest als vorübergehender Zustand, ist also nichts Ungewöhnliches: Nach Zimbardo geben 50-60% aller untersuchten Jugendlichen an, schüchtern zu sein (Zimbardo, Pilkonis & Norwood, 1974). Bei Collegestudenten wurde eine Prävalenzrate von 20-40% ermittelt (Spielberger, Pollans & Wordern, 1984).

Beschrieben wird schüchternes Verhalten als "excessive and nervous attention to the self in social settings resulting in timid and often inappropiate overt behaviors (e.g. silence) as well as emotion and cognitive distress (e.g., anxiety, poor self-regard, etc.)" (Briggs, Cheek & Jones, 1986). Zimbardo (Zimbardo, 1986; Zimbardo, Pilkonis & Norwood, 1975) unterscheidet sieben Arten von interpersonellen Schwierigkeiten:

1. Probleme im Kontakt mit anderen Menschen und beim Erleben neuer Erfahrungen;
2. Negative Affekte wie Angst, Depression und Einsamkeit;
3. Mangel an sozialer Kompetenz und Schwierigkeit, die eigene Meinung auszudrücken;
4. Ausgeprägte Verschwiegenheit;
5. Schlechte Selbstdarstellung, die den Eindruck einer unfreundlichen, snobistischen oder desinteressierten Person hervorruft;
6. Kognitive und kommunikative Schwierigkeiten bei Anwesenheit anderer, insbesondere bei Fremden und Gruppen und
7. Erhöhte Selbstaufmerksamkeit.

Harris (1984a) bezichtigt die Schüchternheitsforschung des "Psychological Imperialism" "in which psychologists effectively superimpose their professional defini-
tions of psychological constructs upon those developed by the lay person" (S.
169). Es gibt bislang keine einheitliche Definition. Nach fünf Jahren Forschung
kamen Pilkonis und Zimbardo (1979) zu dem Schluß, daß "shyness still remains a
fuzzy concept that defies simple definition" (S. 133). Seitdem ist einige Zeit ver-
gangen, die Probleme der Definition der Schüchternheit bestehen jedoch weiterhin.

Uneinigkeit bei den verschiedenen Definitionen besteht vor allem darüber, welche
typischen Reaktionen wesentlich zur Charakterisierung schüchterner Menschen
sind. Leary (1986) fand in der Literatur wenigstens 14 verschiedene Definitionen,
die unterschiedliche Aspekte der Schüchternheitssymptomatik betonen. Cheek
und Buss (1981) sowie Jones, Briggs und Smith (1986) konzeptualisieren in einer
sehr weitgefaßten Definition Schüchternheit als einen Verhaltensstil, der einerseits durch Gehemmtheit auf der Verhaltensebene und andererseits durch das
Erleben von Angst gekennzeichnet ist. Leary (1986) sieht das simultane Auftreten
dieser beiden Komponenten als Voraussetzung für die Bezeichnung als schüchtern an. Er definiert Schüchternheit entsprechend als "an affective-behavioral
syndrome characterized by social anxiety and interpersonal inhibition that results
from the prospect or presence of interpersonal evaluation" (S. 30). Cheek und
Watson (1989) unterscheiden in ihrer Definition eine somatische, eine kognitive
und eine Verhaltenskomponente. Die umgangssprachliche Definition "the tendency to feel tense, worried, or akward during social interactions, especially with
unfamiliar people" (Cheek & Watson, 1989, S. 88) umfaßt alle drei Komponenten,
die jedoch nicht alle gleichzeitig erfüllt sein müssen (wesentlich ist die Konjunk-
tion "oder"). Hartman (1983) betont in seinem metakognitiven Behandlungsan-
satz, daß Schüchterne sich im Erscheinungsbild unterscheiden können, bedeutsam sei, daß sie sich alle selbst als schüchtern bezeichnen. Andere Autoren ver
wenden engere Definitionen, die jedoch nach Harris (1984a und 1984b) nicht im
Einklang mit dem alltäglichen Sprachgebrauch des Begriffs und mit der subjektiven Erfahrung der Schüchternheit stehen und dementsprechend nicht alle Personen, die sich selbst als schüchtern bezeichnen, umfassen (vgl. Cheek & Watson,
1989).

State versus Trait: Der vorübergehende Zustand der Schüchternheit (state shyness), der durch bestimmte Situationen ausgelöst wird, ist von der Disposition zur Schüchternheit (trait shyness) zu unterscheiden (Asendorpf, 1987, 1989; Russell, Cutrona & Jones, 1986). Zustandsschüchternheit wird bei vielen Menschen in sozial schwierigen Situationen ausgelöst, ohne daß sie sich selbst als (generell) schüchtern bezeichnen. Nach Zimbardo (1977) werden am häufigsten Situationen mit Fremden, Personen des anderen Geschlechts und Autoritätspersonen als schwierig empfunden. Buss (1980) kategorisiert die Schüchternheit auslösende Situationen nach (a) Neuheit, (b) Anwesenheit von anderen und (c) bestimmte Handlungen von anderen (z.B. übermäßige oder unzureichende Aufmerksamkeit von anderen). Schüchternheit als Disposition tritt demgegenüber bei den betreffenden Personen öfter auf, ist von stärkerer Intensität und betrifft ein größeres Spektrum an Situationen (Cheek & Watson, 1989). Außerdem gibt es Untersuchungen, die die Stabilität dieser Form der Schüchternheit über die Zeit hinweg belegen (Backteman & Magnusson, 1981; Morris, Soroker & Burrus, 1954).

Vom motivationspsychologischen Standpunkt aus entsteht zustandsschüchternes Verhalten aufgrund eines Annäherungs-Vermeidungs-Konflikts (Asendorpf, 1989; 1990b). Reines Vermeidungsverhalten wie körperliche Unbewegtheit und über längere Zeit anhaltende Blickvermeidung ist auch bei kleinen Kindern ungewöhnlich. Häufiger sind Vermeidungstendenzen, die mit gleichzeitigem Annäherungsverhalten interagieren wie längere Phasen des ambivalenten Verhaltens (z.B. andere aus der Entfernung beobachten), schwankendes (oszillierendes) Verhalten (sich neben einer Gruppe Gleichaltriger aufhalten), Verhaltenskompromisse (ruhiges, dem anderen gleichlaufendes Spiel) oder ein Rückzug in ein ruhiges Spiel allein (Asendorpf, 1991; 1993). Dispositionsschüchternheit beinhaltet keine positiven Emotionen (Asendorpf, 1989).

Aus emotionspsychologischer Perspektive wird nach Asendorpf (1989) das schüchterne Verhalten als Furcht vor anderen Personen beschrieben. Asendorpf (1989) hat Grays (1982) Theorie der drei Verhaltenssysteme auf die Zustandsschüchternheit angewendet. Das Verhaltenshemmungssystem reagiert nach Gray (1982) auf Unbekanntheit, Strafe und Nichtbelohnung, das Verhaltensaktivierungssystem auf Belohnung und Nichtbestrafung. Beide Faktoren korrelieren nicht miteinander (Gray, 1987). Übertragen auf soziale Situationen wurde in Asendorpfs (1989) Experimenten „Unbekanntheit" durch fremde Interaktionspartner und „Strafe" durch Erwartung negativer Bewertung erreicht. Beide Situationen riefen unabhängig voneinander höhere Schüchternheit hervor. Asendorpf folgerte, daß bei der Zustandsschüchternheit mindestens zwei soziale Ängste existieren: die Furcht vor Fremden und die Furcht vor sozialer Bewertung (Zweifaktorielles Modell der sozialen Gehemmtheit). Asendorpf postuliert, daß die Bewertungsängste eine stärkere kognitive Komponente beinhalten als die Furcht vor Fremden.

2.2.2.1.2 Subgruppen der Schüchternheit

Buss (1980) unterscheidet zwischen Schüchternen, die neue Situationen fürchten („fearful shyness") und Schüchternen, die fürchten, im Mittelpunkt der Aufmerksamkeit zu stehen („self-conscious shyness"). Bei der als „fearful" bezeichneten Schüchternheit lassen sich gehäuft körperliche Reaktionen beobachten. Sie beginnt im frühen Lebensalter (Bruch, Giordano & Pearl, 1986), während die als „self-conscious" bezeichnete Schüchternheit nach Annahmen von Buss (1980) nicht auftritt, bevor sich die Kinder als soziales Objekt wahrnehmen können.

Zimbardo (1977) unterscheidet drei Schüchternheitsgruppen. In einer dieser Gruppen waren Personen, die bevorzugt alleine waren, ohne aber Angst vor sozialen Situationen zu haben. Diese Gruppe entspricht der Definition für Ungeselligkeit. Als zweite Gruppe nannte Zimbardo Personen, die wenig Selbstvertrauen und soziale Kompetenzen zeigen und Situationen leicht als peinlich erleben. Personen dieser Gruppe könnten als sozial unsicher bezeichnet werden. In der dritten Gruppe beschreibt er Personen, die sozialen und kulturellen Erwartungen einen hohen Stellenwert geben und dahingehend ihr eigenes soziales Verhalten beobachten.

2.2.2.1.3 Affektive, kognitive und soziale Korrelate

Schüchternheit wurde mit einer Reihe negativer affektiver und kognitiver Eigenschaften in Zusammenhang gebracht, z.B. negativen Gedanken, feindseligen Verhaltensweisen, Scham und geringe Empathie (Davis, 1983; Gormally, Sipps, Raphael, Edwin & Varvil-Weld, 1981;Izard, 1972; Jones & Russell, 1982; Ludwig & Lazarus, 1983). Verglichen mit nicht-schüchternen Personen zeigen schüchterne bei sozialen Streß mehr internale und stabile Attributionen (z.B. Arkin, Appelman & Berger, 1980; Girodo, Dotzenroth & Stein, 1981). Schüchternheit ist mit negativer Selbsteinschätzung verbunden (Crozier, 1979; Jones & Briggs, 1984; Smith, Ingram & Brehm, 1983) ebenso wie mit abwertenden Beurteilungen der eigenen interpersonellen Fähigkeiten (z.B. Cacioppo, Glass & Merluzzi, 1979; Clark & Arkowitz, 1975).

Selbstaufmerksamkeit: Es gibt eine Reihe von Untersuchungen zum Zusammenhang zwischen Schüchternheit und negativ getönter Selbstaufmerksamkeit (z. B. Asendorpf, 1987; 1989). Unter Selbstaufmerksamkeit versteht man den Zustand, in dem die Aufmerksamkeit auf die eigene Person gerichtet wird. Dabei wird zwischen öffentlicher Selbstaufmerksamkeit, als Tendenz, über die eigene Wirkung besorgt zu sein, und der privaten Selbstaufmerksamkeit, als Tendenz, oft über sich selbst, die eigene Stimmung, die eigenen Gedanken usw. nachzudenken, unterschieden (Buss, 1980). Nach Buss (1980) sind die Korrelationen der Schüchternheit mit der öffentlichen Selbstaufmerksamkeit höher als mit der privaten. Inwieweit sich öffentliche und private Selbstaufmerksamkeit tatsächlich unterscheiden lassen, scheint von der emotionalen Qualität der Situation abzuhängen (Asendorpf, 1996). In negativen Situationen scheint die Unterscheidung irrelevant, da öffentliche und private Selbstaufmerksamkeit hoch miteinander korrelieren, nicht aber in positiven Situationen.

Konsequenzen für soziale Beziehungen: Schüchternheit korreliert negativ mit der Anzahl der Verabredungen (Jones & Russell, 1982). Untersuchungen zur Liebe und Eifersucht, (z.B. Maroldo, 1981), Zufriedenheit in der Ehe (Gough & Thorne, 1986), zu sexuellem Verhalten (Leary & Dobbins, 1983) und zur Einsamkeit (z.B. Cheek & Busch, 1981; Jones, Freemon & Goswick, 1981; Maroldo, 1981) zeigten, daß romantische und familiäre Beziehungen weniger beeinträchtigt sind als außerfamiliäre Beziehungen. "The worries of shy persons that they will tend to be less well-liked on initial acquaintance than non-shy persons, and that certain of their favorable qualities may be undervalued, are justified" (Gough & Thorne, 1986, S. 224), "observers tend to see shy persons as shy but also as unfriendly and lacking in talent" (Jones & Carpenter, 1986, S. 229). Studien von Coie, Dodge und Copotelli (1982) ermittelten eine Beziehung zwischen Schüchternheit und einem weder beliebten noch unbeliebten Gruppenstatus ("neglect", vgl. Newcomb & Bukowski, 1983). Diese Korrelation war zwar nicht sehr stark, andere Untersuchungen erbrachten jedoch vergleichbare Ergebnisse. Hinsichtlich sozialer Fertigkeiten und sozialem Wissen ist bislang wenig bekannt. Schüchterne zeigen definitionsgemäß mehr "wait and hover"-Verhalten (Dodge, Schlundt, Schocken & Delungach, 1983), wenn sie in eine neue Gruppe kommen. Definiert man soziale Fertigkeiten als tatsächlich ausgeführte Leistungen ("performance"), zeigen sie also Defizite. Definiert man soziale Fertigkeiten als verfügbare Fähigkeiten ("availability"), ist eine Antwort weniger offensichtlich, Untersuchungen fehlen bislang.

2.2.2.1.4 Schüchternheit im Kindes- und Jugendalter

In einer Studie von Cranach, Hueffner, Marte und Pelka (1976) wurden 1115 Münchener Vorschüler von ihren Erziehern eingeschätzt: 16.8% wurden als schüchtern bezeichnet. Greenberg und Marvin (1982) beobachteten die Reaktion von Zwei-, Drei- und Vierjährigen auf einen sich nähernden fremden Erwachsenen bei Anwesenheit der Mutter. Die Hälfte der Zweijährigen fremdelte, nicht aber die Drei- und Vierjährigen. Sie näherten sich entweder dem Fremden, untersuchten weiter den Raum oder zeigten ein hoch ambivalentes Verhalten mit einer Mischung aus Annäherung und zurückweichendem Verhalten. Die Mehrzahl der Drei- und Vierjährigen verhielt sich zumindest kurze Zeit schüchtern. Diese Studie zeigt zum einen, daß es Situationen gibt, wo schüchternes Verhalten eine normale Reaktion zu sein scheint. Sie zeigt zweitens eine Kontinuität zwischen dem Fremdeln und der kindlichen Schüchternheit hinsichtlich Auslösern und Reaktionen. Und drittens zeigt sie einen bedeutsamen Unterschied zwischen Fremdeln und Schüchternheit: Die Ambivalenz zwischen Annäherungs- und Vermeidungstendenzen ist nur bei der Schüchternheit beobachtbar. Klar beobachtbar ist diese Ambivalenz nur in der mittleren Kindheit, später wird sie mit Selbstdarstellungstechniken vertuscht. Aber auch bei Erwachsenen kann sie als versteckter Konflikt bleiben (Asendorpf, 1986).

Jugendliche sehen sich in der Pubertät einer Vielzahl von Veränderungen gegenüber: Körperliche Veränderungen, kognitive Veränderungen durch die entwickelte Fähigkeit zu formalen Operationen und neue Anforderungen und Möglichkeiten durch veränderte soziale Rollen und Beziehungen. Da der häufigste Auslöser für schüchternes Verhalten Ungewohntes, Neues ist, ist es nicht weiter verwunderlich, daß das frühe Jugendalter die Zeit der größten Schüchternheit ist. In der siebenten und achten Klasse bezeichneten sich 54% der Schüler als schüchtern, während es nur 40% der Grundschüler waren (Zimbardo, 1977). Vor allem sind es Mädchen im Teenageralter, die sich als schüchtern bezeichnen.

2.2.2.1.5 Andere Konzepte

Behavioral inhibition ist ein breiteres Konzept als Schüchternheit, da es sich nicht auf soziale Situationen beschränkt. Kagan unterscheidet zwei Typen schüchterner Kinder (Kagan, Snidman & Arcus, 1992). Einige dieser Kinder haben danach ihre schüchternen Verhaltensweisen allein aufgrund von Erfahrung erworben, z. B. von Zurückweisung durch Gleichaltrige oder Eltern. Diese Kinder sind im Umgang mit anderen Menschen schüchtern, zeigen aber in anderen Bereichen keine größere Ängstlichkeit. Der zweite Typ schüchterner Kinder ist durch physiologische Besonderheiten gekennzeichnet, die einen vermeidenden Verhaltensstil im Umgang mit verschiedenen ungewohnten Situationen wahrscheinlich machen. Diese schüchternen Kinder zeigen auch *behavioral inhibition*.

Soziale Unsicherheit: Ein weiteres im Zusammenhang mit Schüchternheit bedeutsames Konzept ist das der sozialen Unsicherheit. Soziale Unsicherheit wird primär quantitativ charakterisiert, als ein Zuwenig an Interaktion. Es kann jedoch auch die Qualität des Sozialverhaltens beeinträchtigt sein. Soziale Unsicherheit läßt sich einerseits auf einen Mangel an *sozialen Kompetenzen* zurückführen. Sozial kompetentes Verhalten wird von Hinsch (1991) definiert als kognitive, emotionale und motorische Verhaltensweisen, die verfügbar und anwendbar sind und die in bestimmten sozialen Situationen zu einem langfristig ungünstigem Verhältnis von positiven und negativen Konsequenzen führen. Ursache für soziale Unsicherheit kann jedoch auch eine objektive Überforderung sein, wenn die Person mit außergewöhnlich schwierigen Situationen konfrontiert ist. Soziale Unsicherheit kann zur Schüchternheit führen, ebenso wie Schüchternheit durch die Vermeidung sozialer Situationen zur sozialen Unsicherheit führen kann. Schüchternheit muß aber nicht zusammen mit sozialer Unsicherheit auftreten.

2.2.2.1.6 Schlußfolgerung

Für die Forschung besteht das Problem einer fehlenden Schüchternheitsdefinition: Nicht alle Studien, die das Konzept „Schüchternheit" untersuchen, benutzen den gleichen Begriff, nicht alle Studien, die den Begriff „Schüchternheit" benutzen, untersuchen das gleiche Konzept.

Um weitere Begriffs-Verwirrungen aus dem Weg zu gehen, wird im weiteren Verlauf dieser Arbeit von sozialer Angst ohne Diagnose einer Sozialphobie gesprochen. Das entspricht nicht dem Konzept der Schüchternheit, da die Schüchternheit neben der sozialen Angst auch einen gehemmten Verhaltensstil umfaßt.

2.2.2.2 Sozialphobie

Die Sozialphobie ist eine klinisch relevante Form der sozialen Angst.

2.2.2.2.1 Beschreibung und Definition

Ab- und zunehmende Ängste während der Kindheit werden als Teil einer normalen Entwicklung angesehen (Johnson & Melamed, 1979; King, Hamilton & Ollendick, 1988). Die Unterscheidung zwischen normalen Ängsten und klinisch relevanten Ängsten bleibt jedoch in der Literatur unklar. Eine Orientierungsmöglichkeit können die Richtlinien zur Behandlungsbedürftigkeit von Barrios und O'Dell (1989) bieten. Danach ist eine Behandlung dann sinnvoll, wenn die Ängste des Kindes (1) starke und anhaltende Beeinträchtigungen für das Kind bedeuten, (2) langfristig die normale Entwicklung des Kindes verhindern oder (3) Probleme in der Familie oder in anderen Lebensbereichen (z. B. Schule) auslösen. Ronen (1997) stellte ähnliche Kriterien für die Behandlungsbedürftigkeit einer Störung im Kindesalter zusammen.

Wenn soziale Ängste das Leben langfristig massiv beeinflussen, handelt es sich um eine *Sozialphobie*. Sie ist gekennzeichnet durch eine dauerhafte, unangemessene Furcht vor sozialen oder Leistungssituationen. In solchen Situationen oder bei deren Antizipation kommt es zu speziellen physiologischen und kognitiven Reaktionen sowie charakteristischen Verhaltensweisen. Typische physiologische Reaktionen sind starkes Herzklopfen, Zittern, Schwitzen, Erröten/Kälteschauer, Schwächegefühl, Übelkeit und eine veränderte Atmung (vgl. Beidel, Christ & Long, 1991). Charakteristische kognitive Reaktionen sind eine Flut von negativen Gedanken über eigene Unzulänglichkeiten und die daraus folgende Unfähigkeit, mit möglichen Gefahren umzugehen ("Ich kann das nicht", "Ich werde mich blamieren") (Dodge, Hope, Heimberg & Becker, 1988; McEwan & Devins, 1983). Auf der Verhaltensebene kommt es zu Flucht- und Vermeidungstendenzen. Außerdem können Sozialphobiker aufgrund der starken Angst oft nicht mehr adäquat reagieren, selbst wenn sie sich der Situation selbst aussetzen.

Die entscheidenden Merkmale der Sozialphobie sind in den beiden Diagnose-systemen DSM-IV (American Psychiatric Association, 1994) und ICD-10 (Dilling, Mombour & Schmidt, 1992) vergleichbar (Tabelle 3.1). Während jedoch im ICD-10 das Vermeiden sozialer Situationen als wichtiges Kriterium hervorgehoben wird, wird im DSM-IV berücksichtigt, daß manche Sozialphobiker weiterhin gefürchtete soziale Situationen aufsuchen, die dann aber nur unter größtem Unbehagen ertragen werden. In beiden Diagnosesystemen fehlen klare Richtli-nien für die Grenze zwischen klinischen und subklinischen Ängsten, insbeson-dere gilt dies für das Kriterium der erlebten Beeinträchtigung (Kriterium E im DSM-IV, Kriterium C im ICD-10).

2.2.2.2.2 Subgruppen der Sozialphobie

Bislang werden nach dem Kriterium der Anzahl gefürchteter Situationen zwei Ar-ten der Sozialphobie unterschieden: Die spezifische und die generalisierte So-zialphobie. Die spezifische Sozialphobie ist eng umschrieben und bezieht sich im wesentlichen auf eine Situation. Bei der generalisierten Sozialphobie dagegen bezieht sich die Angst auf mehrere oder sogar auf einen Großteil der zwischen-menschlichen Situationen. Hinter dieser Einteilung steht die Überlegung, daß Sozialphobiker, die die Mehrzahl der Sozialsituationen als *nicht* bedrohlich bewerten, sich von denen unterscheiden, die mehrere oder einen Großteil der Sozialsituationen fürchten. An der Unterteilung in „generalisiert" versus „spezifisch" wird gelegentlich kritisiert, daß eine mittlere Untergruppe fehlt, die Personen umfaßt, die einige, aber nicht einen Großteil der sozialen Situationen fürchten. Es stellt sich die Frage, ob tatsächlich ein kategorialer Unterschied, begründet auf der Anzahl gefürchteter Situationen, vorliegt. Bisherige Befunde weisen eher auf einen graduellen Unterschied hin (Holt, Heimberg & Hope, 1992; Turner et al., 1992).

Allerdings zeigen epidemiologische Untersuchungen ein bei spezifischer und generalisierter Sozialphobie unterschiedliches Erstauftrittsalter (Holt, Heimberg & Hope, 1992, s.u.). Auch lassen sich physiologische Unterschiede zwischen beiden Subgruppen nachweisen (Heimberg, Hope, Dodge & Becker, 1990; Hof-mann & Roth, 1996). Diese Befunde sprechen für die vorgenommene Klassifika-tion in eine spezifische vs. generalisierte Sozialphobie.

Ein weiterer Ansatz, Subgruppen der Sozialphobie zu bilden, besteht in einer qualitativen Unterscheidung nach gefürchteten Situationstypen. Zum Beispiel ließe sich hier differenzieren, ob es sich bei den gefürchteten Situationen primär um Interaktionssituationen oder um Leistungssituationen (vgl. Turner et al., 1992) handelt. Auch ließe sich an die bereits im Zusammenhang mit der Schüchternheit erwähnte Unterscheidung in „fearful" und „self-conscious" (Buss, 1980) denken. Die Gruppe der als „fearful" bezeichneten Schüchternen sind vor allem in neuen Situationen mit unbekannten Personen ängstlich, während die Gruppe der Schüchternen, die als „self-conscious" bezeichnet werden, Situationen, in denen sie im Mittelpunkt der Aufmerksamkeit stehen, fürchten. Stein, Walker und Forde (1994) schlugen zudem vor, daß die Furcht vor dem öffentlichen Reden wegen ihrer weiten Verbreitung eine spezifische Untergruppe der Sozialphobie sein sollte. Holt, Heimberg und Hope (1992) unterschieden zwischen förmlichen Interaktionen, informellen Interaktionen, Situationen, bei denen man beobachtet wird, und Situationen, in denen man eigenen Rechte durchsetzen muß.

Eine weitere Möglichkeit der Subgruppenbildung kombiniert die beiden vorangehend beschriebenen. Heimberg und Mitarbeiter (Heimberg, Holt & Schneier, 1993) postulieren drei Untergruppen: Den „performance type" als Angst vor einen oder mehreren Leistungssituationen, die nicht auftritt, wenn die Person die jeweilige Aktivität unbeobachtet ausführt, den „limited interactional type", wo die Angst in einer oder mehreren Interaktionssituationen auftritt und den „generalized type", wo die meisten sozialen Situationen gefürchtet werden.

Subgruppen können auch auf der Grundlage der im Vordergrund stehenden Reaktion der Sozialphobiker gebildet werden. Unterschieden werden kann z. B. danach, ob die Sozialphobiker vorwiegend mit physiologischen oder mit kognitiven Reaktionen oder mit charakteristischen Verhaltensweisen reagieren (vgl. Mersch, Emmelkamp, Bögels & van der Slenn, 1989; Öst, 1981).

Empirische Befunde, inwiefern sich zwischen unterschiedlichen Subgruppen von Sozialphobikern differenzieren läßt, fehlen weitgehend.

Tabelle 3.1: Kriterien der Sozialphobie

Die Diagnosekriterien nach DSM-IV (American Psychiatric Association, 1994) lauten:

*A. Eine dauerhafte und übertriebene Angst vor einer oder mehreren sozialen oder Leistungssituationen, bei denen die Person mit unbekannten Personen konfrontiert ist oder von anderen Personen beurteilt werden könnte. Die Person fürchtet, ein Verhalten (oder Angstsymptome) zu zeigen, das demütigend oder peinlich sein könnte. **Hinweis:** Bei Kindern muß gewährleistet sein, daß das Kind über altersgemäße soziale Beziehungen mit vertrauten Personen verfügt. Die Angst tritt bei Gleichaltrigen, nicht nur bei Interaktionen mit Erwachsenen auf.*

*B. Die Konfrontation mit der gefürchteten Situation ruft fast immer eine unmittelbare Angstreaktion hervor, die das Erscheinungsbild eines situationsgebundenen oder eines situativ vorbereiteten Panikanfalls annehmen kann. **Hinweis:** Bei Kindern kann sich die Angst in Form von Schreien, Wutanfällen, Gelähmtsein oder Zurückweichen von sozialen Situationen mit unvertrauten Personen ausdrücken.*

*C. Die Person sieht ein, daß die Angst übertrieben und unvernünftig ist. **Hinweis:** Bei Kindern kann dieses Merkmal fehlen.*

D. Die gefürchtete soziale oder Leistungssituation wird vermieden oder nur unter intensiver Angst oder Unbehagen ertragen.

E. Das Vermeidungsverhalten, die ängstliche Erwartungshaltung oder das Unbehagen in den gefürchteten sozialen oder Leistungssituatioen beeinträchtigt deutlich die normale Lebensführung, schulische (oder berufliche) Funktionsfähigkeit oder soziale Aktivitäten oder Beziehungen, oder die Phobie verursacht erhebliches Leiden.

F. Bei Personen unter 18 Jahren hält die Phobie über mindestens sechs Monate an.

G. Die Angst oder das Vermeidungsverhalten wird nicht direkt durch physiologische Effekte einer Substanz (z.B. Drogenmißbrauch, Medikation) oder durch eine organische Erkrankung hervorgerufen und kann nicht besser durch eine andere Psychische Störung (z.B. Paniksyndrom mit oder ohne Agoraphobie, Trennungsangst, Dysmorphophobie, Tiefgreifende Entwicklungsstörung oder Schizoide Persönlichkeitsstörung) erklärt werden.

H. Falls eine organische Erkrankung oder eine andere Psychische Störung vorliegt, so steht sie nicht in Zusammenhang mit der unter Kriterium A beschriebenen Angst, z. B. nicht Angst vor Stottern oder Zittern bei einem Parkinson Syndrom oder dem Zeigen von abnormen Eßverhalten bei Anorexia nervosa oder Bulimia nervosa.

Spezifizieren Sie generalisiert, falls die Angst fast alle sozialen Situationen umfaßt.

Die Diagnosekriterien nach ICD-10 (Dilling, Mombour & Schmidt, 1992) lauten:

A. Entweder (1) oder (2):
(1) deutliche Angst, im Zentrum der Aufmerksamkeit zu stehen oder sich peinlich oder beschämend zu verhalten,
(2) deutliche Vermeidung, im Zentrum der Aufmerksamkeit zu stehen oder von Situationen, in denen die Angst besteht, sich peinlich oder beschämend zu verhalten.

Diese Ängste treten in sozialen Situationen auf, wie Essen und Sprechen in der Öffentlichkeit, Begegnung von Bekannten in der Öffentlichkeit, Hinzukommen oder Teilnahme an kleinen Gruppen, wie z.B. Parties, Treffen oder in Klassenräumen.

B. Mindestens zwei Angstsymptome in den gefürchteten Situationen mindestens einmal seit Auftreten der Störung, wie in F40.0, Kriterium B, definiert, sowie zusätzlich mindestens eins der folgenden Symptome:
(1) Erröten oder Zittern,
(2) Angst zu erbrechen,
(3) Miktions- oder Defäktionsdrang bzw. Angst davor.

C. Deutliche emotionale Belastung durch die Angstsymptome oder das Vermeidungsverhalten. Einsicht, daß die Symptome oder das Vermeidungsverhalten übertrieben und unvernünftig sind.

D. Die Symptome beschränken sich vornehmlich auf die gefürchtete Situation oder auf die Gedanken an diese.

E. Die Symptome des Kriteriums A sind nicht bedingt durch Wahn, Halluzinationen oder andere Symptome der Störungsgruppen Organische Psychische Störungen, Schizophrenie und verwandte Störungen, Affektive Störungen oder eine Zwangsstörung und sind keine Folge einer kulturell akzeptierten Anschauung.

Ähnlich schwierig wie die Subgruppenbildung ist die Abgrenzung der Sozialphobie von der selbstunsicheren Persönlichkeitsstörung. Sie ist eine Achse-II-Störung, die häufig mit der Sozialphobie korreliert, insbesondere mit der generalisierten Sozialphobie. Empirischen Studien konnten bislang nur quantitative Unterschiede zwischen der Sozialphobie mit und ohne selbstunsichere Persönlichkeitsstörung ausmachen (Herbert, Hope & Bellack, 1992; Holt, Heimberg & Hope, 1992; Turner et al., 1992). Aufgrund dieser Befunde wird die selbstunsichere Persönlichkeitsstörung von vielen Autoren als eine stark ausgeprägte generalisierte Sozialphobie betrachtet (z. B. Herbert, Hope & Bellack, 1992; Holt, Heimberg & Hope, 1992).

2.2.2.2.3 Modelle der Sozialphobie

Es gibt nur wenige Versuche, die Sozialphobie *psychodynamisch* zu erklären (Cloitre & Shear, 1995). Gilbert (1989) und Trower und Gilbert (1989) postulieren, daß die Sozialphobie durch eine unausgewogene Aktivierung zweier komplementärer Überlebenssysteme hervorgerufen wird. Danach zeigen Sozialphobiker eine exzessive Aktivierung des sogenannten Verteidigungssystems und eine Unterfunktion des sogenannten Sicherheitssystems. Eine Funktion des Verteidigungssystems besteht in der Wahrnehmung bedrohlicher Reize, die von anderen Individuen ausgehen. Die Unterfunktion des Sicherheitssystems bedeutet, daß positive oder neutrale Reize ignoriert oder fehlinterpretiert werden. Daher ist die sozialphobische Person nicht in der Lage, soziale Interaktionen zu genießen.

Nach dem *„Selbstdarstellungsmodell"* von Schlenker und Leary (1982) treten soziale Ängste nur unter den Bedingungen auf, (1) daß das Ziel besteht, einen bestimmten Eindruck hervorzurufen bei (2) gleichzeitigem Zweifel, dies zu erreichen. Besteht diese Besorgnis, welcher Eindruck hinterlassen wird, nicht oder aber wird der erzeugte Eindruck als zufriedenstellend bewertet, sollten keine sozialen Ängste hervorgerufen werden (Leary & Kowalsky, 1995). Leary und Atherton (1986) entwickelten das Modell weiter, indem sie beeinflussende Faktoren ergänzten. So können wahrgenommene oder wirkliche Defizite der sozialen Kompetenzen und niedriger Selbstwert das Ausmaß beeinflussen, einen Eindruck hervorzurufen oder eigene Fähigkeiten einzuschätzen.

Die Sozialphobie hat als wichtige *kognitive* Komponente die Furcht vor negativer Bewertung. Butler (1985) und andere (Marks, 1969, 1987; Mattick & Peters, 1988) vermuten, daß die kognitive Komponente das Wesen der Sozialphobie bestimmt. Nach Becks Ansatz (Beck, Emery & Greenberg, 1985) erleben Sozialphobiker Furcht aufgrund dysfunktionaler Annahmen, die zu der Vorhersage führen, daß sie von anderen Personen zurückgewiesen werden.

Clark and Wells (1995) haben ein *kognitives Modell der Sozialphobie* entwickelt, das insbesondere störungsaufrechterhaltende Prozesse betont. Nach diesem Modell entwickeln Sozialphobiker ausgehend von früheren Erfahrungen eine Reihe von Annahmen über sich selbst und über soziale Situationen. Diese Annahmen lassen sie normale soziale Interaktionen als *negativ und als Zeichen für Gefahr interpretieren:* Der Gefahr, sich unangemessen und inakzeptabel zu verhalten sowie der Gefahr nachfolgender katastrophaler Konsequenzen. Diese Interpretationen wiederum lösen ein *Angstprogramm* aus, das in mehrere miteinander in Wechselwirkung stehenden Komponenten unterteilt wird. *Somatische und kognitive Symptome:* Angstsymptome wie Erröten, Zittern, Herzklopfen oder Konzentrationsschwierigkeiten und mentale Blockaden können zu zusätzlichen Quellen wahrgenommener Gefahr werden und eine Reihe von Teufelskreisen hervorrufen, die die Störung aufrechterhalten. Erröten könnte z.B. als Zeichen gewertet werden, sich selbst lächerlich zu machen, Herzklopfen könnte zunehmenden Kontrollverlust andeuten. *Sicherheitsverhaltensweisen (safety behaviors):* Sicherheitsverhaltensweisen, mit dem Ziel, soziale Bedrohung zu reduzieren und befürchtete Ereignisse zu verhindern, werden eingesetzt. Tatsächlich aber verhindern sie, unrealistische Annahmen zu widerlegen, verstärken oftmals die Angst und lassen Sozialphobiker als distanziert erscheinen. Ein Mensch, der z.B. besorgt ist, etwas Dummes zu sagen, versucht dem vorzubeugen, indem er alles, was er sagen möchte, mit dem vergleicht, was er in den letzten Minuten gesagt hat. Dieses Vorgehen läßt ihn als am Geschehen wenig beteiligt erscheinen und verstärkt seine Annahme, er könnte als dumm eingeschätzt werden. *Selbstaufmerksamkeit:* Wesentliche Komponente des Modells ist eine erhöhte Selbstaufmerksamkeit: Detailliert beobachtet sich der Sozialphobiker in sozialen Situationen. Diese durch Selbstaufmerksamkeit hervorgerufene interozeptive Information wird eingesetzt, um einen Eindruck von sich selbst zu gewinnen, von dem Sozialphobiker annehmen, er reflektiere, was andere Menschen von ihnen

27

denken. Die erhöhte Selbstaufmerksamkeit ist auch deshalb problematisch, weil eigene Angstsymptome stärker wahrgenommen werden und wenig Aufmerksamkeit bleibt, um auf die soziale Situation zu reagieren. *Antizipation und „post-mortem":* Vor und nach sozialen Situationen werden negative Ereignisse aus dem Gedächtnis abgerufen, die die Befürchtungen zu bestätigen scheinen. Vor sozialen Situationen vergegenwärtigen Sozialphobiker sich, was alles passieren könnte. Nach Ende der Situation grübeln sie, was alles negativ war („post-mortem"). Die Situation wird als negativer eingeschätzt, als sie tatsächlich war. Deshalb berichten einige Sozialphobiker ein Gefühl der Scham nach Ende sozialer Situationen. Die gerade erlebte Situation wird der „Liste" mit Situationen, in denen sie angeblich versagten, hinzugefügt. Diese „Liste" wird vor der nächsten sozialen Situation abgerufen. *Selbstschemata:* Die Tendenz, soziale Situationen als bedrohlich zu interpretieren, beruht auf einer Reihe dysfunktionaler Annahmen, wie man sich in sozialen Situationen zu verhalten hätte: Hohe Standards für soziales Verhalten (z.B. „Ich muß von allen geschätzt werden"), konditionale Annahmen zur sozialen Bewertung (z.B. „Wenn ich einen Fehler mache, wird man mich verachten") und nicht-konditionale Annahmen über sich selbst (z.B. „Ich bin anders als andere, ich bin komisch").

Neurobiologische Studien (Nickell & Uhde, 1995) zeigen, daß eine Vielzahl von Medikamenten, die in der Behandlung von Panikstörungen wirksam sind, auch bei Sozialphobikern Veränderungen erzeugen. Allerdings hat das für Panikstörungen am häufigsten eingesetzte „Imipramin" nur minimale Wirkung bei Sozialphobien. In Anbetracht der Vielzahl an für die Sozialphobie wirksamen Medikamenten, ist davon auszugehen, daß nicht nur ein einziges Neurotransmittersystem an der Störung beteiligt ist. Es gibt nur wenige Studien, in denen soziale Ängste induziert werden (challenge studies). Zumeist konnten keine Unterschiede zwischen Sozialphobikern und normalgesunden Kontrollpersonen festgestellt werden. Der einzige Befund ist ein erhöhter Supinum und Noradrenalinlevel als Reaktion auf orthostatische Veränderungen (Veränderungen der Haltung vom Liegen zum Sitzen oder vom Sitzen zum Stehen). Untersuchungen zur Neuroendokrinologie sind im Vergleich zu anderen Störungsbildern wie der Panikstörung bei der Sozialphobie eher rar. Es gibt erste Hinweise für eine Beteiligung zentraler Dopamine. Zusammenfassend zeigen die Befunde wenig Unterschiede zu normalgesunden Kontrollpersonen (z.B. Liebowitz, Gorman, Fyer & Klein, 1985; Sheehan, 1983).

Im Sinne von *Konditionierungsmodellen* wird die Sozialphobie als Folge eines oder mehrerer traumatischer Konditionierungserfahrungen erlernt. Ein Teil der Sozialphobiker erinnert direkte traumatische Konditionierungserfahrungen (Öst & Hugdal, 1981; Townsley, 1992). Ausreichend kann aber auch die stellvertretende Konditionierung sein: Das bloße Beobachten, wie sich jemand in einer sozialen Situation ängstlich verhält. Wenn tatsächlich traumatische Erfahrungen eine kausale Rolle bei der Entstehung der Sozialphobien spielen, stellt sich die Frage, warum nicht mehr Menschen unter ihr leiden. Mineka und Zinbarg (1995) berichten eine Reihe von Variablen, die Konditionierungsvorgänge beeinflussen: (1) Zum einen sind frühere Erfahrungen mit dem konditionierten Stimulus bedeutsam: Jemand, der viel Erfahrung mit öffentlichem Reden hat und oftmals angstfreie öffentliche Reden beobachtete, wird mit geringerer Wahrscheinlichkeit nach einem traumatischen Erlebnis eine Sozialphobie entwickeln. (2) Aufrechterhaltende Faktoren könnten auch der traumatischen Erfahrung nachfolgende traumatische Erlebnisse sein. (3) Nach der *Preparedness Theorie* (Seligman, 1971) gibt es eine evolutionsbedingte Prädisposition, Ängste vor Objekten oder Situationen zu erwerben, die bei unseren Vorfahren eine Bedrohung darstellten. Der Erwerb dieser Ängste ist schnell und zeigt eine höhere Resistenz gegenüber Löschung. Eine noch offene Frage ist, ob es tatsächlich phylogenetische Faktoren sind, die den Erwerb jener Ängste begünstigen, oder ontogenetische (z.B. Delprato, 1980). (4) *Behavioral inhibition* wird als Vulnerabilitätsfaktor für die Entstehung von Ängsten diskutiert. (5) Ein weiterer Faktor ist die Wahrnehmung der Kontrollierbarkeit. Ein unkontrollierbarer Streßfaktor sind wiederholte soziale Niederlagen, die zu submissivem Verhalten und einer sinkenden Position in der Dominanzhierarchie führen.

Nach der *genetischen Evolutionstheorie* von Öhman (1986; Öhman, Dimberg & Öst, 1985) entstanden soziale Ängste als Nebeneffekt der Dominanzhierarchien, die sich als Mittel entwickelten, eine Ordnung in das Sozialleben zu etablieren. Eine wichtige Komponente hierbei sind Drohung oder Ärger zeigende Gesichtsausdrücke. Öhman und Dimberg (1978) konnten zeigen, daß ärgerliche Gesichter leichter zur Konditionierung führten als fröhliche oder neutrale Gesichter. Von

Bedeutung war dabei auch eine auf die Zielperson gerichtete Blickrichtung (Öhman et al., 1985). Die Autoren interpretieren ihre Ergebnisse im Sinne einer Evolutionstheorie: Für ein Gruppenmitglied ist es adaptiv zu lernen, welches Mitglied gefährlich ist, um dann mit Furcht zu reagieren, wenn ein ärgerlicher Gesichtsausdruck auf es gerichtet wird. Öhmans Arbeit zeigt, daß es eine Prädisposition gibt, Furcht vor ärgerlichen, kritischen oder zurückweisenden Gesichtern zu entwickeln (Öhman, 1986; Öhman et al., 1985).

Nach der *Hypothese sozialer Kompetenzen* (Trower, Bryan & Argyle, 1978) resultiert Angst in sozialen Situationen aus Defiziten in sozialen Kompetenzen. Die Furcht vor negativer Bewertung und Konditionierungseffekte sind nach dieser Hypothese Epiphänomene. Defizite in der sozialen Kompetenz wurden vor allem bei Sozialphobikern mit selbstunsicherer Persönlichkeitsstörung berichtet (Marks, 1985; Turner, Beidel, Dancu & Keys, 1986). Eine kausale Rolle der sozialen Kompetenzdefizite konnte in empirischen Untersuchungen nicht belegt werden. Vielmehr scheinen sie mit dem Schweregrad der Störung zu korrelieren.

Ein *integriertes kognitiv-behaviorales Modell* wurde von Heimberg, Juster, Hope und Mattia (1996) entwickelt. Sie nehmen eine genetische Vulnerabilität an, die bei Vorliegen bestimmter Umwelteinflüsse in die Entwicklung einer Sozialphobie mündet. Sozialphobiker entwickeln den Glauben, daß soziale Situationen Bedrohungen darstellen und negative Erlebnisse nur durch perfektes Verhalten vermieden werden könnten. Die Fähigkeiten, sich in sozialen Situationen zu bewähren, fehlen ihnen nach eigener Einschätzung aber, so daß nur Erniedrigung, Verlegenheit, Zurückweisung und Statusverlust folgen könnten. Diese subjektiven Überzeugungen führen auf der Verhaltensebene zur Anspannung und physiologischen Erregung und oftmals zur Vermeidung von sozialen Situationen. Die Aufmerksamkeit ist auf sozial bedrohliche Reize gerichtet. Sozialphobiker erleben eine Flut negativer Gedanken über ihre Unzulänglichkeiten. Sie sind besorgt, daß ihre Angst bemerkt wird und zu negativer Bewertung führt. Konsequenzen der Angst sind wirkliche oder wahrgenommene Störungen im Verhalten.

2.2.2.2.4 Sozialphobie im Kindes- und Jugendalter

Die Sozialphobie im Kindes- und Jugendalter erfuhr bis vor kurzem wenig Aufmerksamkeit in der Forschung (Strauss & Last, 1993), so daß noch kaum empirische Daten vorhanden sind. So wird häufig auf die Literatur zur Schüchternheit zurückgegriffen. Erste Studien mit sozialphobischen Kindern ergaben, daß sie viele Symptome der erwachsenen Sozialphobiker zeigen (Albano, DiBartolo, Heimberg & Barlow, 1995; Beidel, 1991). Bei Kindern können sich die Angstreaktionen in Weinen, Wutanfällen, Erstarren, Anklammern oder gehemmten Interaktionen äußern. Anders als Erwachsene haben Kinder oftmals nicht die Möglichkeit, alle gefürchteten Situationen zu vermeiden und sind nicht immer in der Lage, den Grund ihrer Ängste zu benennen. Es kann einen Abfall in den Schulleistungen, Schulverweigerung oder Vermeidung von altersangemessenen sozialen Aktivitäten auftreten. Im Gegensatz zu Erwachsenen ist es bei Kindern kein notwendiges DSM-IV-Kriterium, daß sie ihre Ängste als unbegründet einschätzen. Insbesondere jüngere Kinder haben z.T. noch nicht die kognitiven Fähigkeiten für diese Irrationalitäts-Einschätzung. Um die Diagnose bei Kindern zu stellen, muß gewährleistet sein, daß das Kind in der Lage ist, soziale Beziehungen mit vertrauten Personen aufzunehmen. Die soziale Angst muß auch bei Gleichaltrigen, nicht nur gegenüber Erwachsenen auftreten (vgl. DSM-IV, American Psychiatric Association, 1994).

Bislang gibt es, soweit uns bekannt ist, keine veröffentlichten empirischen Untersuchungen zur Häufigkeit der generalisierten und spezifischen Sozialphobie bei Kindern. Albano und Mitarbeiter (Albano, DiBartolo, Heimberg & Barlow, 1995) berichten, daß sie im Unterschied zu erwachsenen Sozialphobikern bei Kindern ausschließlich den generalisierten Typ diagnostizierten. Vorläufige Untersuchungen von Beidel (Beidel & Morris, 1995) bestätigen, daß die Mehrzahl der sozialphobischen Kinder an einer generalisierten Sozialphobie leiden: Die durchschnittliche Anzahl der angstauslösenden Situationen betrug 2.3. Als häufigste angstauslösende Situationen werden förmliches Sprechen (88.8%), vor anderen essen (39.3%), auf Parties gehen (27.6%), öffentliche Toiletten benutzen (24.1%), mit Autoritätspersonen sprechen (20.7%) und informelles Sprechen (13%) genannt (Beidel, 1992). Strauss und Last (1993) geben außerdem noch die Schulsituation an, in der häufig soziale Ängste auftreten. Diese Einschätzung stimmt mit Befunden von Beidel und Morris (1995) überein, nach denen 60% der ängstigenden Situationen in der Schule auftreten.

Im Unterschied zu Erwachsenen treten nach Angaben von Beidel (1991) negative Kognitionen bei Kindern in den streßinduzierenden Situationen seltener auf. Sozialphobische Kinder entwickeln häufig ungewöhnliche Hobbys oder Interessensgebiete (Albano et al., 1995).

Epidemiologie: Die Prävalenzraten der Sozialphobie im Kindesalter entsprechen mit 1 - 2% den früheren Prävalenzangaben für *erwachsene Sozialphobiker*. Insgesamt unterschätzen diese Angaben jedoch die Häufigkeit der Sozialphobie, da die häufigste Form der einfachen Phobien die Furcht vor dem öffentlichen Sprechen ist. Diese Phobie wird aber erst seit dem DSM-III-R als Sozialphobie klassifiziert. Die Häufigkeit der Sozialphobie wird auch deshalb unterschätzt, da viele der sozialen Ängste nicht als klinisch relevant erkannt werden. Erhebungen in der allgemeinen Population ergaben, daß die meisten Sozialphobiker keine Behandlung aufsuchen (Schneier, Johnson, Hornig, Liebowitz & Weissman, 1992) oder sich mit anderen Problemen zur Behandlung anmelden (z.B. Alkoholmißbrauch). Noch mehr Menschen mit starker Angst vor Peinlichkeiten erfüllen nicht die DSM-IV-Kriterien, weil die gefürchtete Situation ohne funktionelle Einschränkung vermieden werden kann. Nimmt man neuere Studien als Grundlage, so ist die Sozialphobie bei Erwachsenen die am dritthäufigsten vorkommende psychische Störung in den USA (Kessler, McGonagle, Zhao, Nelson, Hughes, Eshleman, Wittchen & Kendler, 1994). Es wurden 12-Monats-Prävalenzen für die Sozialphobie (diagnostiziert nach DSM-III-R) von 6.6% bei Männern und von 9,1% bei Frauen ermittelt. Die Lebenszeitprävalenz betrug 11.1% für Männer und 15.5% für Frauen.

Bei Erwachsenen der allgemeinen Bevölkerung wird bei Sozialphobikern ein Frauenanteil von 70% angegeben (Schneier et al., 1992), während Männer eher eine Behandlung aufsuchen und somit in Behandlungseinrichtungen der Frauen- und Männeranteil vergleichbar ist. Die Gründe für diese unterschiedlichen Zahlen könnten mit soziokulturellen Normen und geschlechtsspezifischen Rollenerwartungen zusammenhängen.

Es gibt wenig Untersuchungen zur Prävalenz der *Sozialphobie im Kindes- und Jugendalter*. Zwei amerikanische Studien (Kashani & Orvaschel, 1990; Kashani, Orvaschel, Rosenberg & Reid, 1989) berichten eine Prävalenzrate von 1.1%. Eine Studie in Neuseeland (Anderson, Williams, McGee & Silva, 1987; McGee, Fehan, Williams, Patridge, Silva & Kelly, 1990) ermittelte in westlichen Industrieländern eine Prävalenzrate von 1.0% bei 11jährigen und von 1.1% in einer Nachuntersuchung der inzwischen 15jährigen.

Es gibt einige Angaben zu Kindern, die in ambulanten Einrichtungen in den USA zur Behandlung von Angststörungen vorstellig wurden. In einer Poliklinik für Angststörungen erhielten 15% der behandlungssuchenden Kinder die Primärdiagnose Schulphobie, die auf eine Sozialphobie zurückzuführen war (Last, Hersen, Kazdin, Finkelstein & Strauss, 1987). Strauss und Francis (1989) berichten, daß annähernd 9% ihrer Kinder, die in einer Klinik für Angststörungen vorstellig wurden, die Diagnose "Sozialphobie" erhielten. In einer weiteren Klinik erhielten von den 156 Kindern im Alter von 7 bis 17 Jahren mit einer Diagnose für Angststörungen 27 (17.9%) die Primärdiagnose "Sozialphobie", 25 (19.4%) erhielten die Sekundärdiagnose "Sozialphobie" (Albano, DiBartolo, Heimberg & Barlow, 1995).

Last und Mitarbeiter (Last, Perrin & Hersen, 1992) berichten, daß 44.3% ihrer Stichprobe von sozialphobischen Kindern weiblich waren, bei Beidel und Turner (1988) waren es 70%. Vielzählige rassische, Schicht- und Milieufaktoren können für diese Unterschiede verantwortlich sein.

Vermutlich gibt es interkulturelle Unterschiede hinsichtlich der Prävalenz der Sozialphobie im Kindes- und Jugendalter. Untersuchungen in Deutschland liegen noch nicht vor.

Störungsbeginn: Nach den retrospektiven Aussagen erwachsener Sozialphobiker liegt der durchschnittliche Störungsbeginn im frühen bis mittleren Jugendalter (Liebowitz, Gorman, Fyer & Klein, 1985). Allerdings ist es unwahrscheinlich, daß soziale Ängste spontan auftreten. Einige Sozialphobiker geben an, seit früher Kindheit schüchtern gewesen zu sein. Folgt man dem Konzept der behavioral inhibition, sollte auch für die Sozialphobie ein früher Störungsbeginn zu erwarten sein. Aus entwicklungspsychologischer Sicht kann sich allerdings eine Sozialphobie nicht vor dem Bewußtwerden von Bewertungen entwickeln. Sorgen über die negative Bewertung durch andere entwickeln sich bei Kindern um das 8. Lebensjahr (Bennett & Gillingham, 1991; Crozier & Burnham, 1990). Während des Jugendalters werden durch neue Anforderungen und Bedürfnisse sowie durch die kognitive Entwicklung Defizite stärker bewußt (Beidel & Morris, 1995).

Erhebungen an klinischen Stichproben ergaben tatsächlich, daß bereits bei acht-jährigen Kindern Sozialphobien festgestellt werden (Beidel & Turner, 1988). Es gibt aber bezüglich des Störungsbeginns offensichtlich eine große Streubreite. Last und Mitarbeiter (Strauss & Last, 1993; Last, Perrin & Hersen, 1992) ermittel-ten in einer klinischen Stichprobe einen durchschnittlichen Störungsbeginn zwischen 11.3 und 12.2 Jahren. Schneier und Mitarbeiter (Schneier, Johnson, Hornig, Liebowitz & Weissman, 1992) berichten ein mittleres Alter bei Störungs-beginn von 15.5 Jahren. Eine genauere Analyse ergab, daß es zwei Gipfel des Störungsbeginns gab, die unter dem Durchschnitt liegen: Der erste lag bei weni-ger als 5 Jahren, der zweite bei 13 Jahren. Holt, Heimberg und Hope (1992) fan-den Hinweise dafür, daß sich für die generalisierte und für die spezifische So-zialphobie eine sehr unterschiedliche Altersverteilung bezüglich der Erstmanife-station ergab. Der Beginn der spezifischen Sozialphobie lag im Mittel bei 22.6 Jahren, während der Beginn für die generalisierte Sozialphobie im Mittel bei 13 Jahren lag. Faßt man den selektiven Mutismus unter die Diagnose der Sozial-phobie (s. u.), so liegt der Störungsbeginn dieser Untergruppe gewöhnlich vor dem 5. Lebensjahr.

Komorbidität: Insgesamt ist bekannt, daß bei Erwachsenen eine hohe Komor-biditätsrate zwischen verschiedenen Angststörungen besteht (Wittchen & Vossen, 1996). Im Zusammenhang mit der Sozialphobie bei Kindern treten insbesondere häufig die Überängstlichkeit (die inzwischen unter das Generalisierte Angstsyn-drom gefaßt wird) und Einfache Phobien auf (Last, Strauss & Francis, 1987; Turner, Beidel & Borden, 1991). Verglichen mit normalgesunden Kindern zeigen sozialphobische ein höheres Ausmaß depressiver Verhaltensweisen (Beidel & Turner, 1988; Francis, Last & Strauss, 1992; Strauss & Last, 1993). Weiterhin wurde weniger Vertrauen in ihre kognitiven Fähigkeiten und eine Tendenz zu zwanghaften Verhaltensweisen festgestellt (Beidel, 1991; Beidel & Turner, 1998).

2.2.2.2.5 Differentialdiagnose

DSM-IV und ICD-10 grenzen die Sozialphobie von anderen Angststörungen hinsichtlich des Fokus der Furcht ab. So wird z. B. zwischen den Panikpatienten, die die Menschenmenge fürchten, und den Sozialphobikern, die die Menschen in der Menschenmenge fürchten, unterschieden (Marks, 1970).

Die Sozialphobie im Kindes- und Jugendalter muß weiterhin von einer verstärkten Gehemmtheit und dem Gefühl der Peinlichkeit, die für diese Entwicklungsstufe kennzeichnend sind, unterschieden werden. Subklinische antizipatorische Ängste sind vorübergehend und umschrieben. Normalerweise verschwindet diese Angst, sobald das Kind Erfahrung mit der Aufgabe gesammelt hat und die anderen Kinder sie ihm erleichtert.

Schüchternheit: Die Abgrenzungsmöglichkeit der Schüchternheit von der Sozial-phobie ist empirisch kaum untersucht. Nach derzeit verfügbaren Daten scheint es mehr Gemeinsamkeiten als Unterschiede zu geben. Die Schüchternheit unterscheidet sich in folgenden Aspekten von der Sozialphobie (Turner, Beidel & Townsley, 1990):

- Die Lebenseinschränkungen sind bei Schüchternen weniger ausgeprägt als bei Sozialphobikern.
- Der Verlauf der Sozialphobie ist chronisch, während die Schüchternheit in eini-gen, eventuell in den weniger ausgeprägten, Fällen von vorübergehender Natur sein kann.
- Soziale Kompetenzdefizite sind bei Sozialphobikern im allgemeinen nicht vor-handen. Sie treten öfter bei Schüchternen auf, vor allem jedoch im Zusam-menhang mit der Diagnose "selbstunsichere Persönlichkeitsstörung".
- Die Schüchternheit beginnt früher als die Sozialphobie.
- Die Sozialphobie hat oftmals einen traumatischen Auslöser. Für die Schüch-ternheit ist entsprechendes nicht bekannt. Außerdem gibt es Hinweise darauf, daß Sozialphobiker häufiger Vermeidungsverhalten zeigen als Schüchterne.

Übereinstimmungen zwischen Schüchternheit und Sozialphobie bestehen insbe-sondere hinsichtlich der physiologischen Reaktionen und der Kognitionen in sozialen Situationen. Es ist bislang unklar, ob die Sozialphobie eine Extremform oder einen qualitativ spezifischen Typus der Schüchternheit darstellt. Schüchternheit muß jedoch keine notwendige Komponente der Sozialphobie sein; insbesondere Patienten mit spezifischen Sprechphobien berichten häufig keine Schüchternheit. Stopa und Clark (1993) vermuten, daß der grundlegende Unterschied zwischen Schüchternheit und Sozialphobie darin besteht, daß Schüchterne soziale Situationen zwar mit ähnlichen Gefühlen wie Sozialphobiker auch betreten, dann aber überprüfen, was tatsächlich passiert und ob die anderen Personen ihnen nicht doch positives Interesse entgegenbringen. Nach DSM-IV handelt es sich bei Kindern zumindest dann um keine Sozialphobie, wenn die sozialen Ängste auf Situationen mit fremden Erwachsenen begrenzt sind, nicht aber Gleichaltrige betreffen.

Selektiver Mutismus: Selektiver Mutismus sollte nach Black und Uhde (1992) nicht wie bisher als „Störung im Kleinkindalter, in der Kindheit oder Adoleszenz" (DSM-IV), sondern als Untergruppe der Sozialphobie diagnostiziert werden. Unter Selektivem Mutismus wird das Verstummen nach Abschluß der Sprachentwicklung bei erhaltenem Sprechvermögen verstanden. Im Gegensatz zum totalen Mutismus bezieht sich der Selektive Mutismus nur auf bestimmte Situationen oder Personen. Vorübergehender Selektiver Mutismus wird nicht selten bei Kindern, z.B. unmittelbar nach der Einschulung, berichtet. Bei fast allen mutistischen Kindern wird soziale Angst beschrieben (Black & Uhde, 1992). Black und Uhde (1992) vermuten, daß der Selektive Mutismus Ausdruck einer sozialen Angst ist. Auch Sozialphobiker vermeiden es, in der Öffentlichkeit oder in neuen sozialen Situationen zu sprechen. Sind sie vertrauter mit der Situation, sprechen sie eher. Entsprechend beginnen auch viele Kinder mit Selektiven Mutismus zu sprechen, wenn sie z.B. mit Lehrer oder Klassenkameraden vertraut sind. Oftmals werden soziale Ängste in der Familiengeschichte von Mutisten berichtet. Auch sprechen sie auf ähnliche Medikamente wie Sozialphobiker an (Bahr, 1996; Black & Uhde, 1992).

2.2.2.2.6 Schlußfolgerung

Neuere Forschungsergebnisse legen nahe, daß die Sozialphobie im Kindesalter eine relativ häufige Störung ist. Bislang erfuhr sie aber wenig Aufmerksamkeit in der Forschung. So fehlen z. B. empirische Untersuchungen zur Entstehung und zur Aufrechterhaltung der Sozialphobie sowie zur Subgruppenbildung. Klare

Richtlinien für die Grenze zwischen klinischen und subklinischen sozialen Ängsten fehlen in den Diagnosesystemen. Auf Defizite in der emotionalen Kompetenz wird nicht hingewiesen. Würden sich Defizite oder Auffälligkeiten nachweisen lassen, könnten sich damit neue Möglichkeiten zur Therapie eröffnen.

2.3 Bedeutung der Forschung zur sozialen Angst bei Kindern

Schüchternheit als leichte Form der sozialen Angst ist nicht notwendigerweise unangepaßt. Sie kann eine Schutzfunktion haben, da sie Bindungsverhalten hervorruft (Stevenson-Hinde & Shouldice, 1993). Die Furcht vor Fremden kann das Überleben im Laufe der Evolution gesichert haben (Öhmann, 1986). Schüchternheit als verschämtes Ausdrucksverhalten ist weiterhin nicht nur als femininer Ausdruck akzeptiert, sondern kann auch als kokettes Verhalten gewertet werden. Schüchternheit kann also in bestimmten sozialen Kontexten positive Reaktionen hervorrufen (Engfer, 1993).

Stark ausgeprägte soziale Ängste bringen jedoch erhebliche Beeinträchtigungen im familiären, schulischen und Freizeitbereich mit sich. Sie können sogar zur Isolierung des Kindes führen, wenn es beispielsweise die Schule nicht mehr aufsuchen oder an bestimmten Aktivitäten seiner Alterskameraden nicht mehr teilnehmen kann. Sozialem Verhalten kommt bei Kindern eine große Bedeutung zu, da Interaktionen mit Gleichaltrigen wesentlich für eine gesunde soziale Entwicklung sind (Inderbitzen-Pisaruk, Clark & Solano, 1992; Vernberg, Abwender, Ewell & Beery, 1992). Ein Bereich, der z. B. im besonderen Maße beeinträchtigt werden könnte, ist die Entwicklung sozialer Kognitionen:

1. *Piaget (1928) believes that the major vehicle for the developmental decline of ... cognitive egocentrism is social interaction, especially with peers. Conflicts, arguments, and other dissonant interpersonal experiences gradually compel the child to pay attention to perspective differences, and thereby eventually to generate some conceptions and information gathering skills regarding human psychological processes* (Flavell, 1970, p. 1027).
2. *The individual's cognitive coordinations may be actualized by social coordinations. This means that the individual must coordinate his actions with those*

of others as a first step towards mastering individualized systems of coordina-
tion (Doise, 1985, p. 297).

3. Social interaction may not be necessary for the emergency of some intelligent
behaviors ... but a sine qua non for others (e.g., organizing resources for problem solving utilizing the other people in one's surround) (Hartup, 1985, p. 73).

Interaktionen, insbesondere mit Gleichaltrigen, dienen also als Anstoß, ein reifes
soziales Denken zu entwickeln, das wiederum die Basis für angemessenes
Sozialverhalten ist. Soziale Interaktionen erlauben dem Kind, Regeln und Normen
zu verstehen, und es lernt, sich selbst einzuschätzen. Es lernt, angemessene
soziale Fertigkeiten und eine positive Selbstbewertung zu entwickeln und nicht
zuletzt auch Freundschaften zu schließen (Rubin, LeMare & Lollis, 1990). Furman
und Robins (1985) nennen acht Aspekte von Freundschaft: (1) Zuneigung, (2)
Nähe/Intimität, (3) verläßliche Unterstützung, (4) instrumentelle Hilfe, (5) emotionale Unterstützung, (6) Kameradschaft, (7) Erhöhung des Selbstwerts und (8)
Gefühl der Zugehörigkeit. Einige dieser Funktionen lassen sich durch lockere
Beziehungen zu einer Gruppe erfüllen, andere hingegen nur durch enge Freundschaften, Freundschaften zu Erwachsenen oder Kindern. Es gibt aber eine Reihe
sozialer Kompetenzen, die nur im Umgang mit Gleichaltrigen, nicht jedoch mit
Erwachsenen erworben werden können. So sind z. B. Konfliktlösungen zwischen
Kindern und Erwachsenen durch Wissens- und Machtgefälle vorherbestimmt,
während Konfliktlösungen bei Gleichaltrigen miteinander ausgehandelt werden
müssen.

Es besteht eine Beziehung zwischen sozialer Isolation während der Kindheit und
späteren psychischen Störungen (Kupersmidt, Coie & Dodge, 1990). Befunde wie
dieser verdeutlichen, welche Bedeutung der Untersuchung jener Variablen zu-
kommt, die möglicherweise zum Prozeß der (gestörten) sozialen Interaktion beitragen (Asher, Hymerl & Renshaw, 1984). Die "soziale Angst" ist eine solche
Variable, da sie als Moderator zwischen sozialen Fertigkeiten und Akzeptanz
durch Gleichaltrige dienen kann. Neuere prospektive Längsschnittstudien weisen
nach, daß soziale Unsicherheit in der Kindheit ein Prädiktor für das Auftreten von
Einsamkeits- und Minderwertigkeitsgefühlen bis hin zur Depression darstellt
(Asendorpf, 1989; Freihaut, 1993; Rubin, Hymel & Mills, 1989; Rubin & Mills,
1988). Davidson (1993) belegt, daß bei Beginn der sozialen Phobie vor dem

elften Lebensjahr eine chronische Störung im Erwachsenenalter vorhersehbar ist (vgl. Öst, 1987). Als Folge der Vermeidung einer Vielzahl sozialer Situationen wird von sozial phobischen Kindern auch ein Funktionsverlust in anderen Bereichen und die Einschränkung normaler Aktivitäten berichtet (Francis, 1990). Die Erforschung sozialer Ängste bei Kindern ist auch von Nutzen für das Verständnis anderer Störungen, da sie häufig im Zusammenhang mit anderen Störungen auftreten (Clark, 1993).

3. EMOTIONALE KOMPETENZ

3.1 Emotionale Kompetenz

„Emotionale Kompetenz" (Saarni, 1990, s. Tab. 3.1) bzw. „emotional intelligence" (Gordon, 1989; Salovey und Mayer, 1990) beinhaltet verschiedene Aspekte: Wie Emotionen ausgedrückt, wie sie wahrgenommen und bewertet werden und wie mit dem Erleben und Ausdruck von Emotionen umgegangen wird. Kompetenz im Emotionsausdruck umfaßt etwa einen sozial und kulturell angemessenen Gesichtsausdruck, Gestik und Körperhaltung der jeweiligen Emotion, eine Stimme, die der Emotion z. B. durch den Klang den passenden Ausdruck verleiht sowie einen angemessenen verbalen Emotionsausdruck. Kompetenz in der Bewertung von Emotionen umfaßt das Erkennen und Verstehen des Emotionsausdrucks und das Erleben der eigenen ebenso wie der Emotionen anderer Personen unter Berücksichtigung des sozialen Kontextes. Die Emotionsregulierung umfaßt den Umgang mit eigenen Emotionen und den Emotionen anderer und den willentlichen Einsatz von Emotionen, um Ziele zu erreichen.

Bei Kindern, die durch übertriebene Angst vor Situationen, bei denen sie mit unbekannten Personen konfrontiert sind oder von anderen beurteilt werden könnten, gekennzeichnet sind, ist es naheliegend, daß sie Defizite im Bereich der emotionalen Kompetenz aufweisen. Casey (1996) konnte zeigen, daß Kinder mit psychischen Störungen charakteristische Muster des emotionalen Ausdrucksverhaltens und der Reaktionen auf das emotionale Ausdrucksverhalten anderer aufweisen. Sie fand z. B., daß Kinder mit einer Aufmerksamkeits- und Hyperaktivitätsstörung häufiger den mimischen Ausdruck verändern als Kinder mit Störungen im Sozialverhalten oder depressive Kinder. Auch zeigten sie mehr positive mimische Emotionsausdrücke als die beiden anderen Untersuchungsgruppen. Zum speziellen Fall der sozialen Angst macht sie allerdings keine Aussagen. Hier besteht also ein dringender Forschungsbedarf. Sollte es gelingen, Defizite der emotionalen Kompetenz bei sozial ängstlichen Kindern zu objektivieren und zu präzisieren, so ließen sich daraus konkrete Ziele für psychologische Behandlungen ableiten.

Tabelle 3.1: Definition der Emotionalen Kompetenz von Saarni (1993)

Components and Skills of Emotional Competence (Saarni, 1993)

1. Awareness of one's emotional state, including the possibility that one is experiencing multiple emotions, and at even more mature levels, awareness that one might also not be consciously aware of one's feelings owing to unconscious dynamics or selective inattention.
2. Ability to discern others' emotions, based on situational and expressive cues that have some degree of cultural consensus as to their emotional meaning.
3. Ability to use the vocabulary of emotion and expression terms commonly available in one's (sub)culture.
4. Capacity for empathic involvement in others' emotional experiences.
5. Ability to realize that inner emotional state need not correspond to outer expression - either in oneself or in others.
6. Awareness of cultural display rules.
7. Ability to take into account unique personal information about individuals and apply it when inferring their emotional state, which may be discrepant from cultural expectations for what would commonly be experienced in some emotion-eliciting situation.
8. Ability to understand that one's emotional-expressive behavior may affect another and to take this into account in one's self-presentation strategies.
9. Capacity for coping adaptively with aversive or distressing emotions by using self-regulatory strategies that ameliorate the intensity or duration of such emotional states (e.g., "stress-hardiness").
10. Awareness that the structure of nature of relationships is in part defined both by the degree of emotional immediacy or genuineness of expressive display and by the degree of reciprocity or symmetry within the relationship; for example, mature intimacy is in part defined by mutual or reciprocal sharing of genuine emotions, whereas a parent-child relationship may entail asymmetric sharing of genuine emotions.
11. Capacity for emotional self-efficacy: individuals view themselves as feeling, overall, the way they want to feel. That is, emotional self-efficacy means that one accepts one's emotional experience, whether unique or eccentric or cultural conventional, and that this acceptance is in alignment with one's beliefs about what constitutes desirable emotional "balance". In essence, one is living in accord with one's personal naive theory of emotion when one demonstrates emotional self-efficacy. (pp. 442-443)

3.2 Entwicklung der emotionalen Kompetenz

Die vorliegende Arbeit möchte einen Beitrag zur Erforschung der emotionalen Kompetenz sozial ängstlicher Kinder leisten. Dabei sollen zwei Kompetenzbereiche genauer betrachtet werden: Das Erkennen des mimischen Emotionsausdrucks anderer und der eigene mimische Emotionsausdruck. Daher soll hier zunächst ein Überblick über den Stand der Forschung zur Entwicklung dieser Kompetenzen gegeben werden.

Erkennen mimischen Emotionsausdrucks: Bezüglich der Entwicklung der Emotionserkennung gibt es zwei Extrempositionen: Die Emotionserkennung ist biologisch vorprogrammiert vs. sie muß weitgehend erlernt werden. Es gibt vielzählige Studien zur Entwicklung der Emotionserkennung. Mit großer Übereinstimmung wird berichtet, daß die meisten Kinder im Alter von zwei bis sechs Monaten fähig sind, beim mimischen Ausdrucksverhalten anderer zwischen freudigem und ärgerlichem Ausdruck zu unterscheiden (z. B. Nelson, 1987; Nelson & Horowitz, 1983; Younge-Browne, Rosenfield & Horowitz, 1977). Belege, daß Kleinkinder den mimischen Emotionsausdruck auch bewerten, kommen von Studien zum „social referencing". Sorce, Emde, Campos & Klinnert (1985) verwendeten als experimentelle Situation das sogenannte „visual cliff", einen Kasten, der etwa in Tischhöhe mit einer Glasplatte abgedeckt ist. Eine Hälfte des Kastens ist direkt unter der Oberfläche mit einem Schachbrettmuster ausgeschlagen, auf der anderen Seite ist das Muster erheblich tiefer angebracht. Dadurch entsteht der Eindruck eines beträchtlichen Höhenunterschiedes. Die Autoren berichten, daß 12 Monate alte Kinder nur dann über das visual cliff krabbelten, wenn ihre am Ende des Kastens stehende Mutter lächelte, nicht jedoch, wenn sie ängstlich schaute. Dies zeigt, daß die Kinder bereits im Alter von einem Jahr zwischen positivem und ärgerlichem Ausdruck der Mutter unterscheiden und ihr eigenes Verhalten danach ausrichten konnten. Die anderen Emotionen werden erst mit zunehmenden Alter akkurater klassifiziert. Die Zuordnung zu vorgegebenen Kategorien wird von der Mehrzahl der sechsjährigen Kinder richtig durchgeführt (Izard, 1971).

Mimischer Emotionsausdruck: Tabelle 3.2 (nach Keller und Meyer, 1982) gibt einen Überblick zu den Angaben, die in verschiedenen Theorien für das erste Auftreten des mimischen Emotionsausdrucks gemacht werden. Die zum Teil erheblichen Abweichungen in den Zeitangaben und der Abfolge des Auftretens der einzelnen Emotionen lassen sich auf Populationsunterschiede, terminologische Unterschiede und methodische Unterschiede in der Kodierung der Ausdruckserscheinungen zurückführen.

Tabelle 3.2 Altersangaben (in Monaten) zum Ausdruck von Emotionen (nach Keller & Meyer, 1982)

Emotionsausdruck	Bridges (1932)	Emde et al. (1976)	Sroufe (1979)	Izard (1977, 1978)
Interesse				0
Endogenes Lächeln		0	0	0
Soziales Lächeln	2.5	2.5	3	1.5 - 3
Lachen			4	4 - 5
Schreckreaktion			0	0
Überraschung				2 - 3
Unmut	3	0	0	0
Ekel	3.5			0
Wut			3	3 - 5
Ärger	3.75 - 6		7	3 - 5
Scham			18	4 - 5
Schüchternheit				12 - 18
Ängstlichkeit			4.5	
Furcht	6	9	9	5 - 9
Schuld			36	12 - 15
Verachtung				15 - 18

Spontane mimische Emotionsausdrücke können willentlich vermindert, verstärkt, unterdrückt oder ersetzt werden. Auch bei Kindern lassen sich diese willentlichen Ausdrucksstrategien beobachten (z. B. Cole, 1985; Saarni, 1992). Verminderung und Verstärkung des spontanen mimischen Emotionsausdrucks werden bereits im zweiten Lebensjahr beobachtet (z. B. übermäßiges Weinen, um den Eltern zu signalisieren, daß der ältere Bruder ärgert und Hilfe von den Eltern erwünscht ist). Die willentliche mimische Ausdrucksfähigkeit entwickelt sich vor allem in der mittleren Kindheit, sie ist aber auch bei Neunjährigen noch nicht voll ausgebildet (Ekman, Roper & Hager, 1980).

Die Untersuchungen zum mimischen Ausdrucksverhalten wurden lange Zeit von der Frage geleitet, ob Ausdrucksverhalten angeboren oder gelernt bzw. universell oder kulturabhängig ist (Keller & Meyer, 1982). Auf der einen Seite wird von einem fast ausschließlich angeborenem, nicht jedoch notwendig ab Geburt vorhandenen Ausdrucksverhalten ausgegangen, das sich im Laufe der Evolution herausgebildet hat. Untersuchungen zu Ähnlichkeiten im mimischen Emotionsausdruck von Menschen verschiedener Kulturen, zwischen sehenden und blinden Menschen sowie zu nicht-humanen Primaten werden als Belege hierfür angeführt (Darwin, 1872; Eibl-Eibesfeld, 1972; Izard, 1971; Tomkins, 1962). Das andere Extrem bilden die sogenannten Relativisten, nach denen das Ausdrucksverhalten ebenso wie die es auslösenden Reize kulturspezifisch und daher sehr variabel sind (Birdwhistell, 1970; Klineberg, 1940; Mead, 1975). Ekman (1973) nimmt an, daß sowohl genetisch determinierte Prozesse als auch Lernvorgänge für den mimischen Emotionsausdruck von Bedeutung sind, die für bestimmte Aspekte des emotionalen Ausdrucks und für verschiedene Emotionen unterschiedlich relevant sind. Interkulturelle Unterschiede werden auf „display rules" zurückgeführt, die bestimmen, wer wem wann wo welche Emotion zeigen darf.

Die einzelnen *emotionalen Kompetenzen* entwickeln sich nicht unabhängig voneinander. Fischer (1980) zeigte, daß Fähigkeiten im Emotionsausdruck und -erkennen der Emotionsregulation vorangehen. Ausdruck, Erkennen und Regulation einfacher Emotionen im vertrauten sozialen Kontext gehen wiederum den komplexeren Emotionen in wenig vertrauten Kontexten voran.

3.3   Bedeutung der emotionalen Kompetenz

Defizite in der Fähigkeit, (a) Gefühle und Absichten von anderen zu verstehen und (b) die Konsequenzen des eigenen sozialen Verhaltens für sich selbst und andere einzuschätzen, können zu Defiziten im sozialen Verhalten führen (Dodge, 1986; Rubin & Krasnor, 1986; Selman, 1985; Shantz, 1983). Der emotionalen Kompetenz scheint danach eine große Bedeutung für kompetentes soziales Verhalten zuzukommen. Tatsächlich ist es einleuchtend, daß Kinder, die ihre eigenen Emotionen und die Emotionen anderer recht präzise wahrnehmen, ihre eigenen Emotionen bei Bedarf angemessen ausdrücken, und die in der Lage sind, ihren Emotionsausdruck zu kontrollieren, besonders gute Voraussetzungen haben, sensible und tragfähige Beziehungen zu ihren Eltern sowie zu anderen Erwachsenen und Kindern aufzubauen.

Bei psychisch gestörten Kindern ist bislang wenig über Emotionserkennung, -ausdruck und -regulation bekannt. Unseres Wissens wurden bislang keine Studien zur emotionalen Kompetenz bei sozial ängstlichen Kindern veröffentlicht.

4.   UNTERSUCHUNGSZIELE

Die vorliegende Arbeit beschäftigt sich mit Bereichen der emotionalen Kompetenz bei sozial ängstlichen Kindern. Defizite im mimischen Emotionsausdruck könnten für Kinder mit sozialer Angst kennzeichnend sein. Auch ein Bias in Richtung negativer Interpretation des mimischen Emotionsausdrucks von anderen und die Fähigkeit, negative Emotionsausdrücke besser zu erkennen als neutrale oder positive, sind mögliche wichtige Faktoren bei der sozialen Angst. Ziel dieser Arbeit ist es deshalb, in drei experimentellen Studien den mimischen Emotionsausdruck und die Emotionserkennung bei sozial ängstlichen Kindern im Vergleich zu sozial nicht ängstlichen Kindern zu untersuchen.

Studie 1: Es wird überprüft, inwieweit bei sozial ängstlichen Kindern und ihren Müttern Defizite im willentlichen mimischen Ausdrucksverhalten auftreten, wenn sie versuchen, den mimischen Ausdruck einiger Emotionen zu demonstrieren.

Studie 2: In einem weiteren Experiment wird in einer frustrierenden Leistungssituation sowie einer freudigen Situation der spontane mimische Emotionsausdruck von sozial ängstlichen und nicht ängstlichen Kindern erhoben.

Studie 3: Zur Emotionserkennung werden Fotos mit neutralen, positiven und negativen Gesichtsausdrücken kurzzeitig auf einem Computerbildschirm dargeboten. Überprüft wird, ob sozial ängstliche Kinder im Vergleich zu sozial nicht ängstlichen Kindern negative Ausdrücke besser erkennen und ob sie eine Tendenz zeigen, neutrale und positive Ausdrücke als negativ zu bewerten.

Die Forschung zur sozialen Angst im Kindesalter wird im deutschen Sprachraum durch fehlende diagnostische Instrumente zur Erfassung der sozialen Angst und der Sozialphobie erschwert. In **Vorstudien** sollen deshalb zwei amerikanische Meßinstrumente ins Deutsche übersetzt und deren Gütekriterien an deutschen Schülerstichproben ermittelt werden.

VORSTUDIEN

5. VORSTUDIEN: DIAGNOSTISCHE INSTRUMENTE

5.1 Diagnostik sozialer Angst bei Kindern im deutschen Sprachraum

Ein Problem der Forschung zur kindlichen sozialen Angst ist ein Mangel an hierfür geeigneten diagnostischen Instrumenten in deutscher Sprache. Im folgenden wird ein kurzer Überblick über die bisher verfügbaren Erhebungsmethoden gegeben.

Zur Indikationsstellung psychischer Probleme allgemein bei Kindern werden mit Hilfe von Interviews oder Fragebogen Fremd- und Selbsteinschätzungen vorgenommen. Ferner bietet sich die Möglichkeit, Verhaltensbeobachtungen, soziometrische Verfahren und Verfahren zur Erfassung von Kognitionen einzusetzen.

Elternbefragungen: Lange Zeit wurden psychische Probleme von Kindern in erster Linie durch Elternbefragungen und in manchen Fällen auch durch Befragungen von weiteren Erziehungspersonen, wie z. B. Lehrer, erfaßt. Zur Erfassung sozialer Ängste bei Kindern liegen bislang zwei Verfahren vor:

- Die „Child Behavior Checklist" (CBCL, Achenbach & Edelbrock, 1983, deutsche Übersetzung von Remschmidt & Walter, 1990) enthält Items zu problematischen Verhaltensweisen von Kindern und Jugendlichen. Die Items zur sozialen Kompetenz haben sich dabei allerdings als nicht valide erwiesen; bei der Darstellung der Gütekriterien wurden sie ausgeschlossen (Remschmidt & Walter, 1990; Schneider, Remschmidt & Walter, 1991).
- Die „Marburger Verhaltensliste" (MVL, Ehlers, Ehlers & Makus, 1978) dient dazu, die Therapiebedürftigkeit von Kindern quantitativ abzuklären. Die MVL verlangt von der erwachsenen Bezugsperson, die Anzahl der Tage der letzten zwei Wochen zu nennen, an denen bestimmte Verhaltensabläufe zu beobachten waren. Eine der fünf Subskalen erfragt die Kontaktangst des Kindes. Diese Subskala hat eine innere Konsistenz nach Kuder-Richardson (KR-20) von r_{tt} = .70 und eine Testwiederholungsreliabilität nach 31 Tagen von r_{tt} = .80, nach

vier Monaten von r_{tt} = .59. Validitätsstudien gibt es nur für den MVL-Gesamt-wert.

Verhaltensbeobachtungen: Indirekt kann die Sichtweise des Kindes anhand von Verhaltensbeobachtungen berücksichtigt werden.

- Der „Beobachtungsbogen für sozial unsicheres Verhalten" (BSU, Petermann & Petermann, 1994) ist für die Beobachtung des Kindes durch Erwachsene in naturalistischen Situationen geeignet.
- Caesar (1976, zit. nach Petermann & Petermann, 1994) entwickelte eine „Einschätzskala zur sozialen Hemmung" (HIB-Skala) bei Kindergartenkindern.
- Der Beobachtung naturalistischer Situationen stehen Rollenspieltests gegenüber, bei denen sich die Kinder in hypothetische soziale Situationen hineinversetzen sollen. Ihre verbalen und nonverbalen Reaktionen werden bewertet.
- Ein ähnliches Beobachtungsverfahren ist der „Behavioral Avoidance Test" (BAT, Lang & Lazovik, 1963), der für die Beobachtung phobischer Verhaltensweisen geeignet ist. Das Kind wird hier zur Ermittlung sozialphobischen Verhaltens mit einer sozialen Anforderungssituation konfrontiert. Beobachtet wird das Vermeidungs- bzw. Annäherungsverhalten.

Selbstbeobachtungsmethoden: Selbstbeobachtungsmethoden sind in der Kinderdiagnostik wenig etabliert. Zumeist dienen die wenigen Selbstbeobachtungsinstrumente, die es für Kinder gibt, dazu, durch die Beobachtung und Bewertung von Verhaltensweisen das Verhalten zu verändern.

- So auch bei dem „Detektivbogen" (Petermann & Petermann, 1994), bei dem das Kind das Auftreten zweier vorher festgelegter Verhaltensweisen zu Hause beobachten und notieren soll.

Soziometrische Verfahren: Mit soziometrischen Verfahren lassen sich Zusatzinformationen über die Stellung des potentiell sozial ängstlichen Kindes in Gruppen gewinnen. Sozial ängstliche Kinder sind überwiegend in der Gruppe der nicht-beachteten Kinder (Rubin, 1985).

- Bei dem „Soziometrischen Test für 3. bis 7. Klassen" (ST 3-7, Petillon, 1980) werden die Schüler gebeten, erwünschte bzw. unerwünschte Mitschüler als Sitznachbarn zu benennen. Damit läßt sich u. a. die Beliebtheit von Schülern erfassen.

- Bei dem „Gruppentest für die soziale Einstellung" (SET, Joerger, 1973) werden 16 Fotos von sozialen Entscheidungssituationen vorgelegt, die Kinder sollen eine von vier vorgegebenen Antwortalternativen auswählen. Erfaßt werden soll die soziale Einstellung. Gegenüber soziometrischen Verfahren können damit Einstellungen spezifiziert werden. Offene Aussagen, die schwierig zu klassifizieren wären, werden vermieden. Der Test hat jedoch nur einen beschränkten Aussagebereich, die Reliabilität dieses Tests ist sehr gering und die Normen bedürfen einer Aktualisierung.

- Inwieweit sich ein Schüler selbst in seiner Klasse integriert sieht, kann mit dem „Fragebogen zur Erfassung von Dimensionen der Integration von Schülern" (FDI 4-6, Haeberlin, Moser, Bless & Klaghofer, 1989) erfaßt werden.

Interviews: Interviews können neben dem ersichtlichen Verhalten auch die Befindlichkeit des Kindes erfassen.

- Das „Diagnostische Interview Psychischer Störungen im Kindes- und Jugendalter" (Kinder-DIPS, Unnewehr, Schneider & Margraf, 1995) ist ein strukturiertes Interview, das sowohl aus einer Eltern- als auch einer parallelen Kinderversion besteht und u. a. alle Angststörungen der Kindheit und des Jugendalters erfaßt. Die Retestreliabilität für die Störungskategorie „Sozialphobie" wird mit einem Kappakoeffizienten von r_{tt} = .39 angegeben. Die Oberklasse „Angststörungen" wurde durch den Vergleich mit psychometrischen Fragebogenskalen validiert, dabei wurden aber keine Fragebögen zur Erfassung sozialer Ängste verwendet.

Kognitive Verfahren: Kognitive Verfahren können hilfreich sein, um zu erfassen,

– inwieweit das Kind sich zutraut, ein bestimmtes Verhalten zeigen zu können (soziales Kompetenzvertrauen)

– inwieweit es anderen Menschen feindliche Intentionen sich selbst gegenüber zuschreibt

– wie hoch seine Kontrollerwartung ist

– ob es Lösungsmöglichkeiten zur Bewältigung sozialer Situationen generieren kann, insbesondere wenn seine erste Reaktion fehlgeschlagen ist.

Es gibt eine Reihe unterschiedlicher Methoden zur Erhebung von Kognitionen (Übersicht bei Merluzzi & Glass, 1996), die z.T. auch bei Kindern angewendet werden können (Francis, 1988). Das Kind kann eine Liste von Gedanken durchlesen und angeben, wie oft es diese Gedanken in einer bestimmten Situation hatte (Bestätigungsmethode), oder es kann seine Gedanken, mündlich oder schriftlich, selbst berichten (Produktionsmethode). Die Gedanken können losgelöst von spezifischen Situationen erhoben werden, sie können in vorgestellten Situationen, während auf Video vorgespielten Situationen, während eines Rollenspiels oder in vivo erfaßt werden.

Selbstbeschreibungsinstrumente: Die allgemein effizientesten Erhebungsmethoden sind Fragebögen. Sie können nützliche klinische Informationen zur Art und zum Ausmaß von Ängsten liefern, erlauben Vergleiche zwischen verschiedenen diagnostischen Kategorien und ermöglichen es, Behandlungseffekte zu verfolgen. Sie allein reichen aber nicht aus, um Diagnosen zu stellen. Außerdem sind insbesondere bei Kindern unter 10 Jahren häufig nicht alle kognitiven Voraussetzungen gegeben, die zum Ausfüllen eines Fragebogens erforderlich sind.

Eine Reihe von Fragebögen haben Subskalen zur Erfassung sozialer Angst oder sozialer Kompetenz.

- Der „Youth Self Report" (YSR, Achenbach & Edelbrock, 1987, normierte deutsche Übersetzung von Remschmidt und Walter, 1990) enthält Items zur sozialen Kompetenz, die sich jedoch als wenig valide herausstellten.

- Speziell zur Erfassung phobischer Ängste liegt eine deutsche Übersetzung der „Fear Survey Schedule for Children" vor (FSSC, Scherer & Nakumara, 1968, deutsche Übersetzung in Schulte, 1976). Faktorenanalytische Studien ließen auf fünf Faktoren schließen. Einer von ihnen, „Angst vor Versagen und Kritik", beinhaltet typische sozialphobische Ängste. Für die deutsche Übersetzung gibt es bislang keine Gütekriterien.

- Der „Persönlichkeitsfragebogen für Kinder 9 - 14" (PFK 9-14, Seitz & Rausche, 1992) enthält u.a. die Dimensionen „Zurückhaltung und Scheu im Sozialkontakt" und „Selbsterleben der Unterlegenheit (Minderwertigkeit) gegenüber anderen". Die Split-Half-Reliabilität nach Spearman Brown liegt zwischen $r_{tt} = .66$ und $r_{tt} = .79$, die innere Konsistenz (Kuder Richardson 20) bei Werten zwischen $r = .67$ und $r = .79$. Es liegen lediglich Angaben zur faktoriellen Validität vor.

- Der „Sozialfragebogen für Schüler für 4. bis 6. Klassen" (SFS 4-6, Petillon, 1984) erfaßt die Beziehungen des einzelnen Schülers zum Lehrer und zu den Mitschülern, sowie motivational-emotionale Faktoren, die das Handeln des

Schülers in Sozialbeziehungen mitbestimmen. Eine der sechs Subskalen erfaßt die soziale Angst bei Schülern. Die interne Konsistenz dieser Subskala wird mit α = .92, die Retest-Reliabilität mit r_{tt} = .76 angegeben. Mit Hilfe von Mittelwertvergleichen und Korrelationsanalysen wurde eine Konstruktvalidierung versucht. Eine Übereinstimmungsvalidität wurde nicht bestimmt. Eine eindeutige Aussage bezüglich der Validität des SFS 4-6 scheint also nicht ohne weiteres möglich.

- Prüfungs- und Leistungsängste in Verbindung mit Schulangst werden mit dem „Angstfragebogen für Schüler" (AFS, Wieczerkowski, Nickel, Janowski, Fittkau & Rauer, 1974) erfaßt. Prüfungsangst ist bei sozialphobischen Kindern weit verbreitet. Prüfungsangst allein läßt aber keine Rückschlüsse auf das Vorliegen einer Sozialphobie zu.

- Das „Differentielle Leistungsangst Inventar" (DAI, Rost & Schermer, 1997) erfaßt verschiedene Aspekte der Leistungsangst. Eine der Subskalen erfaßt die „Sozialbezogene Angstauslösung" der Leistungsängstlichkeit.

- Der „Schulangst-Test" (SAT, Husslein, 1978) ist ein projektives Verfahren, das anhand von Bildmaterial unter anderem soziale Angst in der Schulsituation erfassen will. Wie alle projektiven Individualtests weist der SAT geringe Ökonomie auf. Die Gütekriterien genügen nur teilweise den teststatistischen Anforderungen.

Die genannten Fragebögen enthalten Subskalen zur Erfassung sozialer Angst bei Kindern. Selbstbeschreibungsinstrumente speziell zur Erfassung der sozialen Angst gab es für den deutschen Sprachraum bislang nicht. Die bislang verfügbaren Fragbögen haben weiterhin den Nachteil unzureichender Vergleichbarkeit, da es keine international gebräuchlichen Verfahren sind. Auch gab es bislang kein Instrument speziell zur Erfassung der kindlichen Sozialphobie. Deshalb wurden im Rahmen der vorliegenden Arbeit zwei kürzlich in den USA entwickelte Fragebogen, der eine zur Erfassung sozialer Angst bei Kindern, der zweite zur Erfassung der kindlichen Sozialphobie, ins Deutsche übersetzt und validiert.

5.2 Die deutsche Fassung der Social Anxiety Scale for Children - Revised. (SASC-R-D). Ein Fragebogen zur Erfassung sozialer Angst bei Kindern[1]

5.2.1 Die Originalversion der Social Anxiety Scale for Children/ Revised (SASC-R)

Die „Social Anxiety Scale for Children - Revised" (SASC-R) wurde in den USA für Schüler entwickelt (La Greca & Stone, 1993). Sie dient der Erfassung der Angst vor negativer Bewertung sowie der Vermeidung von und Belastung durch soziale Situationen. Grundlage für diesen Fragebogen bildeten zwei für Erwachsene entwickelte Skalen: Die „Fear of Negative Evaluation Scale" (FNE) und die „Social Avoidance and Distress Scale" (SAD) (Watson & Friend, 1969). Die erste Fassung des Fragebogens (La Greca, Dandes, Wick, Shaw & Stone, 1988) umfaßte nur 10 Items, die von Kindern mit „stimmt nie", „stimmt manchmal" oder „stimmt immer" beantwortet wurden. Bei der Überprüfung der Faktorenstruktur an sieben- bis dreizehnjährigen Schülern ergaben sich wie bei der Erwachsenenversion zwei Faktoren: Angst vor negativer Bewertung (Fear of Negative Evaluation; FNE) und Vermeidung von und Belastung durch soziale Situationen (Social Avoidance and Distress; SAD). In einer revidierten Fassung (SASC-R; La Greca & Stone, 1993) wurde dieser Fragebogen um acht auf 18 Items erweitert, und es wurde eine fünfstufige Selbsteinschätzungsskala („nie", „selten", „manchmal", „meistens" und „immer") verwendet. Bei einer Untersuchung an 590 neun- bis dreizehnjährigen Schülern wurde auch bei diesem Fragebogen wieder der Faktor FNE (acht Items) gefunden. Der Faktor SAD wurde nun in Angst vor neuen Situationen und unbekannten Personen (SAD-New, sechs Items) und in Allgemeine Soziale Angst und Vermeidung (SASC-R-Generalized, vier Items) unterteilt. Die innere Konsistenz erwies sich als zufriedenstellend: Cronbachs Alpha liegt für die einzelnen Skalen bei α = .86 (FNE), α = .78 (SAD-New) und α = .69 (SAD-Generalized). Die drei

[1] Melfsen, S. & Florin, I. (1997). Ein Fragebogen zur Erfassung sozialer Angst bei Kindern (SASC-R-D). Kindheit und Entwicklung, 6, 224-229.
Melfsen, S. (1998). Die deutsche Fassung der Social Anxiety Scale for Children Revised (SASC-R-D): Psychometrische Eigenschaften und Normierung. Diagnostica, 44 (3), 153-163.

Subskalen korrelieren signifikant mit der von den Kindern selbst vorgenommenen Einschätzung ihrer sozialen Akzeptanz, ihres allgemeinen Selbstwertgefühls und ihres Verhaltens. Außerdem korrelieren alle drei Skalen negativ mit der Beliebtheitseinschätzung durch Klassenkameraden. Insgesamt liegt für den englischen Sprachraum mit der SASC-R ein valides Instrument zur Erfassung sozialer Angst bei Kindern vor.

5.2.2 Die Social Anxiety Scale for Children - Revised. Deutschsprachige Version (SASC-R-D)

Unser Ziel war es, eine deutsche Version der Social Anxiety Scale for Children - Revised zu entwickeln und damit ein erstes verläßliches und valides Meßinstrument für soziale Angst bei Kindern bereitzustellen, das zudem einen internationalen Vergleich von Forschungsergebnissen zur sozialen Angst im Kindesalter ermöglicht. Die Skala wurde für acht- bis sechzehnjährige Kinder adaptiert (Vorstudie 1).

5.2.2.1 Vorstudie 1: Validierung

Bei der Formulierung der Items wurde darauf geachtet, nur solche Wörter zu wählen, die auch jüngeren Kindern verständlich sind. Eine vorläufige Version wurde zunächst einigen Kindern mit der Bitte vorgelegt, unverständliche Wörter anzukreuzen. Zwei Items waren sich bei wörtlicher Übersetzung sehr ähnlich ((a) „I get nervous when I talk to new kids" und (b) „I get nervous when I talk to kids I don't know very well"). Daher wurde das erstgenannte Item geändert („Wenn ich mit Jungen und Mädchen rede, die neu in die Klasse gekommen sind, bin ich aufgeregt"). Der Ausdruck „Kinder" wurde in dem Fragebogen vermieden, da er für ältere Schüler abwertend klingen mag. Auch auf das Wort „Angst" wurde häufig verzichtet, um nicht die Assoziation mit „Angsthase" aufkommen zu lassen.

5.2.2.1.1 Methodik

Stichprobe. Eine Gruppe von 205 Schülern und Schülerinnen im Alter von 8 bis 16 Jahren nahm an der Fragebogenuntersuchung teil (65 Grundschüler, 72 Realschüler und 68 Gymnasiasten, 56.4% Mädchen). Die Stichprobe setzte sich aus 43 Schülerinnen und Schülern der dritten Klasse, 22 der vierten, 25 der sechsten, 50 der siebenten, 20 der achten und 45 der neunten Klasse zusammen. Die Stichprobe wurde an drei kooperierenden Schulen gewonnen. Das Durchschnittsalter betrug 12.5 Jahre (SD = 2.3 Jahre). Nur zwei Schülerinnen entschieden sich, nicht an der Untersuchung teilzunehmen.

Ablauf der Untersuchung. Zunächst wurde das schriftliche Einverständnis der Eltern geholt. Am Tag der Testung wurden die Schüler und Schülerinnen nach ihrer Teilnahmebereitschaft gefragt. Die SASC-R-D (Tabelle 5.2 und Anhang) wurde dann zusammen mit einigen anderen Fragebogen ausgeteilt und während des Unterrichts ausgefüllt. Die Reihenfolge der Fragebogen wurde systematisch variiert. Die Versuchsleiterin war während der ganzen Zeit anwesend, um mögliche Verständnisfragen zu klären. Vor dem Ausfüllen wurden die Kinder darüber informiert, daß die Versuchsleiterin die Fragebogen neu entwickelt hat und nun untersuchen möchte, ob diese für Kinder verständlich sind. Sie wurden darauf hingewiesen, daß es keine richtigen oder falschen Antworten gibt. Daher sollten sie die Fragen so beantworten, wie sie für sie selbst zutreffen. Ihnen wurde zugesichert, daß keine Person außer der Versuchsleiterin die Antworten lesen wird und daß die Fragebogen anonym sind.

Erhebungsinstrumente

Soziale Angst bei Kindern. Die Social Anxiety Scale for Children-Revised, deutschsprachige Version (SASC-R-D) umfaßt 18 Items (Tabelle 5.2), die auf einer fünfstufigen Skala von „nie" = 1 bis „immer" = 5 die Häufigkeit ängstlicher Verhaltensweisen und Kognitionen in sozialen Situationen erfassen (möglicher Gesamtpunktwert: 0 bis 90). Alle Kinder füllten den Fragebogen vollständig aus.

Sozialphobie bei Kindern. Das „Social Phobia and Anxiety Inventory for Children (SPAI-C)" (Beidel, Turner & Morris, 1995) wurde ebenfalls von uns aus dem Amerikanischen ins Deutsche übersetzt (s. Kapitel 5.3, S. 79). Der Fragebogen umfaßt 26 Items (Itembeispiele: „Ich habe Angst, wenn ich zu einer großen Gruppe von mehr als 6 anderen Jungen und Mädchen hinzukommen muß", „Ich habe Angst, wenn ich vor einer Gruppe von Menschen sprechen oder vorlesen muß", „Gewöhnlich spreche ich zu niemandem, bis mich jemand anspricht") mit den Antwortmöglichkeiten „nie" = 0, „manchmal" = 1 und „immer" = 2 (möglicher Gesamtpunktwert: 0 bis 52). Im Gegensatz zur SASC-R-D, die allgemein soziale Ängste erfaßt, so etwa auch die Schüchternheit, ist das SPAI-C speziell an dem Störungsbild „Sozialphobie" orientiert und berücksichtigt die internationalen Diagnosekriterien für diese Störung. Weiterhin ist der SPAI-C umfangreicher und von einem höheren Schwierigkeitsgrad. Zweihundert Schüler der Stichprobe füllten den SPAI-C vollständig aus.

Schulangst. Soziale und Bewertungsängste können Schulangst hervorrufen und das Leistungsverhalten ungünstig beeinflussen (Petermann & Petermann, 1994). Daher wurde auch der Angstfragebogen für Schüler (AFS, Wiecerkowski, Nickel, Janowski, Fittkau & Rauer, 1974) eingesetzt. Dieser Fragebogen erfaßt, in welchem Ausmaß sozial unsicheres Verhalten und Schulangst gemeinsam auftreten. Die 50 Items verteilen sich auf vier Unterskalen: Prüfungsangst (PA), Manifeste Angst (MA), Schulunlust (SU) und Soziale Erwünschtheit (SE). Die Kinder schätzen die Items mit „stimmt" = 1 oder „stimmt nicht" = 0 ein (möglicher Gesamtpunktwert: 0 bis 50). Der Fragebogen wurde von 188 Kindern der Stichprobe vollständig ausgefüllt.

Allgemeine Ängstlichkeit. Das allgemeine Ängstlichkeitsniveau wurde mit dem 19 Items umfassenden Kinder-Angst-Test (Thurner & Tewes, 1975) erfaßt. Die Items wurden von den Kindern mit „stimmt" = 1 oder „stimmt nicht" = 0 bewertet (möglicher Gesamtpunktwert: 0 bis 19). 180 Kinder füllten diesen Fragebogen vollständig aus.

Lehrerbeurteilung. Die jeweiligen Klassenlehrer schätzten auf einer sechsstufigen Skala von eins („trifft gar nicht zu") bis sechs („trifft vollständig zu") das Ausmaß der Aggressivität, der Schüchternheit und der Beliebtheit von 133 Schülern ein. Zuvor wurde in jeweils 4-8 Zeilen erläutert, was unter den einzelnen o.g. Begriffen zu verstehen sei (s. Anhang).

5.2.2.1.2 Ergebnisse

Faktorenanalyse. Bei der Faktorenanalyse bestätigten sich die beiden Skalen der Ursprungsversion: Furcht vor negativer Bewertung (FNE; 10 Items) und Vermeidung von und Belastung durch soziale Situationen (SAD; 8 Items). Es wurde eine

Hauptkomponentenanalyse mit Varimax Rotation berechnet (Tabelle 5.2). Nach dem Kriterium der Eigenwerte, die größer als eins sind, ergaben sich fünf Faktoren. Nach dem Scree Test (Cattell, 1966) erschien die Extraktion von maximal zwei Faktoren sinnvoll. Der Anteil dieser zwei Faktoren an der Gesamtvarianz beträgt 35.1%, wobei der erste Faktor bereits 24.3% der totalen Varianz aufklärt (69.2% der extrahierten Varianz). Die Faktorenladungen bei der Zweifaktorenlösung sind für jedes Item größer als $a_{ij} \geq .35$. Jedes Item läßt sich zudem eindeutig einem der beiden Faktoren zuordnen. Auch nach dem Fürntratt-Kriterium ($a^2 / h^2 \geq .50$) lassen sich die Items eindeutig einer der beiden Skalen zuordnen. Die 10 Items, die auf dem ersten Faktor laden, drücken die Angst vor negativer Bewertung durch andere aus und entsprechen dem FNE-Faktor der amerikanischen Originalskala. Die übersetzte Skala enthält alle Items der Originalskala. Eine von der Originalskala abweichende Skalenzuordnung erfolgt bei Item 5, das jedoch in der früheren Version der Originalskala (La Greca et al., 1988) ebenfalls dem FNE-Faktor zugeordnet wurde, und Item 16. Die Items auf dem zweiten Faktor drücken negative Gefühle im Kontakt mit anderen und Vermeidung von sozialen Situationen aus, was der SAD-Skala entspricht. Diese Skala wird im Gegensatz zur amerikanischen Version der SASC-R nicht unterteilt in „SAD - New" und „SAD - Generalized", sondern umfaßt die Items beider Skalen.

Itemkennwerte. Die Formulierung der Items, sowie Mittelwerte, Standardabweichungen, Schwierigkeitsindices und Trennschärfen des Fragebogens zur sozialen Angst bei Kindern (SASC-R-D) sind in Tabelle 5.2 aufgeführt. Die Itemschwierigkeiten liegen bei fast allen Items im Bereich von $.20 \leq p \leq .80$. Item 15 und Item 17 erwiesen sich jedoch mit Werten von $p = 0.17$ und $p = 0.11$ als sehr schwierig. Die Trennschärfekoeffizienten variieren von $.20 \leq r_{it} \leq .64$. Mit einem Mittelwert von $\bar{r}_{it} = .48$ (FNE) und von $\bar{r}_{it} = .34$ (SAD) sprechen sie für eine hinreichende Güte der Skalen. Die mittleren Summenwerte der beiden Skalen entsprechen weitgehend den Befunden von La Greca (FNE: $M = 25.55$, $SD = 6.0$; SAD: $M = 17.67$, $SD = 4.33$).

Reliabilität der Subskalen. Die inneren Konsistenzkoeffizienten der Subskalen (Cronbachs Alpha) sind mit $\alpha = .80$ (FNE) und $\alpha = .63$ (SAD) als befriedigend bis ausreichend zu bezeichnen. Die Reliabilität der Skalen nimmt mit dem Alter zu

(Klassen 3-4: FNE r = .65, SAD r = .58; Klassen 5-8: FNE r = .85, SAD r = .62). Die Reliabilität der FNE ist bei den Jungen größer als bei den Mädchen (Jungen r = .81, Mädchen r = 78), die Reliabilität der SAD ist bei den Mädchen größer (Mädchen r = .68, Jungen r = .57).

Skaleninterkorrelationen. Um das Ausmaß der Abhängigkeit der Skalen FNE und SAD voneinander zu bestimmen, wurde eine Produkt-Moment-Korrelation berechnet. Die beiden Unterskalen korrelieren nur zu r = .34 miteinander. Sie erfassen also unterschiedliche Aspekte der sozialen Angst.

Validität. Um die konvergente und differentielle Validität des Fragebogens zu prüfen, wurden seine Korrelationen mit weiteren Fragebogen berechnet (Tabelle 5.3). Es ergaben sich keine interpretierbaren alters- oder geschlechtsspezifischen Validitätsunterschiede für die Skalen.

Die vorliegende Untersuchung zeigte erwartungsgemäß signifikante Korrelationen mit dem Kinder-Angst-Test (KAT). Dieser Zusammenhang liegt bei beiden Unterskalen im Bereich von r = .36. Damit erfaßt der SASC-R-D nicht nur allgemeine Ängstlichkeit, sondern er leistet einen besonderen Beitrag zur Erfassung sozialer Angst. Die positive Korrelation mit der AFS-Unterskala Manifeste Angst (MA) unterstützt dieses Ergebnis (FNE: r = .55; SAD: r = .37).

Es ergab sich ebenfalls eine signifikante Korrelation zwischen der SAD-Skala und dem Lehrerrating zur Schüchternheit ihrer Schüler (r = .27). Mit der Skala FNE, die kognitive Aspekte der sozialen Angst erfaßt, korreliert das Rating nicht (r = .01). Die von den Lehrern eingeschätzte Aggressivität und Beliebtheit ihrer Schüler korreliert nicht mit den Werten der Schüler in den Skalen FNE oder SAD. Es zeigt sich jedoch ein signifikanter negativer Zusammenhang zwischen der Beliebtheit und der Schüchternheit der Kinder nach Einschätzung der Lehrer (r = -.22). Der Zusammenhang der SASC-R mit der Skala zur Erfassung der Sozialphobie (SPAI-C) ist ebenfalls signifikant (FNE: r = .41; SAD: r = .63). Zudem ergaben sich signifikante Korrelationen zwischen der SASC-R und der AFS-Unterskala zur Erfassung der Prüfungsangst. Die Korrelation war für die FNE-Skala höher (PA: r = .54) als für die SAD-Skala (PA: r = .30).

Varianzanalysen zeigten signifikante Effekte zwischen Alter und SASC-R-D (F (16, 370) = 3.73, $p \leq$ .001) und zwischen Alter und SAD-Skala (F(8, 185) = 3.78, p

$\leq$ .001). Zur weiteren Abklärung des Alterseffekts wurden t-Tests über die Einzel-items berechnet. Die Stichprobe wurde am Median von 13 Jahren halbiert. Für die SAD-Items 4, 10, 15, 17 und 18 ergaben sich signifikante Altersunterschiede: So wurde von den jüngeren Kindern mehr soziale Angst im Sinne von Vermei-dungsverhalten berichtet als von den älteren. Nach Alpha-Adjustierung ergeben sich nur für die Items 4 und 18 signifikante Effekte. Die umgekehrte Tendenz zeigte sich bei der Angst vor negativer Bewertung (FNE-Items 5, 9 und 16). Hier nahm die Angst vor negativer Bewertung mit dem Alter zu. Nach Alpha-Adjustie-rung ergab sich nur für Item 9 ein signifikanter Effekt. Es zeigte sich ein signifikanter Effekt zwischen dem Geschlecht und den SASC-R-D-Werten. Dieser Effekt ließ sich für die Gesamtskala SASC-R-D ($F(2, 184) = 4.91$, $p \leq .008$) und die FNE-Skala ($F(1, 185) = 9.71$, $p \leq .002$) beobachten. Die Mädchen berichteten mehr Furcht vor negativer Bewertung als die Jungen, jedoch nicht mehr Vermei-dung von oder Belastung durch soziale Situationen. Die zur weiteren Abklärung des Effektes durchgeführten t-Tests mit den Einzelitems ergaben Geschlechtsun-terschiede bei Items, die mit einer Ausnahme dem FNE-Faktor zuzuordnen sind, und zwar bei den Items 1, 3, 5, 6, 7, 8, 9 und 11. Nach Alpha-Adjustierung ließen sich keine signifikanten Effekte mehr nachweisen.

Ziel der nachfolgenden Studie ist es , die Befunde zur Reliabilität und Validität der SASC-R-D zu erweitern und eine Normierung des Fragebogens vorzunehmen.

5.2.2.2 Vorstudie 2: Kreuzvalidierung

5.2.2.2.1 Methodik

Stichprobe. Eine Gruppe von 422 Schülern und Schülerinnen aus 26 Klassen des 3. - 10. Schuljahres der Länder Hessen, Bremen und Niedersachsen nahmen an der Fragebogenuntersuchung teil. Das Durchschnittsalter betrug 11.8 Jahre ($SD = 2.3$; 7 - 16 Jahre). Die Stichprobe wurde an sieben kooperierenden Schulen gewonnen. Umfang und Zusammensetzung der Stichprobe werden in Tabelle 5.1 dargestellt.

Ablauf der Untersuchung und Erhebungsinstrumente. Die Untersuchung wurde entsprechend der Vorstudie 1 durchgeführt. 341 Schüler der Stichprobe füllten den SPAI-C vollständig aus, 353 Kinder der Stichprobe füllten den Fragebogen AFS und 317 den Fragebogen KAT vollständig aus. Die jeweiligen Klassenlehrer schätzten das Ausmaß der Aggressivität, der Schüchternheit und der Beliebtheit von 422 Schülern ein.

Tabelle 5.1: Verteilung der Schüler und Schülerinnen auf die demographischen Variablen

		Häufigkeiten	Prozentwerte
Geschlecht	Jungen	193	45,7%
	Mädchen	223	52,8%
	fehlende Angabe	6	1,4%
Alter	7 Jahre	2	0,5%
	8 Jahre	33	7,8%
	9 Jahre	50	11,8%
	10 Jahre	34	8,1%
	11 Jahre	90	21,3%
	12 Jahre	45	10,7%
	13 Jahre	52	12,3%
	14 Jahre	51	12,1%
	15 Jahre	42	10,0%
	16 Jahre	17	4,0%
	fehlende Angabe	6	1,4%
Schultyp	Grundschule	114	27,0%
	Orientierungsstufe	109	25,8%
	Gymnasium	97	23,0%
	Realschule	81	19,2%
	Hauptschule	21	5,0%

5.2.2.2.2 Ergebnisse

Faktorenanalyse. Eine Hauptkomponentenanalyse mit anschließender Varimax-Rotation zeigte im wesentlichen die bereits in der ersten Studie ermittelte Faktorenstruktur. Bei Faktorenanalysen werden möglichst einfache, gut interpretierbare Lösungen bevorzugt. Deshalb wurde von uns eine orthogonale Lösung gewählt. Dabei lassen sich vier Eigenwerte, die größer als eins sind, finden. Der Scree-Test (Cattel, 1966) legt eine Zweifaktorenlösung nahe: Der zweite Eigenwert (λ =

1.59) fällt gegenüber dem ersten (λ = 5.50) stark ab. Der Unterschied zum dritten Eigenwert ist deutlich niedriger (λ = 1.16), danach fallen die Eigenwerte noch langsamer ab. Der Anteil der zwei Faktoren an der Gesamtvarianz beträgt 39.4%, wobei der erste Faktor bereits 30.6% der totalen Varianz aufklärt (77.7% der extrahierten Varianz). Tabelle 5.2 zeigt die Ergebnisse der Faktorenanalyse. Zum Vergleich der Ähnlichkeit der beiden Faktorenstrukturen in Studie eins und zwei wurde der Kongruenzkoeffizient nach Tucker (1951) berechnet. Der Faktorenkongruenzkoeffizient stellt ein Maß für die metrische Übereinstimmung zweier Faktoren dar, in dem etwaige Mittelwertsdifferenzen berücksichtigt werden. Die Kongruenz des Faktors FNE beträgt C_{jk} = .96, die des Faktors SAD beträgt C_{jk} = .93. Die Ähnlichkeitskoeffizienten sprechen für eine hohe Faktor-strukturübereinstimmung. Eine wie von La Greca und Mitarbeitern (1993) vor-geschlagene dreifaktorielle Lösung erwies sich in einer konfirmatorischen Fakto-renanlyse (EQS) der zweifaktoriellen Lösung als nicht überlegen. Es ließ sich aber kein zweifaktorielles konfirmatorisches Modell finden, das die Daten voll-ständig erklärt.

Die Itemzuordnung zu den beiden Faktoren FNE und SAD erwies sich im we-sentlichen als stabil. Eine von der ersten Untersuchung abweichende Skalen-zuordnung erfolgt bei Item 16 („Bei bestimmten Jungen und Mädchen bin ich aufgeregt"), das nun - wie in der amerikanischen Originalversion - dem Faktor SAD zugeordnet wird. Die Trennschärfe dieses Items bleibt im mittleren Bereich (r_{it} = .42 vs. r_{it} = .47). Inhaltlich erscheint diese Zuordnung plausibler. Im Unter-schied zur amerikanischen Originalversion wird Item 5 („Ich mag nichts Neues vor anderen Jungen und Mädchen ausprobieren") - wie in der ersten Vorstudie auch - dem Faktor FNE zugeordnet. Das entspricht jedoch der Zuordnung, wie sie in der früheren Version der Originalskala (La Greca, Dandes, Wick, Shaw & Stone, 1988) vorgenommen wurde. Die Skalen FNE und SAD umfassen damit jeweils 9 Items. Die Faktorenladungen bei der Zweifaktorenlösung sind für jedes Item - außer für Item 5 - größer als $a_{ij} \geq .35$. Jedes Item läßt sich zudem nach dem Fürn-tratt-Kriterium ($a^2/h^2 \geq .50$) eindeutig einer der beiden Skalen zuordnen. Alle Items laden danach mit Werten über $a^2/h^2 \geq .60$ auf dem Faktor, dem sie zugeordnet sind.

Itemkennwerte. Tabelle 5.2 vermittelt einen Überblick über die Mittelwerte, Trennschärfekoeffizienten und Schwierigkeitsindices im Vergleich beider Studien. Die Itemschwierigkeiten liegen überwiegend im Bereich von $.20 \leq p \leq .80$. Item 15 („Ich habe Angst, andere zu mir nach Hause einzuladen, weil sie ablehnen könnten") und Item 17 („Ich fühle mich unsicher, selbst bei Jungen und Mädchen, die ich sehr gut kenne") erwiesen sich jedoch mit Werten von $p = .12$ und $p = .09$ als „sehr schwierig". Nur wenige der Schüler haben diese beiden Items als (manchmal, meistens oder immer) zutreffend bezeichnet. Die Trennschärfekoeffizienten variieren von $.19 \leq r_{it} \leq .66$. Mit einem Mittelwert von $\bar{r}_{it} = .55$ (FNE) und $\bar{r}_{it} = .40$ (SAD) bestätigen sie die Güte der Skalen. Die mittleren Summenwerte der beiden Skalen liegen bei $M = 21.27$ (FNE; $SD = 6.01$) und bei $M = 19.15$ (SAD; $SD = 5.09$). Die Verteilungsform der Werte beider Skalen ist symmetrisch.

Tabelle 5.2: Fragebogen zur sozialen Angst bei Kindern. Deutsche Version (SASC-R-D). Itemkennwerte und Faktorenladungen. In Klammern stehen die Ergebnisse der Studie 1

Item	Faktor FNE[1]	Faktor SAD[2]	Mittelwert	Standardabweichung	Trennschärfe	Schwierigkeitsindex
FNE						
1. Ich habe Angst davor, geärgert zu werden	.45 (.48)	.37 (.33)	2.10 (2.36)	0.82 (0.94)	.46 (.42)	0.29 (0.43)
3. Ich glaube, daß andere Jungen und Mädchen hinter meinem Rücken über mich reden	.68 (.60)	.03 (-.03)	2.47 (2.52)	0.99 (0.92)	.53 (.45)	0.50 (0.51)
5. Ich mag nichts Neues vor anderen Jungen und Mädchen ausprobieren.	.19 (.37)	.12 (-.21)	2.38 (2.52)	1.08 (1.05)	.19 (.20)	0.44 (0.53)
6. Ich überlege mir, was andere Jungen und Mädchen wohl von mir denken.	.78 (.69)	.11 (-.02)	2.68 (2.95)	1.08 (1.01)	.66 (.55)	0.56 (0.71)
7. Ich habe Angst, daß andere Jungen und Mädchen mich nicht mögen.	.69 (.74)	.31 (.12)	2.24 (2.36)	1.08 (0.95)	.64 (.64)	0.35 (0.41)
9. Ich mache mir Gedanken, was andere Jungen und Mädchen wohl über mich sagen.	.78 (.72)	.10 (.09)	2.50 (2.75)	1.06 (0.99)	.66 (.61)	0.46 (0.58)
11. Ich frage mich, ob andere Jungen und Mädchen mich wohl mögen.	.72 (.67)	.15 (.23)	2.60 (2.88)	1.04 (1.01)	.64 (.56)	0.56 (0.66)
13. Ich glaube, daß andere Jungen und Mädchen sich über mich lustig machen.	.72 (.54)	.21 (.15)	2.23 (2.27)	0.96 (0.96)	.65 (.44)	0.35 (0.38)
14. Wenn ich mich mit einem anderen Jungen oder Mädchen streite, habe ich Angst, daß er oder sie mich nicht mehr mögen wird.	.54 (.54)	.27 (.14)	2.20 (2.36)	1.05 (0.92)	.49 (.44)	0.35 (0.39)
SAD						
2. Ich fühle mich unsicher bei Jungen und Mädchen, die ich nicht kenne.	.25 (-.15)	.55 (.45)	2.52 (2.67)	0.94 (0.98)	.44 (.28)	0.49 (0.59)
4. Ich spreche nur mit Jungen und Mädchen, die ich gut kenne.	-.05 (-.12)	.45 (.56)	2.80 (2.95)	1.43 (1.30)	.26 (.33)	0.54 (0.59)
8. Ich bin aufgeregt, wenn ich mit Jungen und Mädchen rede, die ich nicht gut kenne.	.18 (.28)	.70 (.44)	2.26 (2.41)	1.06 (1.10)	.56 (.34)	0.37 (0.42)
10. Wenn ich mit Jungen und Mädchen rede, die neu in die Klasse gekommen sind, bin ich aufgeregt.	.13 (.18)	.56 (.40)	1.75 (1.85)	0.92 (1.02)	.38 (.29)	0.18 (0.21)
12. In einer Gruppe von Jungen und Mädchen bin ich ruhig und zurückhaltend.	.03 (-.05)	.49 (.44)	2.74 (2.71)	1.14 (1.08)	.30 (.22)	0.59 (0.57)
15. Ich habe Angst, andere zu mir nach Hause einzuladen, weil sie ablehnen könnten.	.33 (.05)	.48 (.59)	1.47 (1.60)	0.86 (0.79)	.43 (.37)	0.12 (0.17)
16. Bei bestimmten Jungen und Mädchen bin ich aufgeregt.	.31 (.56)	.51 (.29)	2.39 (2.76)	1.08 (1.06)	.42 (.47)	0.45 (0.59)
17. Ich fühle mich unsicher, selbst bei Jungen und Mädchen, die ich sehr gut kenne.	.23 (.17)	.51 (.60)	1.44 (1.62)	0.77 (0.83)	.40 (.43)	0.09 (0.11)
18. Es fällt mir schwer, andere Jungen und Mädchen zu fragen, ob sie mit mir spielen.	.23 (.11)	.49 (.64)	1.83 (1.95)	0.98 (1.01)	.40 (.41)	0.22 (0.27)

[1]FNE = Furcht vor negativer Bewertung (Fear of Negative Evaluation)
[2]SAD = Vermeidung von und Belastung durch soziale Situationen (Social Avoidance and Distress)

Reliabilität der Subskalen und Skaleninterkorrelation. Die inneren Konsistenz-koeffizienten der Subskalen (Cronbachs Alpha) liegen mit α = .83 (FNE) und α = .71 (SAD) etwas über den in der ersten Untersuchung ermittelten Werten (FNE: α = .80; SAD: α = .63). Der Standardmeßfehler der Skala FNE beträgt SD_e = .29, der der Skala SAD SD_e = .25. Die nach Spearman berechnete Skaleninterkorre-lation von FNE und SAD ist mit r = .52 höher als in der ersten Untersuchung (r = .34).

Validität. Die Korrelationen zwischen den Subskalen FNE und SAD und anderen Testverfahren sind in Tabelle 5.3 aufgeführt. Es zeigt sich ein signifikanter Zu-sammenhang der SASC-R-D mit dem Fragebogen zur Erfassung der Sozial-phobie, SPAI-C (FNE: r = .59; SAD: r = .66). Ebenfalls signifikante Korrelationen ergeben sich mit den AFS-Unterskalen zur Manifesten Angst (FNE: r = .59; SAD: r = .48), zur Prüfungsangst (FNE: r = .47; SAD: r = .35) und zur Schulunlust (FNE: r = .29; SAD: r = .13). Die AFS-Unterskala zur Sozialen Erwünschtheit zeigt mit der Unterskala FNE einen zwar statistisch bedeutsamen, aber geringen negativen Zusammenhang (r = -.17). Der die allgemeine Ängstlichkeit erfassende Kinder-Angst-Test korreliert mit der FNE-Skala zu r = .49 und mit der SAD-Skala zu r = .45. Insgesamt stimmen diese Befunde mit den Ergebnissen der ersten Unter-suchung gut überein. Die Korrelationen zwischen dem Lehrerurteil und den Ska-lenwerten für FNE und SAD sind gering. Es ergibt sich jedoch ein signifikanter Zusammenhang der SAD-Skala mit der Schüchternheitsbeurteilung durch Lehrer für die Altersgruppe der älter als Dreizehnjährigen (r = .23). Eine klassenweise Berechnung ergibt aber auch einen signifikanten Zusammenhang bei einer vier-ten Klasse (r = .85). Für die Schüler, die sich in der FNE-Skala als besonders ängstlich beschrieben, ergeben sich eine signifikante, aber sehr geringe Korrela-tion mit der SAD-Skala (r = .19).

Diagnostische Instrumente

Tabelle 5.3: Korrelationen der Unterskala Angst vor
negativer Bewertung (FNE) und der Unterskala Vermeidung von und Belastung durch soziale Situationen
(SAD) mit anderen Verfahren. In Klammern stehen die
Ergebnisse der ersten Studie.

	FNE[1]	SAD[2]
KAT[3]	.49***(.37***)	.45***(.36***)
AFS-MA[4]	.59***(.55***)	.48***(.37***)
AFS-PA[5]	.47***(.54***)	.35***(.30***)
AFS-SU[6]	.26***(-.08)	.13* (.07)
AFS-SE[7]	-.17***(-.16*)	-.03 (.13)
SPAI-C[8]	.59***(.41***)	.66***(.63***)
Lehrereinschätzung zur Schüchternheit	-.01 (.01)	.05 (.27**)
Lehrereinschätzung zur Beliebtheit	-.01 (.08)	-.07 (-.03)
Lehrereinschätzung zur Aggressivität	-.04 (.09)	-.04 (-.06)

[1]FNE = Angst vor negativer Bewertung (Fear of Negative Evaluation)
[2]SAD = Vermeidung von und Belastung durch soziale Situationen
(Social Avoidance and Distress)
[3]KAT = Kinder Angst Test
[4]AFS-MA = Angstfragebogen für Schüler; Skala Manifeste Angst
[5]AFS-PA = Angstfragebogen für Schüler; Skala Prüfungsangst
[6]AFS-SU = Angstfragebogen für Schüler; Skala Schulunlust
[7]AFS-SE = Angstfragebogen für Schüler; Skala Soziale Erwünschtheit
[8]SPAI-C = Social Phobia and Anxiety Inventory for Children
* $p \le .05$
** $p \le .01$
*** $p \le .001$

Varianzanalysen zeigten wie in der ersten Studie auch Effekte zwischen Alter und
SAD-Skala ($F(8, 390) = 3.16, p < .002$). Zur weiteren Abklärung des Alterseffektes
wurde die Stichprobe bei der Altersgruppe der Dreizehnjährigen geteilt. Unter
Berücksichtigung der Alpha-Fehler-Korrektur nach Bonferroni erbrachten t-Tests
einen signifikanten Alterseffekt für das SAD-Item 16 ($t (407) = 4.87$). Ein signifikanter Geschlechtseffekt ergab sich wieder für die FNE-Skala ($F (1, 390) = 22.42$,
$p < .001$). Signifikante t-Tests wurden bei adjustiertem Alpha-Niveau für die FNE-

66

Items 3 (t (406) = 3.20) und 9 (t (408) = 2.97) sowie für das SAD-Item 2 (t (408) = 3.75) ermittelt, wobei die Mädchen mehr soziale Ängste angaben.

Bei Berücksichtigung des besuchten Schultyps ergab sich für die Skala SAD ein signifikanter Effekt ($F(4, 404)$ = 6.09, $p \leq .001$). Auch wenn das Alter kovarianzanalytisch herauspartialisiert wird, läßt sich dieser signifikante Effekt nachweisen. Dabei hatten die Grundschüler die höchsten Mittelwerte, während die Gymnasiasten die niedrigsten Werte zeigten.

5.2.2.3 Vorstudie 3: Normierung

5.2.2.3.1 Methodik

Stichprobe. Die Stichprobe, an der die Normen gewonnen wurden, bestand aus 627 Schülern und Schülerinnen in 35 Klassen des 3. - 10. Schuljahres. Es handelt sich um die kombinierte Stichprobe der Vorstudien eins und zwei. Die Schüler wurden an zehn kooperierenden Schulen aus städtischen und ländlichen Gebieten der Länder Hessen, Schleswig-Holstein, Bremen und Niedersachsen gewonnen. Das Durchschnittsalter der Schüler und Schülerinnen betrug 12,0 Jahre (SD = 2,3). Tabelle 5.4 zeigt Umfang und Zusammensetzung der Stichprobe.

Tabelle 5.4: Verteilung der Schüler und Schülerinnen der Gesamtstichprobe auf die demographischen Variablen

		Häufig-keiten	Prozent-werte
Geschlecht	Jungen	282	45,0%
	Mädchen	338	53,9%
	fehlende Angabe	7	1,2%
Alter	7 Jahre	2	0,3%
	8 Jahre	37	5,9%
	9 Jahre	81	12,9%
	10 Jahre	56	8,9%
	11 Jahre	99	15,8%
	12 Jahre	68	10,8%
	13 Jahre	84	13,4%
	14 Jahre	85	13,6%
	15 Jahre	81	12,9%
	16 Jahre	27	4,3%
	fehlende Angabe	7	1,2%
Schultyp	Grundschule	179	28,5%
	Orientie-rungsstufe	109	17,4%
	Gymnasium	165	26,3%
	Realschule	153	24,4%
	Hauptschule	21	3,3%

5.2.2.3.2 Ergebnisse

Rohwerteverteilung. In Abbildung 5.1 und 5.2 sind Mittelwerte und Streuungen sowie die Verteilung der FNE- und der SAD-Rohwerte in der Gesamtstichprobe dargestellt.

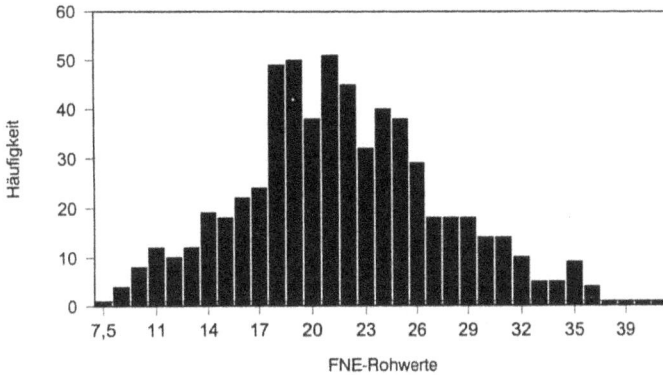

Abbildung 5.1: Häufigkeitsverteilung der Rohwerte der Unterskala "Fear of
Negative Evaluation (FNE)" (M = 21.8; SD = 5.9)

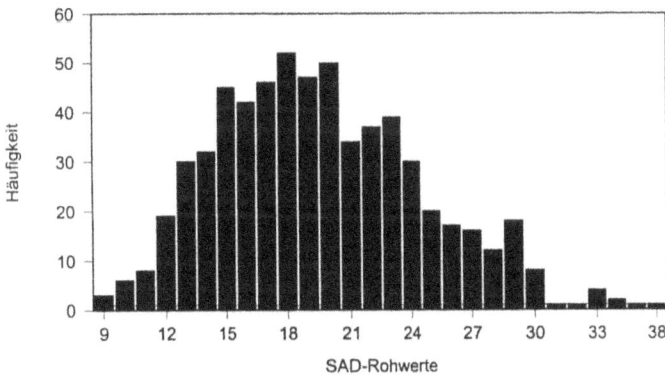

Abbildung 5.2: Häufigkeitsverteilung der Rohwerte der Unterskala "Social
Avoidance and Distress (SAD)" (M = 19.6; SD = 5.0)

Prüfung von gruppenspezifischen Unterschieden. Grundlage der Normierung ist
die in Tabelle 5.2 dargestellte Faktorenzuordnung, die sich bei einer explorativen
Faktorenanalyse, gerechnet über beide Stichproben, wiederum ergab. Mit Hilfe
von Varianzanalysen wurde der Einfluß der berücksichtigten demographischen
Variablen auf die Testergebnisse geprüft.

1. Faktor: Alter. Die Varianzanalyse ergab für die Skala SAD signifikante Alters-unterschiede ($F(8, 603) = 4.64$, $p < .001$). Es gab neun Altersgruppen von den Achtjährigen bis zu den Sechzehnjährigen. Tendenziell erhöhen sich die FNE-Werte mit zunehmendem Alter, während die SAD-Werte abnehmen. Die Alterseffekte auf die Faktorenstruktur sind gering: Lediglich Item 5 wird bei der Altersgruppe der älter als Dreizehnjährigen dem Faktor SAD anstelle dem Faktor FNE zugeordnet.

2. Faktor: Geschlecht. Der Faktor „Geschlecht" hat auf die FNE-Werte Einfluß (F (1, 612) = 26.74, $p < .001$), wobei sich die Mädchen als sozial ängstlicher beschrieben. Geschlechtseffekte auf die Faktorenstruktur lassen sich mittels explorativer Faktorenanalyse nicht erkennen.

3. Faktor: Schultyp. Signifikante Effekte ergaben sich auch bei Berücksichtigung des besuchten Schultyps (FNE: F (4, 616) = 3.94, $p < .004$; SAD: F (4, 616) = 9.70, $p < .001$). Eine Kovarianzanalyse zeigte, daß das Alter der Schüler diesen Effekt nicht überlagert. Die Mittelwerte der einzelnen Schulen unterschieden sich voneinander entsprechend Vorstudie 1.

Zur Normierung wurden als bedeutsame Gruppierungsaspekte das Alter und das Geschlecht berücksichtigt. Wegen des unterschiedlichen Beginns der Pubertät wird die Stichprobe für Mädchen bei 12 Jahren, für Jungen bei 14 Jahren geteilt (vgl. Nickel, 1975). Da die SAD-Rohwerte der älter als 11 Jahre alten Mädchen sowie der jünger als 14 Jahre alten Jungen nicht normalverteilt waren, wurden für alle Untergruppen die Prozentränge ermittelt (Tabelle 5.5). Der besuchte Schultyp konnte wegen zu geringer Stichprobengröße bei der Normierung nicht berücksichtigt werden.

Tabelle 5.5: Normentabelle

PR	FNE Mäd. ≤ 11 Jahre	FNE Mäd. > 11 Jahre	FNE Jung. ≤ 13 Jahre	FNE Jung. > 13 Jahre	SAD Mäd. ≤ 11 Jahre	SAD Mäd. > 11 Jahre	SAD Jung. ≤ 13 Jahre	SAD Jung. > 13 Jahre	PR
1	9.5	9.8	8.8	9.0	9.5	11.5	9.8	12.0	1
5	12.0	14.0	11.0	11.9	11.6	13.2	11.1	12.9	5
10	15.0	17.0	13.0	14.0	12.0	14.4	13.0	13.0	10
25	18.0	19.0	16.0	18.0	16.0	16.0	15.0	15.5	25
50	22.0	23.0	19.0	21.0	20.0	19.0	18.0	18.0	50
75	25.0	27.0	23.0	25.0	24.0	23.0	22.0	23.0	75
90	29.8	31.0	28.0	28.2	28.0	26.0	27.0	25.2	90
95	32.4	34.0	31.0	30.2	29.0	28.8	29.0	26.0	95
99	35.0	40.3	36.5	33.0	32.5	33.1	35.5	28.0	99

5.2.2.4 Vorstudie 4: Retestreliabilität

Vierzig Schüler und Schülerinnen einer neunten und zehnten Realschulklasse, 16 Jungen und 24 Mädchen, füllten nach zwei Wochen den Test nochmals aus. Das durchschnittliche Alter lag bei 15.13 Jahren (SD = 0.73). Die ermittelte Retestreliabilität beträgt für die FNE-Skala r_{tt} = .84, für die SAD-Skala r_{tt} = .74. Es ließen sich keine signifikanten Mittelwertunterschiede in Abhängigkeit der Meßwiederholung finden (FNE: Erste Testung: M = 22.97, SD = 5.25, zweite Testung: M = 23.15, SD = 6.34; SAD: Erste Testung: M = 19.46, SD = 5.21, zweite Testung: M = 19.38, SD = 4.27).

An einer weiteren Stichprobe von 51 Mädchen und 52 Jungen aus zwei achten Klassen eines Gymnasiums und drei fünften Klassen einer Orientierungsstufe in Niedersachsen wurde die Retestreliabilität nach vier Wochen ermittelt. Das durchschnittliche Alter der Schüler und Schülerinnen betrug 11.9 Jahre (SD = 1.6 Jahre). Die Retestreliabilität des FNE betrug r_{tt} = .82, die des SAD betrug r_{tt} = .85. Die Mittelwertunterschiede in Abhängigkeit der Meßwiederholung waren signifikant (FNE: Erste Testung: M = 20.91, SD = 5.93; zweite Testung: M = 20.15, SD

= 5.92; t (97) = 2.14, $p \leq .05$; SAD: Erste Testung: M = 18.71, SD = 5.94; zweite Testung: M = 17.89, SD = 4.90; t (98) = 2.86, $p \leq .01$).

5.2.2.5 Vorstudie 5: Diskriminante Validität

Um zu überprüfen, ob der SASC-R-D sozial ängstliche von sozial nicht ängstlichen Kindern unterscheidet, wurden die SASC-R-D-Werte mit den Angaben aus dem ebenfalls durchgeführten Diagnostischen Interview Psychischer Störungen im Kindes- und Jugendalter (DIPS-K, Unnewehr, Schneider & Margraf, 1995) verglichen. Die Stichprobe bestand aus 110 acht- bis zwölfjährigen Kindern (M = 10.25, SD = 1.08), 48 Mädchen und 62 Jungen, die sich für die Teilnahme an einem Projekt zur sozialen Angst gemeldet hatten. Diese Kinder wurden mit Hilfe von Zeitungsannoncen und Handzetteln, in denen nach schüchternen ebenso wie nach nicht schüchternen Kindern gesucht wurde, auf die Untersuchung aufmerksam gemacht. Als Belohnung für die Teilnahme erhielten sie 40 DM.

Anhand der Angaben im DIPS-K wurden drei Gruppen gebildet: (1) Kinder mit der Diagnose „Sozialphobie", (2) Kinder mit starken sozialen Ängsten im subklinischen Bereich und (3) Kinder ohne auffällige soziale Ängste. Nach dem DIPS-K erhielten insgesamt 17 Kinder die Diagnose „Sozialphobie", bei 54 wurden starke soziale Ängste ohne Diagnose einer Sozialphobie diagnostiziert, 39 gaben keine oder ein nur geringes Ausmaß an sozialen Ängsten an.

Die Werte des FNE unterscheiden sich signifikant beim Vergleich der sozialphobischen (M = 25.18, SD = 7.06) und der sozial nicht ängstlichen Kinder (M = 18.41, SD = 4.95; t (54) = -4.12, $p \leq .001$) ebenso wie beim Vergleich der Kinder mit starken sozialen Ängsten im subklinischen Bereich (M = 22.61, SD = 6.01) und der nicht sozial ängstlichen Kinder (t(91) = -3.58, $p \leq .001$). Zwischen den Gruppen der sozialphobischen Kinder und der Kinder mit starken sozialen Ängsten im subklinischen Bereich besteht kein signifikanter Unterschied. Unter den sozial nicht ängstlichen Kindern haben 23.1% FNE-Werte unter 15, und 7.7% haben FNE-Werte über 25. Bei den sozialphobischen Kindern haben nur 5.9% FNE-Werte unter 15, und 41.2% haben FNE-Werte über 25. Bei den Kindern mit starken sozialen Ängsten im subklinischen Bereich haben 9.3% FNE-Werte unter 15 und 35.2% FNE-Werte über 25.

Auch die Werte des SAD unterscheiden sich signifikant beim Vergleich der sozialphobischen (M = 28.18, SD = 5.41) und der sozial nicht ängstlichen Kinder (M = 16.74, SD = 4.68; t (54) = -8.02, $p \leq$ .001) ebenso wie beim Vergleich der Kinder mit starken sozialen Ängsten ohne Sozialphobie (M = 22.65, SD = 4.74) und der sozial nicht ängstlichen Kinder (t(91) = -5.96, $p \leq$ .001). Im Gegensatz zum FNE trennt der SAD auch zwischen den Gruppen der sozialphobischen Kinder und der Kinder mit starken sozialen Ängsten ohne Sozialphobie (t(69) = 4.05, $p \leq$ .001). Unter den sozial nicht ängstlichen Kindern haben 23.1% SAD-Werte unter 15, und 2.6% haben SAD-Werte über 25. Bei den sozialphobischen Kindern hat keines SAD-Werte unter 15, und 70.6% haben SAD-Werte über 25. Bei den Kindern mit starken sozialen Ängsten im subklinischen Bereich haben 1.9% SAD-Werte unter 15 und 20.4% SAD-Werte über 25.

5.2.2.6 Diskussion

Die vorliegende Untersuchung bestätigt die SASC-R-D als valides und reliables Meßinstrument zur frühen Erfassung sozialer Ängste bei Kindern und Jugendlichen. Die Faktorenanalyse ermittelte zwei Faktoren, die den beiden Ursprungsskalen der Erwachsenenversion (Watson & Friend, 1969) entsprechen: „Fear of Negative Evaluation (FNE)" und „Social Avoidance and Distress Scale (SAD)". Die Faktoren lassen sich über verschiedene vergleichbare Stichproben hinweg konstant reproduzieren. Die Faktorenstruktur spiegelt also mehr als nur eine zufällige Dimensionalität des Itemraumes wieder. Die beiden Faktoren entsprechen zudem den beiden Faktoren im zweifaktoriellen Modell der Zustandsschüchternheit von Asendorpf (1989): Die Furcht vor Fremden in sozialen Interaktionssituationen ist der Skala SAD vergleichbar, die Furcht vor sozialer Bewertung (auch durch bekannte Personen) der Skala FNE. Das Konstrukt „Soziale Angst" beinhaltet also verschiedene Aspekte: Nach den vorliegenden Untersuchungen lassen sich eine kognitive Komponente und konkret beobachtbares Vermeidungsverhalten unterscheiden. In einer Untersuchung von La Greca und Mitarbeitern (La Greca & Stone, 1993) wurde die „Social Avoidance and Distress Scale" weiter unterteilt in Items, die neue Situationen bzw. Situationen mit unbekannten anderen Personen (SAD-News) betrafen und Items, die allgemein und durchgängig vorhandene Vermeidung und Belastung durch soziale Situationen beschrieben (SAD-G). Diese weitere Unterscheidung konnte in keiner unserer Untersuchungen repliziert werden. Möglicherweise läßt sich die Dimension einer Belastung auch durch vertraute soziale Situationen nur bei sehr stark sozial ängstlichen Kindern nachweisen.

Um die Vergleichbarkeit mit der Originalversion des SASC-R, einem international gebräuchlichen Forschungsinstrument, zu gewährleisten, wurden auch Items mit geringer Trennschärfe und sehr geringer oder hoher Schwierigkeit beibehalten. Aus dem gleichen Grund wurde auch die einseitige Polung der Items beibehalten, d.h. die Items sind durchgängig als Selbstaussagen formuliert, die Hinweise auf Angst oder Unsicherheit enthalten (z.B. „Ich habe Angst, geärgert zu werden", „Ich fühle mich unsicher bei Jungen und Mädchen, die ich nicht kenne"), sie wechseln nicht mit solchen ab, die Hinweise auf keine Angst, Sicherheit oder Nichtvermeiden in sozialen Situationen enthalten („Ich habe keine Angst ..."). Die deutsche Version ist aber nicht gänzlich mit der amerikanischen Originalversion vergleichbar: Der Faktor FNE beinhaltet auch - ebenso wie die frühere Version der Originalskala (La Greca et al., 1988) - das Item 5 („Ich mag nichts Neues vor anderen Jungen und Mädchen ausprobieren"), und der Faktor SAD wird nicht in die beiden Skalen SAD-New und SAD-G unterteilt. Da die psychometrische Überprüfung der amerikanischen Originalversion noch nicht abgeschlossen ist, haben wir trotz der eingeschränkten Vergleichbarkeit darauf verzichtet, die amerikanische Faktorenzuordnung zu übernehmen.

Die Daten zeigen, daß die Angst vor negativer Bewertung bei Mädchen mit zunehmendem Alter stärker ausgeprägt ist als bei Jungen. Dieser Befund stützt die Ergebnisse von La Greca et al. (1988), die den gleichen Geschlechtseffekt fanden. Die von den Mädchen angegebene größere Furcht vor negativer Bewertung stimmt auch mit Befunden an Erwachsenen überein, die zeigen, daß Frauen sensibler auf nonverbale Signale für Sympathie oder Antipathie (Hall, 1978) und stärker auf die Meinung anderer über sie reagieren (Henley, 1977). Die Vermeidung von und Belastung durch soziale Situationen nahm bei den Jungen mit zunehmendem Alter ab. Tendenziell scheint der kognitive Aspekt sozialer Angst im Unterschied zu affektiven und behavioralen Aspekten also mit zunehmendem Alter an Bedeutung zu gewinnen. Die unterschiedlichen Alters- und Geschlechtseffekte bei den Skalen FNE und SAD lassen es sinnvoll erscheinen, bei der Auswertung der SASC-R-D anstelle eines Gesamtwertes getrennte Summenwerte für die Skalen FNE und SAD zu berechnen. Einen entsprechenden Vorschlag machten La Greca et al. (1993). Die Itemzuordnung erwies sich mit Ausnahme von Item 16 in unseren beiden Studien als konstant.

Es werden hohe Komorbiditätsraten zwischen den Angststörungen festgestellt. Das spiegelt sich in den hohen Korrelationen der SASC-R-D mit der die allgemeine Ängstlichkeit erfassenden Skala „Kinder-Angst-Test" (KAT) wieder (FNE: r = .37 bzw. r = .49; SAD: r = .36 bzw. r = .45). Die Korrelationen mit dem Angstfragebogen für Schüler (AFS-Unterskalen zur Manifesten Angst und zur Prüfungsangst: $.30 \leq r \leq .55$ bzw. $.35 \leq r \leq .59$) lassen sich durch den kausalen Zusammenhang zwischen Schulangst und sozialer Angst erklären (Petermann & Petermann, 1994). Es ist offensichtlich, daß Lernprobleme und auch fehlender Kontakt zu Mitschülern aus sozialer Angst resultieren können. Die Angst, von den Mitschülern und vom Lehrer ungünstig beurteilt zu werden, kann zu mangelnder mündlicher Unterrichtsbeteiligung, zu Leistungsversagen bei Klassenarbeiten und sogar zum Vermeiden bzw. Verweigern des Schulbesuchs führen. Insgesamt könnte also die Leistungssituation in der Schule als Situation öffentlicher Bewertung dafür verantwortlich sein, daß die Korrelation zwischen der FNE-Skala (Furcht vor negativer Bewertung) und der AFS-Skala (Prüfungsangst) höher ist als zwischen der SAD-Skala und der AFS-Skala. Diese Korrelationen zeigen jedoch auch, daß der SASC-R-D nicht nur allgemeine Ängstlichkeit erfaßt. Studie 5 zeigte, daß die SASC-R-D zwischen sozial ängstlichen und nicht ängstlichen Kindern unterscheiden kann. Die Höhe der Korrelationen zwischen der SASC-R-D und dem Fragebogen zur Erfassung der Sozialphobie (SPAI-C) (r = .41 bzw. r = .59 und r = .63 bzw. r = .66 für FNE und SAD) zeigt, daß die Fragebogen trotz ihrer Überschneidung unterschiedliche Aspekte erfassen.

Die Korrelation zwischen dem Lehrerurteil und den Skalenwerten für FNE und SAD sind gering. Eine Erklärung könnte in einem Zusammenspiel unterschiedlicher Einflußfaktoren liegen: Zum einen ist die Konkordanz verschiedener Beurteilergruppen generell gering (Achenbach, McConoughy & Howell, 1987; Ehlers & Jansky-Sabo, 1988). Die Lehrer haben nur die Schulsituation als Grundlage ihrer Beurteilung, wobei sie sich auf sichtbare Verhaltensweisen stützen müssen. Die kognitive Komponente der sozialen Angst, das Ausmaß an Furcht vor negativer Bewertung (FNE), kann von Lehrern dementsprechend weniger adäquat eingeschätzt werden, während sich für das beobachtbare Vermeidungsverhalten (SAD) eine signifikante Korrelation ($r = .27$) in der ersten Studie sowie bei der selegierten Gruppe der älteren Schüler und Schülerinnen der zweiten Studie ($r = .23$) ergaben. Bates (1980) ist der Auffassung, daß die Aussagen von Lehrern immer auch persönliche Konstrukte ohne Bezug zu objektiven Beobachtungen sind. Im Bereich sozial zurückgezogenen Verhaltens besteht das Problem einer Vermengung der Konzepte der sozialen Angst und der Ungeselligkeit, die auf der Verhaltensebene für Beobachter oftmals schwer zu unterscheiden sind (Asendorpf, 1993). Auch der Ausprägungsgrad von Verhaltensweisen hat Einfluß auf die Beurteilerfähigkeit. Zum Teil können die geringen Korrelationen also auf eine Urteilsunsicherheit von Lehrern zurückgeführt werden. Ein zweiter Erklärungsansatz ist der methodisch ungünstige Vergleich der aus praktischen Erwägungen gewählten globalen Fremdeinschätzung der Lehrer mit einer differenzierten Selbsteinschätzung. Beide Einschätzungsmethoden unterscheiden sich erheblich im Auflösungsgrad. Als dritte Erklärungsmöglichkeit könnte die Selbsteinschätzungsfähigkeit der Schüler eine Rolle spielen. Die Korrelation mit dem Lehrerurteil war höher, wenn nur die älteren Schüler und Schülerinnen berücksichtigt wurden (Studie 2: $r = .23$). Klassenweise Auswertungen ergaben jedoch auch eine signifikante Korrelation für eine vierte Klasse (Studie 2: $r = .85$). Kinder beurteilen unangepaßtes Verhalten bei Gleichaltrigen anders als Erwachsene (Younger, Gentile & Burgess, 1993). Untersuchungen zur Einschätzung sozialen Rückzugs, der durch schüchternes Verhalten ebenso wie durch Zurückweisung durch andere verursacht sein kann, ergaben, daß dieses Verhalten im Gegensatz zum aggressiven Verhalten bis zum Alter von zehn Jahren (vierte Klasse) kein wohldefiniertes, kohärentes soziales Schema ist. Kleine Kinder beachten sozialen Rückzug weniger als aggressives Verhalten, da solitäre Aktivitäten in diesem Alter normal seien (Rubin, 1985). Mit zunehmendem Alter wird für die Kinder soziales Rückzugsverhalten leichter erkennbar, da es dysfunktionaler wird (Younger & Boyko, 1987). Werden Kinder also zur Fremdeinschätzung aufgefordert, sollte man die Altersabhägigkeit des Konzeptes zum sozialen Rückzugsverhalten beachten. Die Fähigkeit zur Selbst- und zur Fremdeinschätzung sind nicht unabhängig voneinander, so daß ähnliche Einschränkungen auch für die Selbsteinschätzung gelten. Da nur ein geringer Prozentsatz der Kinder unserer Studie jünger als 10 Jahre waren, trifft dieses Argument jedoch nur in eingeschränktem Maße zu.

Trotz einiger Einschränkungen gibt es eine Reihe von Vorteilen der Selbsteinschätzung (vgl. Hymel, Woody & Bowker, 1993), die (1) in der Möglichkeit zur
Erfassung von Gedanken und Gefühlen, (2) in der Nützlichkeit subjektiver Bewertungen für klinische Behandlungen und (3) in der validen Erfassung negativer
oder unerwünschter Eigenschaften (Kagan, 1989) bestehen. Die SASC-R-D kann
reliable und valide zwischen sozial ängstlichen und nicht ängstlichen Kindern differenzieren. Dabei korreliert die von der Unterskala SAD erfaßte Vermeidung sozialer Situationen stärker mit klinisch relevanten Ängsten, während die Furcht vor
negativer Bewertung (FNE) auch in der Normalpopulation verbreitet zu sein
scheint. Dementsprechend kann der SAD, nicht jedoch der FNE, zwischen sozialphobischen Kindern und Kindern mit starken sozialen Ängsten ohne Sozialphobie differenzieren.

5.2.2.7 Zusammenfassung

Trotz der offensichtlichen Bedeutung sozialer Angst für die Entwicklung von Kindern fehlte für den deutschen Sprachraum ein spezielles Meßinstrument zur Erfassung dieser Angst. In den USA wurde die Social Anxiety Scale for Children - Revised (SASC-R, La Greca & Stone, 1993) als kindgerechtes Meßinstrument auf der Grundlage der Fear of Negative Evaluation Scale (FNE) und der Social Avoidance and Distress Scale (SAD) für Erwachsene (Watson & Friend, 1969) entwickelt. Wir haben die SASC-R ins Deutsche übersetzt (SASC-R-D) und 205 Schülern und Schülerinnen im Alter von acht bis sechzehn Jahren vorgelegt. Faktorenanalysen ergaben zwei Faktoren: Angst vor negativer Bewertung (FNE) und Vermeidung von und Belastung durch soziale Situationen (SAD). Zur Validierung des Fragebogens wurden den Kindern der Angstfragebogen für Schüler (AFS), der Kinder-Angst-Test (KAT) und die Social Phobia and Anxiety Inventory for Children (SPAI-C) vorgelegt. Außerdem schätzten die Klassenlehrer ihre Schüler und Schülerinnen hinsichtlich Schüchternheit, Beliebtheit und Aggressivität ein. Die ermittelten Korrelationen weisen den SASC-R-D als valides Meßinstrument zur Erfassung sozialer Angst bei Kindern aus. In einer zweiten Studie wurden die psychometrischen Eigenschaften der „Social Anxiety Scale for Children Revised, Deutsche Fassung (SASC-R-D)" an 422 Schülern und Schülerinnen überprüft. Die Untersuchung bestätigte die SASC-R-D als valides und reliables Meßinstrument. An der Gesamtstichprobe von 627 Schülern und Schülerinnen wurden Normen für das Testverfahren gewonnen. Nach zwei und nach vier Wochen wurde die Retestreliabilität an 143 Schülerinnen und Schülern überprüft. Beim Vergleich von 71 sozial ängstlichen mit 39 sozial nicht ängstlichen Kindern konnte der Fragebogen zwischen den Gruppen differenzieren.

5.3 Die deutsche Fassung des Social Phobia and Anxiety Inventory for Children (SPAI-C-D): Psychometrische Eigenschaften und Normierung[2]

Im Unterschied zur SASC-R-D ist der SPAI-C-D speziell am Störungsbild „Sozialphobie" orientiert und berücksichtigt die internationalen Diagnosekriterien für diese Störung. Die beiden Fragebögen erfassen somit unterschiedliche Ausprägungsqualitäten der sozialen Angst.

5.3.1 Die Originalversion des Social Phobia and Anxiety Inventory for Children (SPAI-C)

Das „Social Phobia and Anxiety Inventory for Children" (SPAI-C; Beidel, Turner & Morris, 1995; Beidel, Turner & Fink, 1996) wurde zur Diagnostik der Sozialphobie bei Kindern und Jugendlichen ab acht Jahren in Anlehnung an die Erwachsenenversion (SPAI, Turner, Beidel, Dancu & Stanley, 1989) entwickelt. Es erfaßt Kognitionen, somatische Symptome, Vermeidungs- und Fluchtverhalten für verschiedene Situationen, die Kinder mit Sozialphobie oft als angstinduzierend empfinden. Das SPAI-C umfaßt 26 Items. Sechzehn dieser Items verlangen mehrfache Antworten. So fordern einige der Items von den Kindern, je nach Grad der Vertrautheit mit den Personen zu differenzieren (z. B. Jungen und Mädchen, die ich kenne; Jungen und Mädchen, die ich nicht kenne; Erwachsene). Diese Mehrfachantworten wurden nach Angaben der Autoren entwickelt, um dem DSM-IV-Kriterium Rechnung zu tragen, daß die Sozialphobie auch in Gegenwart von Gleichaltrigen, nicht nur von Erwachsenen auftritt. Im Kindesalter sind soziale Ängste gegenüber Erwachsenen weit verbreitet. Entwicklungseinschränkend sind soziale Ängste aber vor allem dann, wenn auch die Beziehungen zu Gleichaltrigen betroffen sind. Außerdem wird zwischen Situationen mit vertrauten und nicht vertrauten Personen unterschieden. Die Angst vor unbekannten sozialen Situationen ist weit verbreitet. Sozialphobikern fallen soziale Situationen aber oftmals auch dann schwer, wenn es sich um eigentlich vertraute Situationen han-

---

[2] Melfsen, S., Florin, I. & Walter, H.-J. (in Druck). Die deutsche Fassung der Social Phobia and Anxiety Scale for Children (SPAI-C-D): Psychometrsiche Eigenschaften und Normierung. Diagnostica, 45 (1).

delt. Die einzelnen Einschätzungen der Items mit Mehrfachantworten werden anschließend gemittelt, bevor sie in die Gesamtsumme verrechnet werden. Feinere Differenzierungen seien zwar von klinischer Bedeutung, primäres Ziel sei es jedoch, das durchschnittliche Unbehagen in einer Reihe von Situationen zu erfassen. Als Antwortalternativen werden für alle Items die Kategorien nie oder selten (= 0); manchmal (= 1) und meistens oder immer (= 2) vorgegeben. Der maximale Punktwert des SPAI-C beträgt 52. Psychometrische Daten wurden von den Autoren zunächst an verschiedenen Untergruppen einer Stichprobe von 154 Kindern und Jugendlichen mit unterschiedlichen psychischen Störungen (verschiedene Angststörungen, Schizophrenie, Dysthyme Störung, ADHD, keine Diagnose) erhoben (Beidel, Turner & Morris, 1995).

Bei der Faktorenanalyse waren sechs Eigenwerte größer als eins. Der zweite Eigenwert (λ = 1.95) fällt gegenüber dem ersten (λ = 9.11) stark ab. Der Unterschied zum dritten Eigenwert (λ = 1.50) ist sehr viel geringer, ebenso zu den nachfolgenden (λ = 1.38, λ = 1.23, λ = 1.07). Die Autoren entschieden sich für eine Dreifaktorenlösung: Der erste Faktor, „assertiveness/general conversation", klärte 48% der Varianz auf und umfaßte überwiegend Items, die Durchsetzungsverhalten und Konversationsfertigkeiten betrafen. Der zweite Faktor, „traditional social encounters", klärte 6% der Varianz auf und beinhaltete Furcht vor bestimmten Situationen wie Parties, Tanzen, Pfadfindertreffen. Der dritte Faktor, „public Performance" klärte 5% der Varianz auf und umfaßt Situationen wie öffentliches Sprechen oder vor der Klasse laut vorlesen oder berichten. Sechs der Items luden jedoch mit ähnlich hoher Faktorladung (a_{ij} > .45) auf zwei Faktoren gleichzeitig. An einer Stichprobe von 85 normalgesunden, 23 sozialphobischen und 20 Kindern mit externalen Störungen mit einem durchschnittlichen Alter von 11.4 Jahren wurde versucht, die Faktorenstruktur zu replizieren (Beidel, Turner & Fink, 1996). Dabei ergaben sich nunmehr fünf Faktoren, die teilweise den in der vorherigen Studie extrahierten Faktoren ähnelten: „Assertiveness" (35% Varianzaufklärung), „General Conversation" (7.5% Varianzaufklärung), „Physical and Cognitive Symptoms" (5.8% Varianzaufklärung), „Avoidance" (5.3% Varianzaufklärung) und „Public Performance" (4.7% Varianzaufklärung). Die Autoren führen die Unterschiede in der Faktorenstruktur auf Stichprobenunterschiede zurück (Beidel, Turner & Fink, 1996).

Die interne Konsistenz (Cronbachs Alpha) ist mit α = .95 hoch. Die Autoren berichten von einer Retest-Reliabilität nach zwei Wochen von r_{tt} = .86 und nach 10 Monaten von r_{tt} = .63. Der SPAI-C korreliert signifikant mit der STAIC - trait anxiety (r = .50), hingegen wie zu erwarten nur gering mit der STAIC - state anxiety (r = .13). Es besteht eine signifikante Korrelation mit der Unterskala „Fear of Criticism" der Fear Survey Schedule for Children - Revised (FSSC-R, r = .53). Da sich soziale Angst durch Furcht vor negativer Bewertung auszeichnet, wurde diese Korrelation erwartet. Es bestehen aber auch signifikante Korrelationen mit den weiteren Unterskalen des FSSC-R („Fear of the Unknown", r = .45; „Fear of Injury and Small Animals", r = .45; „Fear of Danger and Death", r = .43; und „Medical Fears", r = .41). Eine Eltern-Einschätzung der sozialen Kompetenz und der Ängste des Kindes erfolgte mit der Child Behavior Checklist (CBCL, Achenbach & Edelbrock, 1983). Dabei korrelierten die Unterskalen „Social Competence" (r = -.33) und „Internalizing" (r = .45) signifikant mit der SPAI-C, nicht jedoch die Unterskala „Externalizing" (r = .18). Der Fragebogen differenziert zwischen sozial ängstlichen und sozial nicht ängstlichen Kindern. An einer Stichprobe von 52 sozial ängstlichen und 48 Kontrollkindern wurden Normen ermittelt. Bei der Kontrollgruppe hatten 47% der Kinder SPAI-C-Gesamtwerte unter 10, und 24% hatten Werte über 20. Im Vergleich hierzu hatten nur 8% der sozial ängstlichen Stichprobe Werte unter 10, und 50% hatten Werte über 20. Die Autoren schlagen zur Differenzierung zwischen sozialphobischen und sozial nicht ängstlichen Kindern einen cutoff-Wert von 18 vor. Eine weitere diskriminante Validitätsstudie erbrachte ebenfalls signifikant höhere SPAI-C-Werte bei sozialphobischen verglichen mit normalgesunden Kindern und Kindern mit externalen Störungen (Beidel, Turner & Fink, 1996). Untersuchungen zur Diskriminationsfähigkeit zwischen unterschiedlichen Angststörungen stehen noch aus. Die Autoren empfehlen, nur den Gesamtwert, nicht die Werte der Unterskalen zu berechnen.

5.3.2 Das Social Phobia and Anxiety Inventory for Children. Deutsch-sprachige Version (SPAI-C-D)

Das SPAI-C wurde im Rahmen der vorliegenden Arbeit ins Deutsche übersetzt (s. Anhang). Eine vorläufige Version wurde zunächst einigen Kindern mit der Bitte vorgelegt, unverständliche Wörter anzukreuzen. Ziel war die Bereitstellung eines diagnostischen Meßinstruments zur Erfassung der Sozialphobie bei Kindern und Jugendlichen, das u. a. auch den internationalen Vergleich von Forschungser-gebnissen ermöglicht. In der vorliegenden Arbeit werden die psychometrischen Eigenschaften der deutschsprachigen Version des SASC-R-D überprüft und es wird eine Normierung vorgenommen.

5.3.2.1 Vorstudie 6: Validierung

5.3.2.1.1 Methodik

Stichprobe. Eine Gruppe von 72 Realschülern und -schülerinnen und 68 Gym-nasiasten und Gymnasiastinnen im Alter von 11 bis 16 Jahren aus zwei kooperie-renden Schulen in Schleswig-Holstein und Niedersachsen nahmen an der Frage-bogenuntersuchung teil. Das durchschnittliche Alter betrug 13.8 Jahre (SD = 1.3 Jahre). Die Stichprobe bestand zu 56.8% aus Mädchen.

Ablauf der Untersuchung und Erhebungsinstrumente. Die Untersuchung un-terschied sich hinsichtlich Ablauf, Instruktionen und Auswahl der Meßinstrumente nicht von Vorstudie 5. Wiederum wurden während einer Unterrichtsstunde der SPAI-C-D zusammen mit der Social Anxiety Scale for Children - Revised (SASC-R-D), dem Angstfragebogen für Schüler (AFS) und dem Kinder - Angst - Test (KAT) sowie einer Einschätzungsskala für die Lehrer ausgeteilt und ausgefüllt.

5.3.2.1.2 Ergebnisse

Faktorenanalyse. Eine Hauptkomponentenanalyse des SPAI-C-D konnte die von den Autoren der Originalversion aufgewiesenen drei Dimensionen nicht bestäti-gen (Tabelle 5.6). Es finden sich acht Eigenwerte, die größer als eins sind. Der Scree-Test (Cattell, 1966) legt eine Einfaktorlösung nahe: Der zweite Eigenwert

(λ = 1.66) fällt deutlich gegenüber dem ersten (λ = 6.78) ab. Der Abfall der nachfolgenden Eigenwerte ist nur noch geringfügig. Der Anteil des ersten Faktors an der Gesamtvarianz beträgt 26.1%, bei den beiden nachfolgenden Faktoren beträgt er nur jeweils 6%. Der summierte Anteil an totaler Varianz würde also bei Berücksichtigung von drei Faktoren nur geringfügig steigen. Bei der einfaktoriellen Lösung liegt die Faktorladung - mit Ausnahme von Item 6 (a_{ij} = .09) und Item 1 (a_{ij} = .33) - bei allen Items im Bereich von .36 $\leq a_{ij} \leq$ .68.

Bei einer Dreifaktorenlösung würden die Items 1, 7, 9, 10, 11, 12, 13, 14, 15, und 18 zu einem Faktor zusammengefaßt sowie die Items 8, 21, 22, 24, 25 und 26 zu einem zweiten und die Items 2, 3, 4, 5, 16 und 17 zu einem dritten Faktor (vgl. Tab. 5.6). Einige der Items hätten aber auf einem weiteren Faktor eine substantielle Ladung, andere, nicht erwähnte Items würden auf keinem der Faktoren wesentlich laden.

Itemkennwerte und Reliabilität. Tabelle 5.6 vermittelt einen Überblick über die Mittelwerte, Trennschärfekoeffizienten und Schwierigkeitsindices der Items. Die Trennschärfekoeffizienten liegen im Bereich von .27 $\leq r_{it} \leq$ .60 mit einem Mittelwert von $\bar{r}_{it}$ = .43. Nur Item 6 hat mit einem Koeffizienten von r_{it} = .07 keine ausreichende Trennschärfe. Die Schwierigkeitsindices liegen überwiegend im Bereich von .20 $\leq p \leq$ .80. Item sechs erwies sich mit .06 als „sehr schwierig". Als „sehr leicht" stellten sich mit Schwierigkeitsindices zwischen .80 $\leq p \leq$ .90 die Items 10, 12, 16, 18 und 24 heraus. Der mittlere Summenwert beträgt M = 12.5 (SD = 6.1). Die interne Konsistenz (Cronbachs Alpha) ist mit α = .87 hoch.

Tabelle 5.6: Social Phobia and Anxiety Scale for Children. Deutschsprachige Version (SPAI-C-D). Itemkennwerte und Faktorenladungen

Item	Faktor-ladung Vorstudie 6	Faktor-ladung Vorstudie 7	Mittelwert Vorstudie 6	Mittelwert Vorstudie 7	Standard-abweichung Vorstudie 6	Standard-abweichung Vorstudie 7	Trenn-schärfe Vorstudie6	Trenn-schärfe Vorstudie 7	Schwierig-keits-index Vorstudie 6	Schwierig-keitsindex Vorstudie 7
1. Angst vor einer großen Gruppe	.33	.46	.47	.40	.54	.57	.27	.42	.45	.36
2. Angst, wenn andere schauen	.61	.51	.61	.46	.62	.59	.56	.47	.54	.42
3. Angst, vor anderen etwas zu tun	.48	.55	.54	.50	.64	.67	.43	.51	.46	.40
4. Angst, zu sprechen oder vorzulesen	.49	.58	.85	.67	.68	.68	.45	.54	.69	.55
5. Angst, Fragen zu beantworten	.44	.58	.40	.36	.62	.61	.40	.54	.33	.29
6. Angst auf Parties	.09	.20	.07	.08	.29	.33	.07	.18	.06	.06
7. Angst, Gleichaltrige zu treffen	.41	.46	.31	.33	.50	.51	.34	.40	.30	.32
8. Angst, Fragen zu stellen	.46	.48	.27	.23	.51	.50	.39	.45	.24	.19
9. Angst im Schülercafe	.68	.68	.35	.34	.27	.33	.60	.63	.74	.65
10. Angst, sich zu streiten	.46	.56	.68	.62	.45	.44	.41	.51	.88	.84
11. Angst, nein zu sagen	.58	.60	.56	.53	.47	.48	.51	.53	.72	.71
12. Angst in peinlichen Situationen	.55	.58	.82	.70	.51	.52	.49	.52	.85	.80
13. Angst zu widersprechen	.52	.61	.57	.55	.54	.49	.45	.54	.69	.71
14. Angst, jemanden anzusprechen	.65	.65	.53	.48	.39	.41	.58	.60	.76	.74
15. Angst, länger mit jemandem zu sprechen	.50	.67	.26	.32	.32	.39	.44	.61	.47	.52
16. Angst, vor anderen zu sprechen	.64	.72	.71	.64	.52	.51	.60	.68	.81	.79
17. Angst bei Schulaufführungen	.48	.65	.75	.57	.59	.57	.42	.61	.77	.65
18. Angst vor fehlender Beachtung	.55	.63	.89	.76	.59	.58	.47	.56	.84	.79
19. Angst vor Zusammensein mit anderen	.37	.66	.34	.41	.37	.42	.32	.60	.59	.62
20. Weggehen von Parties, Schule oder Spiel	.36	.55	.43	.42	.46	.42	.33	.49	.59	.63
21. ängstliche Gedanken vor Parties	.62	.65	.34	.41	.37	.44	.54	.60	.65	.60
22. Wegbleiben der Stimme	.49	.38	.28	.26	.48	.47	.43	.31	.26	.25
23. niemanden ansprechen	.37	.43	.44	.49	.54	.61	.32	.38	.41	.43
24. ängstliche Gedanken	.62	.70	.57	.57	.44	.49	.54	.65	.81	.77
25. physiologische Symptome vor soz. Sit	.57	.60	.30	.32	.33	.33	.47	.54	.63	.64
26. physiologische Symptome während soz. S.	.55	.58	.18	.23	.23	.30	.46	.51	.51	.54

Validität. Die Korrelationen des SPAI-C-D mit anderen Testverfahren sind in Tabelle 5.7 aufgeführt. Signifikante Zusammenhänge zeigen sich mit den beiden Unterskalen der Social Anxiety Scale for Children (Fear of Negative Evaluation, r = .57; Social Avoidance and Distress, r = .62). Ähnlich hohe Korrelationen bestehen mit den beiden Unterskalen zur Erfassung der Prüfungsangst (r = .56) und der Manifesten Angst (r = .54) des Angstfragebogens für Schüler sowie mit dem Kinder-Angst-Test (r = .44). Mit den Lehrereinschätzungen ergaben sich keine signifikanten Zusammenhänge.

Tabelle 5.7: Korrelationen der deutschsprachigen Version des Social Phobia and Anxiety Inventory for Children (SPAI-C-D) mit anderen Verfahren.

	Vorstudie 6	Vorstudie 7
SASC-R-D/FNE[1]	.57***	.59***
SASC-R-D/SAD[2]	.62***	.66***
KAT[3]	.44***	.55***
AFS-MA[4]	.54***	.61***
AFS-PA[5]	.56***	.49***
AFS-SU[6]	.03	.21***
AFS-SE[7]	-.20	-.11
Lehrereinschätzung zur Schüchternheit	.18	.08
Lehrereinschätzung zur Beliebtheit	-.04	-.04
Lehrereinschätzung zur Aggressivität	-.09	.04

[1]FNE = Angst vor negativer Bewertung
[2]SAD = Vermeidung von/ Belastung durch soziale Sit.
[3]KAT = Kinder Angst Test
[4]AFS-MA= Angstfragebogen für Schüler; Skala Manifeste Angst
[5]AFS-PA= Angstfragebogen für Schüler; Skala Prüfungsangst
[6]AFS-SU= Angstfragebogen für Schüler; Skala Schulunlust
[7]AFS-SE= Angstfragebogen für Schüler; Skala Soziale Erwünschtheit
* = $p \le .05$
** = $p \le .01$
*** = $p \le .001$

5.3.2.2 Vorstudie 7: Kreuzvalidierung

5.3.2.2.1 Methodik

Stichprobe. An der zweiten Fragebogenuntersuchung nahmen 341 Schüler und Schülerinnen im Alter von 8 bis 16 Jahren teil. Das durchschnittliche Alter betrug 12.4 Jahre (SD = 1.9 Jahre). Die Stichprobe wurde an sechs kooperierenden Schulen der Länder Hessen, Bremen und Niedersachsen gewonnen. Sie umfaßte 107 Schüler der Orientierungsstufe, 96 Gymnasiasten, 80 Realschüler, 21 Hauptschüler und 37 Grundschüler und bestand zu 53.4% aus Mädchen.

Ablauf der Untersuchung und Erhebungsinstrumente. Die Untersuchung lief wie in Vorstudie 6 ab. Wiederum wurden während einer Unterrichtsstunde der SPAI-C-D zusammen mit der Social Anxiety Scale for Children - Revised (SASC-R-D), dem Angstfragebogen für Schüler (AFS) und dem Kinder - Angst - Test (KAT) sowie einer Einschätzungsskala für die Lehrer ausgeteilt und ausgefüllt.

5.3.2.2.2 Ergebnisse

Faktorenanalyse. Eine Hauptkomponentenanalyse bestätigt die in Vorstudie 6 gefundene Faktorenstruktur (Tabelle 5.6). Fünf der Eigenwerte sind größer als eins. Der Scree-Test (Cattell, 1966) legt wiederum eine Einfaktorlösung nahe: Der zweite Eigenwert (λ = 1.47) fällt erneut deutlich gegenüber dem ersten (λ = 8.63) ab, während die nachfolgenden Eigenwerte nur noch einen geringfügigen Abfall zeigen. Der Anteil des ersten Faktors an der Gesamtvarianz beträgt 33.2%, die nachfolgenden Faktoren würden den summierten Anteil an totaler Varianz nur geringfügig steigern. Mit Ausnahme von Item sechs (a_{ij} = .20) liegen die Faktorladungen aller übrigen Items im Bereich von .36 $\leq a_{ij} \leq$ .70. Zum Vergleich der Ähnlichkeit der beiden Faktorenstrukturen (Vorstudie 6 und 7) wurde der Faktorkongruenzkoeffizient nach Tucker (1951) berechnet. Die Kongruenz beträgt C_{jk} = .99 und spricht damit für eine hohe Faktorstrukturübereinstimmung.

Eine Dreifaktorlösung würde die Items 7, 9, 10, 11, 12, 13, 14, 15, 18, 19 und 20 zu einem Faktor zusammenfassen sowie die Items 1, 21, 22, 23, 24, 25 und 26 zu einem zweiten und die Items 2, 3, 4, 5, 8, 16 und 17 zu einem dritten Faktor. Einige der Items hätten jedoch wiederum auf einem weiteren Faktor eine substantielle Ladung. Andere hier nicht aufgeführte Items würden auf keinem der Faktoren wesentlich laden.

Itemkennwerte und Reliabilität. Tabelle 5.6 zeigt Mittelwerte, Trennschärfekoeffizienten und Schwierigkeitsindices im Vergleich zur Studie 6. Wiederum zeigt sich eine mittlere bis hohe Trennschärfe aller Items ($.31 \leq r_{it} \leq .68$, $\bar{r}_{it} = .51$). Die niedrigste Trennschärfe mit $r_{it} = 18$ hat erneut das Item sechs. Auch die Schwierigkeitsindices liegen wieder überwiegend im Bereich von $.20 \leq p \leq .80$, wobei sich Item sechs mit $p = .06$ als „sehr schwierig" erwies. Als „sehr leicht" zeigte sich Item 10 ($p = .84$). Der mittlere Summenwert beträgt $M = 11.6$ ($SD = 7.3$). Die interne Konsistenz (Cronbachs Alpha) ist mit $\alpha = .91$ wieder sehr hoch.

Validität. Die ermittelten Zusammenhänge der SPAI-C-D mit anderen Testverfahren sind den Ergebnissen der ersten Erhebung vergleichbar und in Tabelle 5.7 aufgeführt. Signifikante Zusammenhänge zeigen sich wiederum mit den beiden Unterskalen der Social Anxiety Scale for Children („Fear of Negative Evaluation", $r = .59$; „Social Avoidance and Distress", $r = .66$), mit den Unterskalen zur Erfassung der Prüfungsangst ($r = .49$), der Manifesten Angst ($r = .61$) und der Schulunlust ($r = .21$) des Angstfragebogens für Schüler sowie mit dem Kinder-Angst-Test ($r = .55$). Wie in der Vorstudie 6 ergaben sich keine signifikanten Korrelationen mit den Lehrereinschätzungen.

5.3.2.3 Vorstudie 8: Normierung

5.3.2.3.1 Methodik

Stichprobe. Die Stichprobe, an der die Normen gewonnen wurden, bestand aus den beiden Stichproben der Vorstudien 6 und 7, also aus insgesamt 481 Schülern und Schülerinnen aus 24 Klassen des 4. - 10. Schuljahres an 8 kooperierenden Schulen in städtischen und ländlichen Gebieten der Länder Hessen, Schleswig-Holstein, Bremen und Niedersachsen. Das durchschnittliche Alter betrug 12.8 Jahre ($SD = 1.9$). Die Stichprobe bestand zu 54.4% aus Mädchen. Insgesamt beteiligten sich 37 Grundschüler (7.7%), 21 Hauptschüler (4.4%), 107 Schüler der Orientierungsstufe (22.2%), 152 Realschüler (31.6%) und 164 Gymnasiasten (34.1%) an der Untersuchung. In den einzelnen Altersgruppen waren 2 Achtjährige (0.4%), 21 Neunjährige (4.4%), 21 Zehnjährige (4.4%), 91 Elfjährige (19.1%), 66 Zwölfjährige (13.8%), 83 Dreizehnjährige (17.4%), 85 Vierzehnjährige (17.8%), 81 Fünfzehnjährige (17.0%) und 27 Sechzehnjährige (5.7%) vertreten.

5.3.2.3.2 Ergebnisse

Rohwerteverteilung. In Abbildung 5.3 sind der Mittelwert und die Streuung sowie die Verteilung der Rohwerte in der Gesamtstichprobe dargestellt.

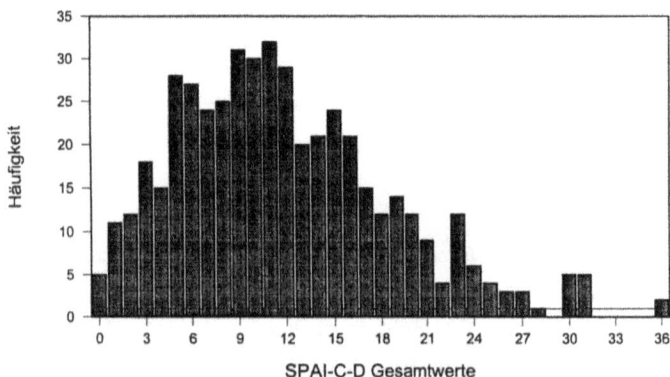

SPAI-C-D Gesamtwerte

Abbildung 5.3: Häufigkeitsverteilung der Gesamtwerte des Social Phobia and Anxiety Inventory for Children (SPAI-C-D) (M = 11.6; SD = 7.3)

Prüfung von gruppenspezifischen Unterschieden. Mit Hilfe von Varianzanalysen wurde der Einfluß der berücksichtigten demographischen Variablen auf die Testergebnisse geprüft.

1. Faktor: Alter. Es wurde kein signifikanter Altersunterschied ermittelt.

2. Faktor: Geschlecht. Der Faktor „Geschlecht" hat auf die SPAI-C-D-Werte Einfluß (F (1, 474) = 19.2, $p < .001$). Dabei beschrieben sich die Mädchen als sozial ängstlicher.

3. Faktor: Schultyp. Bei Berücksichtigung des besuchten Schultyps ergaben sich keine signifikanten Effekte.

Zur Normierung wurde somit als bedeutsamer Gruppierungsaspekt das Geschlecht berücksichtigt. Da die Rohwerte nicht normalverteilt waren, wurden die Prozentränge ermittelt (Tabelle 5.8).

Tabelle 5.8: Normentabelle

PR	SPAI-C-D Mädchen	SPAI-C-D Jungen
1	0.2	0.1
5	3.0	1.3
10	4.7	2.6
25	7.6	5.4
50	11.9	9.7
75	17.2	14.2
90	23.9	19.5
95	29.6	22.6
99	35.8	25.7

5.3.2.4   Vorstudie 9: Retestreliabilität

Neununddreißig Schüler und Schülerinnen einer neunten und einer zehnten Realschulklasse, 16 Jungen und 23 Mädchen, füllten nach zwei Wochen den SPAI-C-D nochmals aus. Das durchschnittliche Alter betrug 15.1 Jahre (SD = 0.7). Die ermittelte Retestreliabilität betrug r_{tt} =.85. Es ließen sich keine signifikanten Mittelwertsunterschiede in Abhängigkeit der Meßwiederholung finden (erste Testung: M = 11.89, SD = 7.71; zweite Testung: M = 10.96, SD = 7.92).

An einer weiteren Stichprobe von 51 Mädchen und 52 Jungen aus zwei achten Klassen eines Gymnasiums und drei fünften Klassen einer Orientierungsstufe in Niedersachsen wurde die Retestreliabilität nach vier Wochen ermittelt. Das durchschnittliche Alter der Schüler und Schülerinnen betrug 11.9 Jahre (SD = 1.6

Jahre). Die Retestreliabilität betrug r_{tt} = .84. Die Mittelwertsunterschiede in Abhängigkeit von der Meßwiederholung waren signifikant (erste Testung: M = 11.50, SD = 6.34; zweite Testung: M = 9.38, SD = 6.30; $t(86)$ = -5.65, $p \leq$ .001).

5.3.2.5   Vorstudie 10: Diskriminante Validität

Um zu überprüfen, ob der SPAI-C-D sozial ängstliche von sozial nicht ängstlichen Kindern unterscheidet, wurden die SPAI-C-D-Werte mit den Angaben aus dem ebenfalls durchgeführten Diagnostischen Interview Psychischer Störungen im Kindes- und Jugendalter (DIPS-K, Unnewehr, Schneider & Margraf, 1995) verglichen. Die Stichprobe bestand aus 110 acht- bis zwölfjährigen Kindern (M = 10.25, SD = 1.08), 48 Mädchen und 62 Jungen, die sich für die Teilnahme an einem Projekt zur sozialen Angst gemeldet hatten. Diese Kinder wurden mit Hilfe von Zeitungsannoncen und Handzetteln, in denen nach sozial ängstlichen ebenso wie nach sozial nicht ängstlichen Kindern gesucht wurde, auf die Untersuchung aufmerksam gemacht. Als Belohnung für die Teilnahme erhielten sie 40 DM.

Anhand der Angaben im DIPS-K wurden drei Gruppen gebildet: (1) Kinder mit der Diagnose „Sozialphobie", (2) Kinder mit starken sozialen Ängsten ohne Sozialphobie und (3) Kinder ohne auffällige soziale Ängste. Nach dem DIPS-K erhielten insgesamt 17 Kinder die Diagnose „Sozialphobie", bei 54 wurden starke soziale Ängste im subklinischen Bereich diagnostiziert, 39 gaben keine oder ein nur geringes Ausmaß an sozialen Ängsten an.

Die Werte des SPAI-C-D unterscheiden sich signifikant beim Vergleich der sozialphobischen (M = 25.72, SD = 8.22) und der sozial nicht ängstlichen Kinder (M = 9.03, SD = 5.12; t (54) = -9.27, $p \leq$ .001) ebenso wie beim Vergleich der Kinder mit starken sozialen Ängsten ohne Sozialphobie (M = 20.74, SD = 8.59) und der sozial nicht ängstlichen Kinder ($t(91)$ = -7.59, $p \leq$ .001). Auch zwischen den Gruppen der sozialphobischen Kinder und der Kinder mit starken sozialen Ängsten ohne Sozialphobie besteht ein signifikanter Unterschied ($t(69)$ = 2.11, $p \leq$ .05). Unter den sozial nicht ängstlichen Kindern haben 67% Werte unter 10, nur 5% haben Werte über 20 im SPAI-C-D. Bei den sozialphobischen Kindern haben 82% Werte über 18, also dem von Beidel und Mitarbeitern (1995) vorgeschlagenen cutoff-Wert. Werte über 20 haben 65% der sozialphobischen Kinder. Keines hat Werte unter 10. Bei den Kindern mit starken sozialen Ängsten im subklinischen Bereich haben 59% Werte über 18, und 52% der Stichprobe haben Werte über 20. SPAI-C-D-Werte unter 10 haben 11%.

5.3.2.6 Diskussion

Die Studien beschreiben den SPAI-C-D als reliables und valides Meßinstrument. Die interne Konsistenz (α = .87 und α = .91) sowie die Retestreliabilität nach zwei (r_{tt} = .85) und nach vier Wochen (r_{tt} = .84) sind hoch. Die Mittelwertsunterschiede bei der Meßwiederholung sind zwar zum Teil statistisch signifikant, aber ohne praktische Relevanz. Auch die Itemkennwerte, die Trennschärfe und die Itemschwierigkeiten sprechen für die Güte des Fragebogens. Nur das Item sechs erreicht keine ausreichenden Werte und hat keine substantielle Ladung auf dem extrahierten Faktor. Bei diesem Item weicht die deutsche Übersetzung etwas vom englischen Original ab (englisches Original: „I feel so scared at parties, dances, school, or anyplace where there will be more than two other people that I go home early", deutsche Version: „Auf Parties oder bei Feiern habe ich solche Angst, daß ich früh nach Hause gehe"). Bei der Übersetzung wurde das Wort „Schule" weggelassen, da das Früh-Nach-Hause-Gehen nicht realistisch erschien. Ebenso erschien der Zusatz „anyplace where there will be more than two other people" als zu wenig konkret. Die spontane Reaktion vieler Kinder auf die Frage sechs war, daß sie gar nicht erst zu einer Party hingingen, anstatt früh nach Hause zu gehen. Möglicherweise ist dieses Item jedoch spezifisch für sozialphobische Kinder relevant und nicht übertragbar auf subklinische Ängste. Aus diesem Grund, und um eine internationale Vergleichbarkeit zu erreichen, wurde Item sechs nicht eliminiert.

Überdenken ließe sich, ob die Items mit Mehrfachantworten differenzierter ausgewertet werden sollten, anstatt den Mittelwert für jedes Item zu berechnen. Für die Diagnose einer Sozialphobie bei Kindern ist es notwendig, daß die soziale Angst bei Gleichaltrigen und nicht nur bei Erwachsenen auftritt. Dementsprechend wäre es inhaltlich sinnvoll, die drei Kategorien „soziale Angst vor bekannten Jungen und Mädchen", „vor unbekannten Jungen und Mädchen" und „vor Erwachsenen" getrennt auszuwerten. Eine weitere Kategorie, die zwischen bekannten und unbekannten Erwachsenen unterscheidet, könnte sinnvoll sein.

Es zeigten sich signifikante Korrelationen mit dem Fragebogen zur Erfassung sozialer Angst (SASC-R-D), mit der Skala Manifeste Angst und Prüfungsangst des Angstfragebogens für Schüler (AFS) und mit dem Kinder-Angst-Test (KAT). Keine Übereinstimmung fand sich zwischen der Schülerselbstaussage und der Einschätzung der Schüchternheit durch den Lehrer. Es lassen sich die gleichen Argumente anführen wie bei der SASAC-R-D: Die Konkordanz verschiedener Beurteilergruppen ist generell gering (Achenbach, McConoughy & Howell, 1987; Ehlers & Jansky-Sabo, 1988). Das SPAI-C-D erfaßt zudem nicht nur sichtbare Verhaltensweisen, sondern auch Kognitionen. Weiterhin besteht das Problem der Vermengung von sozialer Angst mit Ungeselligkeit und sozialem Rückzug aufgrund von Zurückweisung durch andere. Ein weiterer Grund für die geringe Korrelation könnte darin liegen, daß die Beziehung zwischen Schüchternheit und der mit dem Fragebogen zu erfassenden Sozialphobie empirisch bislang kaum untersucht ist und somit unklar ist, ob die Sozialphobie eine Extremform der Schüchternheit oder einen qualitativ spezifischen Typus darstellt (Turner, Beidel & Townsley, 1990). Schüchternheit muß keine notwendige Komponente der Sozialphobie sein. Insbesondere Patienten mit spezifischen Sprechphobien berichten häufig keine Schüchternheit. Eine andere Erklärung könnte in dem unterschiedlichen Auflösungsgrad der Erhebungsinstrumente liegen: Der aus praktischen Erwägungen gewählten globalen Fremdeinschätzung durch die Lehrer und der differenzierten Selbsteinschätzung durch die Schülerinnen und Schüler. Eine mangelnde Fähigkeit der Schülerinnen und Schüler zur Selbsteinschätzung ist als Ursache für die geringe Korrelation unwahrscheinlich, denn Vorstudie 10 zeigt, daß der Fragebogen zwischen sozial ängstlichen und sozial nicht ängstlichen Kindern unterscheiden kann. Untersuchungen zur Diskriminationsfähigkeit zwischen unterschiedlichen Angststörungen stehen noch aus.

Die von den Autoren der Originalversion mit der Faktorenanalyse aufgewiesenen drei bzw. fünf Dimensionen lassen sich in den vorliegenden Untersuchungen nicht bestätigen. Die gewählte Einfaktorlösung läßt sich folgendermaßen begründen: (1) Der Scree-Test legt eine Einfaktorlösung nahe. (2) Fürntratt (1969) empfiehlt, im Zweifelsfalle eher der zu kleinen als der zu großen Lösung den Vorrang zu geben. (3) Der Anteil an totaler Varianz betrug beim zweiten und dritten Faktor außerdem nur jeweils etwa 6%, der summierte Anteil an totaler Varianz wäre damit nur geringfügig gestiegen.

Betrachtet man die von Beidel und Mitarbeitern (1995) mitgeteilten Ergebnisse kritisch, so fallen zunächst die Doppelladungen von sechs Items auf. Weiterhin ist die Stichprobe sehr heterogen. Sie umfaßt verschiedene klinische Störungsbilder: Neben sozialen Ängsten wurden Patienten mit anderen Angststörungen (Zwänge, Einfache Phobien und Panikstörung), Patienten mit Schizophrenie, Affektiven Störungen und ADHD sowie psychisch normalgesunde Kinder und Jugendliche in die Stichprobe aufgenommen. Bei den Probanden unserer Vorstudien 6 und 7 handelt es sich hingegen um nicht-klinische Stichproben. Möglicherweise erklären sich mit den Stichproben Unterschiede in der Faktorenstruktur. Sinnvoll wäre eine Überprüfung der Faktorenstruktur an einer ausreichend großen Gruppe, die nur aus sozial ängstlichen Probanden besteht oder aber aus Probanden mit unterschiedlichen Angststörungen.

Unseres Erachtens legt übrigens die Faktorenanalyse von Beidel et al. (1995) auch eine Einfaktorlösung nahe: Der Abfall der Eigenwerte ist zwischen dem ersten ($\lambda = 9.11$) und zweiten Wert ($\lambda = 1.95$) am stärksten, die nachfolgenden Werte fallen nur noch geringfügig ab ($\lambda = 1.50$, $\lambda = 1.39$, $\lambda = 1.23$, $\lambda = 1.07$). Zur Fünffaktorenlösung machen die Autoren (Beidel, Turner & Fink, 1996) nur wenig Angaben. Würden wir bei den vorliegenden Daten dennoch eine Dreifaktoren-lösung befürworten, wäre die Faktorenstruktur instabil. Außerdem ließen sich einzelne Fragen entweder nicht eindeutig zuordnen oder würden auf einer anderen als der von den Autoren angegebenen Dimension am höchsten laden. Gleichwohl lassen sich einige Untergruppen von Items erkennen, die nach beiden Untersuchungen (Vorstudie 6 und 7) zusammen gruppiert würden. Die Items 2, 3, 4, 5, 16 und 17 beziehen sich auf die Angst, im Mittelpunkt der Aufmerksamkeit zu stehen. Die Items 21, 22, 24, 25 und 26 betreffen kognitive und physiologische Symptome der sozialen Angst. Die Itemgruppe 10, 11, 12, 13, 14, 15 und 18 beinhaltet das von den Autoren als „Assertiveness/General Conversation" bezeichnete Durchsetzungsverhalten und kommunikative Fähigkeiten.

5.3.2.7 Zusammenfassung

Das Social Phobia and Anxiety Inventory for Children (SPAI-C; Beidel, Turner & Morris, 1995) wurde zur Diagnostik kindlicher Sozialphobien entsprechend den internationalen Diagnosekriterien entwickelt. Wir haben das SPAI-C ins Deutsche übersetzt (SPAI-C-D) und 140 Schülern und Schülerinnen im Alter von elf bis sechzehn Jahren vorgelegt. Faktorenanalysen ergaben einen Faktor. Zur Validierung des Fragebogens wurde den Kindern der Angstfragebogen für Schüler (AFS), der Kinder Angst Test (KAT) und die deutsche Version der Social Anxiety Scale for Children Revised (SASC-R-D) vorgelegt. Zudem schätzten die Klassenlehrer ihre Schüler hinsichtlich Schüchternheit, Beliebtheit und Aggressivität ein. Die Ergebnisse weisen die SPAI-C-D als valides Meßinstrument aus. In einer weiteren Studie wurden die psychometrischen Eigenschaften der SPAI-C-D an 341 Schülern und Schülerinnen im Alter von acht bis sechzehn Jahren überprüft. Die Ergebnisse der vorangehenden Studie wurden bestätigt. An der Gesamtstichprobe von 481 Schülern und Schülerinnen wurden Normen für das Testverfahren gewonnen. Nach zwei und nach vier Wochen wurde die Retestreliabilität an 142 Schülerinnen und Schülern überprüft. Beim Vergleich von 71 sozial ängstlichen mit 39 sozial nicht ängstlichen Kindern konnte der Fragebogen zwischen den Gruppen differenzieren.

HAUPTSTUDIEN

6.   METHODIK

6.1   Rekrutierung der Stichproben

Zur Untersuchung von Aspekten der emotionalen Kompetenz bei sozial ängstlichen Kindern wurden Kinder im Alter von 8 bis 12 Jahren gebeten, an drei experimentellen Studien teilzunehmen. Da es bislang unklar ist, ob die Sozialphobie
eine Extremform der sozialen Angst ist, ob sie sich also von sozialer Angst ohne
Diagnose einer Sozialphobie nur quantitativ unterscheidet, oder ob sie einen qualitativ spezifischen Typus der sozialen Angst darstellt, wurden Kinder mit der
Diagnose einer Sozialphobie und sozial ängstliche Kinder ohne Diagnose einer
Sozialphobie miteinander verglichen. Die Gesamtgruppe sozial ängstlicher Kinder
mit und ohne Sozialphobie wurde mit einer selegierten Gruppe sozial nicht ängstlicher Kinder verglichen. Dieses Vorgehen trägt im Kontrast zu Vergleichen mit
einer unselegierten Kontrollgruppe der weiten Verbreitung sozialer Ängste im
Kindesalter Rechnung (Hofmann & Roth, 1996). Zur Erreichung einer höheren
ökologischen Validität wurde jedoch keine Extremgruppe sozial nicht ängstlicher
Kinder (supernormale Kontrollgruppe) rekrutiert.

Die Kinder wurden

• über einen Zeitungsartikel sowie Zeitungsannoncen in der regionalen und
  überregionalen Presse.

• über Handzettel, die in Marburger Schulen verteilt wurden und

• über Aushänge und Informationsblätter in verschiedenen öffentlichen Institu-
  tionen, in Erziehungsberatungsstellen sowie in Kinderarzt- und kindertohera-
  peutischen Praxen

rekrutiert. Sie wurden gebeten, an zwei Untersuchungsterminen von jeweils maximal 90 Minuten Dauer teilzunehmen und bei der Gelegenheit einen Film anzu-
sehen, ein Puzzle zu lösen und ein Computerspiel zu spielen. Für ihre Teilnahme
erhielten die Kinder 40 DM. Die Mütter erhielten für ein Interview sowie für das
Ausfüllen einiger Fragebögen und die Teilnahme an einer der verschiedenen

Studien 25 DM. Die Eltern von interessierten Kindern wurden gebeten, sich telefonisch zu melden.

6.2 Ablauf der diagnostischen Untersuchung

Mit Hilfe eines Telefon-Screenings wurden jene Kinder mit ihren Müttern zu einem ersten Untersuchungstermin eingeladen, die mit großer Wahrscheinlichkeit entweder der Gruppe sozial ängstlicher Kinder oder der Kontrollgruppe zugeordnet werden konnten.

Am ersten Untersuchungstermin erfolgte die psychologische Diagnostik (s. Abb. 6.1). Zunächst wurden dem Kind und seiner Mutter die Untersuchungsräume gezeigt, um das Kind mit der neuen Umgebung vertraut zu machen. Dann wurde ihnen ein kurzer Überblick über Ablauf und Zweck der Untersuchung gegeben. Den Kindern wurden zur Abklärung der sozialen Angst der SASC-R-D und der SPAI-C-D (s. Kapitel 5, S. 49) vorgelegt.

Die Mutter wurde in einem anderen Raum von einer zweiten Versuchsleiterin gebeten, die „Social Phobia Scale" (SPS, Mattick & Clarke, 1989, deutsche Übersetzung: Rodde & Benna, unveröffentlicht), die „Social Interaction Anxiety Scale" (SIAS, Mattick & Clarke, 1989, deutsche Übersetzung Rodde & Benna, unveröffentlicht) und die Skala „Fear of Negative Evaluation" (FNE, Watson & Friend, 1969, deutsche Übersetzung Benna & Rodde, unveröffentlicht) auszufüllen.

Die „Social Phobia Scale" (SPS) erfaßt mit 20 Items die Furcht, während alltäglicher Aktivitäten von anderen beobachtet zu werden (z.B. „Ich habe Angst, daß Leute mich anstarren, wenn ich die Straße entlang gehe"). Die „Social Interaction Anxiety Scale" (SIAS) erfaßt mit ebenfalls 20 Items allgemeine Ängste vor sozialen Interaktionen (z.B. „Ich habe Schwierigkeiten, anderen in die Augen zu schauen"). Die Einschätzung der Items erfolgt bei beiden Skalen durch eine fünfstufige Ratingskala („überhaupt nicht" - „etwas" - „mäßig" - „sehr" - „extrem typisch"). Beim SIAS sind drei der Items umgepolt. Diese Umpolung wurde von einem Teil unserer Versuchspersonen übersehen. Evaluationsstudien der englischen Fassung zeigten, daß beide Skalen sozialphobische von anderen Gruppen unterscheiden (Brown, Turovsky, Heimberg, Juster, Brown & Barlow, 1997). Die hier verwendete deutsche Fassung des Fragebogens „Fear of Negative Evaluation" (FNE) besteht aus 20 Items, die die Angst vor negativer Bewertung erfassen (z.B. „Es macht mir Sorgen, was andere über mich denken, auch wenn ich weiß, daß es nicht wichtig ist"). Die Items werden mit einer vierstufigen Ratingskala („trifft fast nie zu - trifft manchmal zu - trifft oft zu - trifft fast immer zu") beantwortet. Es gibt keine umgepolten Items. Deutsche Normen liegen nicht vor. Es ist bislang ungeklärt, ob die Skala zwischen sozialer Angst und anderen Angststörungen differenziert (Turner, McCanna & Beidel, 1987; Heimberg, Hope, Rapee & Bruch, 1988; Turner & Beidel, 1988; Oei, Kenna & Evans, 1991). Von den deutschen Fassungen der drei Fragebögen liegen weder Angaben zur Reliabilität oder Validität noch Normen vor.

Im Anschluß an die Beantwortung der Fragebogen wurde mit Mutter und Kind getrennt das „Diagnostische Interview Psychischer Störungen für Kinder und Jugendliche" (Kinder-DIPS; Unnewehr, Schneider & Margraf, 1995, s. Kapitel 5, S. 49) durchgeführt. Anschließend wurde die Mutter gebeten, einen von uns entworfenen Explorationsbogen (s. Anhang) zur Erfassung deskriptiver Daten zur Entwicklung der sozialen Angst ihres Kindes auszufüllen. Die diagnostische Untersuchung dauerte insgesamt 60 - 90 Minuten.

Es nahmen 110 Kinder und deren Mütter an der diagnostischen Untersuchung teil, 35 von ihnen erfüllten die Auswahlkriterien (s.u.) nicht und wurden somit von der experimentellen Untersuchung ausgeschlossen.

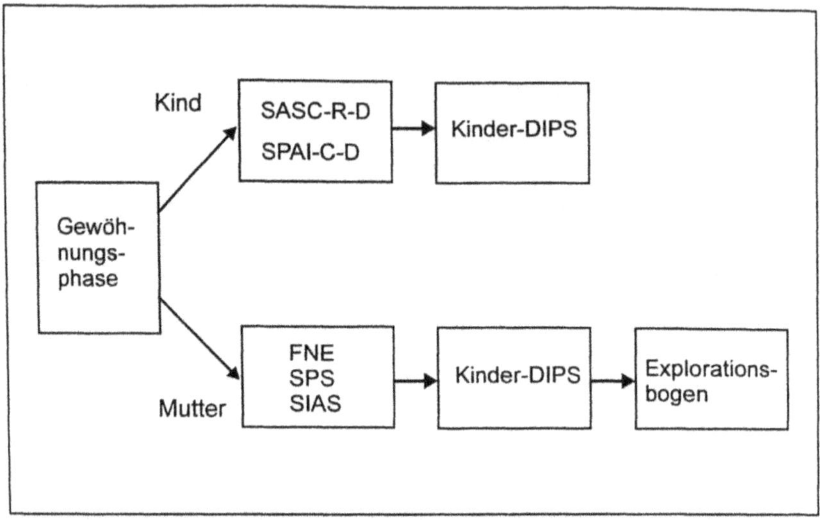

```
      Kind    ┌─────────┐
              │ SASC-R-D│     ┌──────────┐
           ┌─▶│ SPAI-C-D│────▶│Kinder-DIPS│
           │  └─────────┘     └──────────┘
┌────────┐ │
│ Gewöh- │─┤
│ nungs- │ │
│ phase  │ │
└────────┘ │
           │  ┌─────────┐
           │  │  FNE    │     ┌──────────┐   ┌─────────────┐
           └─▶│  SPS    │────▶│Kinder-DIPS│──▶│ Explorations-│
      Mutter  │  SIAS   │     └──────────┘   │ bogen       │
              └─────────┘                    └─────────────┘
```

Abbildung 6.1 Ablauf der diagnostischen Untersuchung

6.3   Kriterien für die Auswahl der Kinderstichproben

Es wurden zwei unterschiedliche Experimentalgruppen an Kindern mit sozialen Ängsten und eine Kontrollgruppe untersucht.

- Die erste Experimentalgruppe (**EG I**) umfaßte Kinder, die die Diagnosekriterien einer Sozialphobie nach DSM-IV (APA, 1994) erfüllten. Es wurden nur primär sozialphobische Kinder aufgenommen.

- Die zweite Experimentalgruppe (**EG II**) umfaßte Kinder mit SPAI-C-D-Werten im obersten Quartil (PR $\geq$ 75), die jedoch die DSM-IV-Kriterien für eine Sozialphobie nicht (vollständig) erfüllten. Es handelt sich also um Kinder mit starken sozialen Ängsten im subklinischen Bereich.

Bei der Stichprobenselektion stellte sich die Frage, welchen Stellenwert bei der Einschätzung der sozialen Angst des Kindes die Aussagen der Mütter in Relation zu denen der Kinder selbst haben sollten. Benjamin, Costello und Warren (1990) fanden z.B. bei Angststörungen eine nur geringe Übereinstimmung zwischen den Aussagen der Kinder und ihrer Eltern. Die Prävalenzrate für

Angststörungen, die auf Auskünften der Eltern basierte, war nur halb so hoch (6.6%) wie die Rate aufgrund der Aussagen der Kinder (10.5%). Beidel und Turner (1998) hingegen fanden speziell bei sozialphobischen Kindern, daß ein Teil der Kinder seine Ängste leugnet und vorgibt, Freunde zu haben, nicht isoliert zu sein. Sie empfahlen daher, dem Elternurteil größeres Gewicht einzuräumen.

Um Zweifelsfälle auszuschließen, wurden in unserer Studie nur Kinder in die Experimentalgruppen aufgenommen, bei denen das Urteil der Mutter mit dem Urteil des Kindes übereinstimmte.

- Die Kontrollgruppe (**KG**) bestand aus Kindern mit SPAI-C-D-Werten im ersten bis dritten Quartil (PR $\leq$ 74).

An zehn Kindern aus dem Bekanntenkreis der Autorin wurden Vortests durchgeführt, um zu überprüfen, ob die Instruktionen kindgerecht formuliert und ob die geplanten Experimente mit Kindern durchführbar waren. Die nachfolgend vorgenommenen Modifikationen betrafen lediglich den Wortlaut der Instruktionen. Anschließend wurden die Stichproben für die experimentellen Studien rekrutiert.

6.4   Beschreibung der Stichproben

Die Experimentalgruppe EG I bestand aus 17 sozialphobischen Kindern, die Experimentalgruppe EG II aus 33 sozial ängstlichen Kindern ohne Diagnose einer Sozialphobie (subklinische soziale Ängste) und die Kontrollgruppe aus 25 sozial nicht ängstlichen Kindern. In den Tabellen 6.1 bis 6.3 sind die soziodemographischen Angaben für die Stichproben aufgeführt. Es wurde mit Hilfe von Varianzanalysen und Chi²-Tests überprüft, ob sich die Gruppen hinsichtlich der erhobenen Variablen unterschieden. Hinsichtlich Alter, Geschlecht und Schulbildung waren die Untersuchungsgruppen ähnlich zusammengesetzt (vgl. Tab. 6.1). Erwartungsgemäß unterschieden sich die Untersuchungsgruppen in allen störungsspezifischen Maßen voneinander (SPAI-C-D, SASC-R-D). Informationen zum sozioökonomischen Status der Mütter sind in Tabelle 6.4 aufgeführt.

Wie aus Tabelle 6.3 ersichtlich ist, haben die sozial ängstlichen Kinder sowohl nach ihren eigenen Angaben als auch nach den Angaben ihrer Mütter weniger Freunde als die sozial nicht ängstlichen Kinder. Körperliche Angstsymptome wer-

den von etwa zwei Drittel der sozial ängstlichen Kinder berichtet. Alle sozialphobischen Kinder hatten eine generalisierte Sozialphobie.

Tabelle 6.1 Soziodemographische Daten der Kinderstichproben

		Sozial- phobie (EG I)	subkl. soz. Angst (EG II)	Kontroll- gruppe (KG)	p
Stichprobengröße	n	17	33	25	
Alter	M (SD)	10.24 (1.25)	10.39 (1.06)	10.16 (1.03)	n.s.
	Minimum-Maximum	8 - 12	9 - 12	9 - 12	
Geschlecht	n (weibl./männl.)	6/11	16/17	12/13	n.s.
Schule	% (n)				
Grundschule		41.2% (7)	30.3%) (10)	44.0% (11)	
Orientierungsstufe		11.8% (2)	12.1% (4)	12.0% (3)	
Hauptschule		0	0	0	
Realschule		0	6.1% (2)	0	n.s.
Gesamtschule		17.6% (3)	6.1% (2)	0	
Gymnasium		29.4% (5)	45.5% (15)	44.0% (11)	
Schulklasse	% (n)				
Klasse 2		5.9% (1)	3.0% (1)	0	
Klasse 3		17.6% (3)	15.2% (5)	8.0% (2)	
Klasse 4		17.6% (3)	15.2% (5)	36.0% (9)	n.s.
Klasse 5		23.5% (4)	30.3% (10)	28.0% (7)	
Klasse 6		29.4% (5)	30.3% (10)	28.0% (7)	
Klasse 7		5.9% (1)	6.1% (2)	0	

Das unterste Signifikanzniveau beträgt $p \leq .05$.

Tabelle 6.2 Fragebogenwerte

		Sozial-phobie (EG I)	subkl. soz. Angst (EG II)	Kontroll-gruppe (KG)	p
Kinder	M (SD)				
SPAI-C-D[1]		25.18 (7.06)	24.03 (6.03)	17.36 (4.47)	≤.001
SASC-R-D/FNE[2]		28.18 (5.41)	23.42 (4.99)	15.92 (4.39)	≤.001
SASC-R-D/SAD[3]		25.72 (8.22)	24.99 (6.21)	6.93 (3.11)	≤.001
Mütter	M (SD)				
FNE[4]		43.00 (15.36)	39.58 (11.75)	36.08 (10.06)	n.s.
SPS[5]		23.35 (19.46)	14.91 (12.79)	9.40 (11.03)	≤.01
SIAS[6]		26.12 (17.99)	19.73 (11.06)	14.04 (9.62)	≤.01

1 SPAI-C-D:	Social Phobia and Anxiety Scale for Children
2 SASC-R-D/FNE:	Unterskala Fear of Negative Evaluation der Social Anxiety Scale for Children Revised
3 SASC-R-D/SAD:	Unterskala Social Avoidance and Distress der Social Anxiety Scale for Children Rev.
4 FNE:	Fear of Negative Evaluation
5 SPS:	Social Phobia Scale
6 SIAS:	Social Interaction Anxiety Scale

Das unterste Signifikanzniveau beträgt $p \leq .05$.

Tabelle 6.3 Beschreibung der Stichproben

		Sozial-phobie (EG I)	subkl. soz. Angst (EG II)	Kontroll-gruppe (KG)	p
Stichprobengröße	n	17	33	25	
Anzahl der Freunde (Auskunft des Kindes)	M (SD) Minimum-Maximum	4.47 (3.15) 1 - 12	5.91 (3.75) 1 - 20	8.16 (5.81) 1 - 30	≤ .05
Anzahl der Freunde (Auskunft der Mutter)	M (SD) Minimum-Maximum	2.29 (1.76) 0 - 6	3.61 (3.11) 0 - 15	5.32 (5.69) 0 - 30	≤ .05
Wunsch nach mehr Freunden	n	10	11	6	≤ .08
Körperliche Angstsymptome	n	13	24		n.s.
Anzahl ängstigender Sozial-situationen	M (SD)	8.35 (3.14)	6.09 (2.41)		n.s.
Grad der Belastung	M (SD)	1.94 (1.14)	1.67 (1.18)		n.s.

Anmerkung: Sofern nichts anderes angegeben wurde, handelt es sich immer um Einschätzungen des Kindes.

Das unterste Signifikanzniveau beträgt $p \leq .05$.

Tabelle 6.4 Soziodemographische und sozioökonomische Daten der Mütter

		Sozial- phobie (EG I)	subkl. soz. Angst (EG II)	Kontroll- gruppe (KG)
Schulabschluß	% (n)			
Hauptschulabschluß		23.5% (4)	9.1% (3)	16.0% (4)
Realschulabschluß		41.1% (8)	39.4% (13)	32.0% (8)
Abitur		29.4 (5)	51.5% (17)	48.0% (12)
anderer Abschluß	0	0	4.0% (1)	
Abgeschlossene Berufsausbildung				
oder Hochschulabschluß	% (n)			
gewerbl. od. landwirtschaftl. Lehre		0	3.0% (1)	4.0% (1)
kaufm. od. sonstige Lehre		11.8% (2)	21.2 (7)	24.0% (6)
Berufsfachschule, Handelsschule		17.6% (3)	9.1% (3)	4.0% (1)
Fachschule (z.B. Meister-, Technikerschule)		5.9% (1)	15.2% (5)	8.0% (2)
Beamtenausbildung		5.9% (1)	0	4.0% (1)
Fachschule, Ingenieursschule		0	6.1% (2)	4.0% (1)
Universität, Hochschule		23.5% (4)	36.4% (12)	36.0% (9)
sonstiger Ausbildungsabschluß		11.8% (2)	3.0% (1)	4.0% (1)
ohne Ausbildungsabschluß		5.9% (1)	6.1% (2)	8.0% (2)
Derzeitige bzw.				
letzte berufl. Stellung	% (n)			
Arbeiter				
Ungelernte Arbeiter		5.9% (1)	0	8.0% (2)
Angelernte Arbeiter		0	3.0% (1)	4.0% (1)
Gelernte und Facharbeiter		11.8% (2)	0	8.0% (2)
Selbständige				
freie Berufe, selbständige Akademiker		5.9% (1)	6.1% (2)	8.0% (2)
Sonstige Selbständinge mit bis zu 9 Mitarbeitern		5.9% (1)	9.1% (3)	0
Sonstige Selbständige mit 10 und mehr Mitarbeitern		0	0	0
Sonstige				
z.B. Auszubildende, Schüler, Studierende, Praktikanten		5.9% (1)	12.1% (4)	0
im eigenen Haushalt Tätige		5.9% (1)	9.1% (3)	8.0% (2)
Angestellte				
Industrie- und Werkmeister		0	3.0% (1)	0
mit einfacher Tätigkeit		0	6.1% (2)	12.0% (3)
mit qualifizierter Tätigkeit		35.3% (6)	33.3% (11)	20.0% (5)
mit hochqualifizierter Tätigkeit		5.9% (1)	18.2% (6)	20.0% (5)
mit umfassenden Führungsaufgaben		0	0	0
Beamte				
Einfacher Dienst		0	0	0
Mittlerer Dienst		5.9% (1)	0	4.0% (1)
Gehobener Dienst		0	0	4.0% (1)
Höherer Dienst		0	0	0
Familienstand	% (n)			
verheiratet		70.6% (12)	69.7% (23)	80.0% (20)
ledig		0	6.1% (2)	0
feste Partnerschaft		0	6.1% (2)	0
geschieden		11.8% (2)	6.2% (2)	12.0% (3)
verwitwet		0	6.2% (2)	4.0% (1)
sonstiges		11.8% (2)	6.2% (2)	4.0% (1)

6.5   Befragung: Vorläufer- und Begleitsymptome der sozialen
        Angst und Sozialphobie aus der retrospektiven Sicht von
        Müttern

6.5.1   Einleitung

Bei der Entwicklung der sozialen Angst können verschiedene Einflußfaktoren
von Bedeutung sein: In Betracht kommen eine biologische Prädisposition
ebenso wie inner- und außerfamiliäre Lernerfahrungen. Studien zur möglichen
Bedeutung dieser Einflußfaktoren wurden zum Teil an schüchternen Kindern
und Kindern mit *behavioral inhibition* durchgeführt, zum Teil auch an sozial
ängstlichen und sozialphobischen Erwachsenen, deren retrospektive Aussagen analysiert wurden. Nur wenige Studien untersuchten sozialphobische Kinder (Beidel & Morris, 1995). Bei der Darstellung des bisherigen Forschungs-
standes zur Entwicklung sozialer Ängste muß deshalb auf Untersuchungen an
unterschiedlichen sozial ängstlichen Stichproben zurückgegriffen werden.

6.5.1.1   Biologische Prädisposition

Der Annahme einer biologischen Prädisposition für soziale Angst wurde in der
bisherigen Forschung mit Zwillingsstudien, Familienstudien und Temperamentsstudien nachgegangen. Insgesamt sprechen die Ergebnisse für die Beteiligung eines genetischen Faktors.

Zwillingsstudien: Die Selbsteinschätzung der sozialen Angst korreliert signifikant höher zwischen mono- als zwischen dizygotischen Zwillingen (Horn,
Plomin, Rosenman, 1976; Torgersen, 1979; Rose & Ditto, 1983; Philipps,
Fulker & Rose, 1987). Allerdings werden monozygotische Zwillinge aufgrund
ihrer ähnlichen Reaktionsweise vermutlich von ihrer Umwelt auch ähnlicher
behandelt als dizygotische Zwillinge. Zur Erblichkeit der Sozialphobie gibt es
bislang nur eine Studie: Kendler und Mitarbeiter (Kendler, Neale, Kessler,
Heath & Eaves, 1992) untersuchten 2.163 weibliche mono- oder dizygotische
Zwillinge mit Hilfe eines diagnostischen Interviews. Pfadanalytische Auswer-

tungen ergaben, daß die Entwicklung einer Sozialphobie zu etwa 30% auf genetische Faktoren zurückzuführen ist.

Familienstudien: Hier zeigte sich, daß die Verwandten von Sozialphobikern ein höheres Ausmaß an sozialer Angst aufwiesen als Verwandte von Personen mit anderen Störungen (Fyer, Mannuzza, Chapman, Liebowitz & Klein, 1993; Reich & Yates, 1988). Einschränkend sei jedoch darauf hingewiesen, daß familiäre Häufungen von spezifischen Störungen nicht nur auf biologische Faktoren, sondern auch auf die Besonderheiten familiärer Sozialisation (elterliches Modell, Verstärkungskontingenzen etc.) zurückgeführt werden können.

Temperamentsstudien: Kagan und Mitarbeiter (z. B. Kagan, Reznick, Clarke, Snidman & Garcia-Coll, 1984) zeigten, daß einige Kinder bereits im frühen Alter auf unbekannte Personen und Situationen mit Gehemmtheit und Angst reagieren. Diese Reaktionstendenzen bezeichnete er als *behavioral inhibition*. Er erklärt sie mit einer genetisch vermittelten niedrigen Schwelle für sympathische Erregung. Längsschnittstudien ergaben, daß frühkindliche Temperamentseigenschaften oftmals stabil sind (Caspi & Silva, 1995), und es gibt Hinweise, daß sie auch für die Entwicklung sozialer Ängste von Bedeutung sein könnten (z. B. Biederman, Rosenbaum, Bolduc-Murphy et al., 1993; Biederman, Rosenbaum, Hirshfeld et al., 1990; Caspi, Henry, McGee, Moffit & Silva, 1995; Rosenbaum, Biederman, Hirshfeld, Bolduc & Chaloff, 1991a; 1991b). Kinder mit zurückhaltendem Temperament haben z. B. eine niedrige Schwelle für physiologische Erregung und eine geringe Fähigkeit, mit streßreichen Situationen umzugehen (Buss & Plomin, 1984; Fox, 1989; Kagan, Reznick & Snidman, 1987), so daß sie leicht Ängste entwickeln können. Für die Bezugsperson kann es schwierig sein, mit diesen Kindern umzugehen. Dies könnte möglicherweise einen ängstlich-unsicheren Bindungsstil hervorrufen (Manassis, Bradley, Goldberg, Hood & Swinson, 1995), der zur Aufrechterhaltung der Angst beitragen kann.

Weitere Studien zeigten sowohl bei den Kindern mit *behavioral inhibition* als auch bei deren Verwandten ein gehäuftes Auftreten einzelner atopischer Allergien, insbesondere von Heuschnupfen und Ekzemen (Kagan, Snidman, Julia-Sellers & Johnson, 1991). Aufgrund dieser Befunde werden komplexe genetische Faktoren vermutet, die sowohl die *behavioral inhibition* als auch die immunologische Vulnerabilität gegenüber einzelnen atopischen Allergien beeinflussen.

6.5.1.2 Innerfamiliäre Lernerfahrungen

Innerfamiliäre Lernerfahrungen wurden durch klinisch-psychologische Studien an erwachsenen Sozialphobikern, durch entwicklungspsychologische Studien an Kindern mit starken sozialen Ängsten ohne Sozialphobie und durch Studien zur Auftretenshäufigkeit körperlicher Krankheit zu erfassen versucht. Insgesamt sprechen die Ergebnisse dieser Studien auch für einen Einfluß innerfamiliärer Lernerfahrungen auf die Entwicklung sozialer Ängste. Das Lernen innerfamiliärer Regeln zum Umgang mit sozialen Situationen, z.b. die negative Bewertung bestimmter sozialer Situationen, ihre Vermeidung oder die Überbewertung sozialer Normen können die Entwicklung sozialer Ängste begünstigen. Solche Regeln können z. B. durch das Instruktions- und Verstärkungsverhalten der Eltern oder auch auf dem Weg des Modellernens (Nachahmung ängstlichen elterlichen Verhaltens durch das Kind, vgl. Windheuser, 1977) erworben werden.

Retrospektive Studien an erwachsenen Sozialphobikern: Hier zeigte sich, daß Sozialphobiker verglichen mit Agoraphobikern einen oder beide Elternteile eher für überbehütend und für stärker zurückweisend hielten (Arindell, Emmelkamp, Monsma & Brilman, 1983; Arindell, Kwee, Methorst, Van der Ende, Pol & Moritz, 1989; Parker, 1979). Außerdem berichteten erwachsene Sozialphobiker, daß ihre Eltern soziale Aktivitäten mit anderen Familien weniger unterstützt, die (späteren) Patienten von neuen sozialen Erfahrungen abgehalten und großes Gewicht auf die Meinung anderer gelegt hatten (Bruch & Heimberg, 1994; Bruch, Heimberg, Berger & Collins, 1989). Ein Problem solcher retrospektiven Erhebungen sind allerdings verzerrende Erinnerungseffekte. Es muß bedacht werden, daß z. B. ein überbehütender Erziehungsstil auch eine Reaktion auf die soziale Angst des Kindes sein könnte.

Position in der Geschwisterreihe: Ein weiterer Aspekt, dem in der Forschung Beachtung geschenkt wurde, ist die Position schüchterner Kinder in der Geschwisterreihe. Zimbardo (1977) zufolge zeigen Einzel- und erstgeborene Kinder eine größere Tendenz, schüchtern zu sein. Diese Vermutung wird von Befunden Asendorpfs (1986) gestützt. In Übereinstimmung mit Zimbardo führt Asendorpf folgende Erklärungsmöglichkeiten für den Sachverhalt an, daß Erstgeborene unter den schüchternen Kindern überrepräsentiert sind: (1) Eltern haben höhere Erwartungen an Erstgeborene als an nachfolgende Kinder, so daß diese Kinder häufiger das Gefühl entwickeln, sie hätten sich sozial nicht adäquat verhalten. (2) Die nachgeborenen Kinder müssen, weil sie den erstgeborenen körperlich unterlegen sind, mehr soziale Fähigkeiten erwerben, um mit den älteren Geschwistern zu verhandeln.

Studien zur Auftretenshäufigkeit körperlicher Krankheit: Die Forschung hat sich auch der Frage gewidmet, ob schüchterne Kinder insgesamt häufiger krank sind. Ausgangspunkt für diese Forschung war die psychobiologische Überlegung von Buss (1980), daß Krankheitserfahrungen durch eine erhöhte Aufmerksamkeit auf internale Stimuli zu einer allgemein erhöhten Selbstaufmerksamkeit führen könnten, wie sie für erwachsene Sozialphobiker charakteristisch ist (z. B. Clark & Wells, 1995). Briggs und Cheadle (1986, zitiert nach Bruch, 1989) erhoben daher retrospektive Berichte der kindlichen Krankheitsgeschichte von 48 Studenten, die sie danach unterteilten, ob sie als Kind schüchtern gewesen waren oder nicht. Die Studenten, die als Kind schüchtern waren, berichteten von häufigeren Magenleiden, Schlafstörungen, Kopfschmerzen und Allergien in der Kindheit. Die Interpretationsrichtung dieser Befunde muß allerdings offen bleiben. Schüchternheit kann zu interaktionellen Problemen führen und könnte damit z.B. als chronische Streßquelle die Krankheitsanfälligkeit erhöhen. Ebenso könnte manches Krankheitsverhalten der Vermeidung von sozialen Situationen dienen, die assertives Verhalten erfordern. Und schließlich können häufige Krankheitserscheinungen des Kindes sich auch auf das elterliche Verhalten im Sinne von behütenden Verhaltensweisen auswirken, das seinerseits das Krankheitsverhalten oder auch schüchtern-zurückgezogenes Verhalten verstärkt.

6.5.1.3 Außerfamiliäre Lernerfahrungen

Im Hinblick auf außerfamiliäre Lernerfahrungen sind insbesondere Studien über Beziehungen zu Gleichaltrigen und über traumatische Erlebnisse bedeutsam. Auch außerfamiliäre Lernerfahrungen scheinen nach den Ergebnissen diese Studien die Entwicklung sozialer Ängste zu beeinflussen.

Beziehungen zu Gleichaltrigen: In retrospektiven Untersuchungen berichten schüchterne Erwachsene häufig von unangenehmen Erfahrungen mit Gleichaltrigen als Entwicklungsfaktor für Schüchternheit (Ishiyama, 1984; Vernberg, Abwender, Ewell & Berry, 1992). Doch ist die Frage der Kausalität wiederum unklar. Es könnte auch sein, daß die Alterskameraden die soziale Angst und den Rückzug eines Kindes als abweichend bewerten und daß sie auf das schüchterne Verhalten mit weniger Beachtung, Zurückweisung, möglicherweise auch mit Drangsalierung reagieren. Allerdings sind solche Reaktionsmuster sicherlich nicht einheitlich. So zeigen z.b. Untersuchungen einer amerikanischen Arbeitsgruppe (z. B. Coie & Dodge, 1983), daß Schüchterne von ihren Mitschülern/innen zwar wenig beachtet, nicht jedoch zurückgewiesen werden. Aufgrund der unterschiedlichen Geschlechtsrollenerwartungen ist es auch denkbar, daß soziale Angst bei Jungen auf mehr negative Reaktionen ihrer Kameraden (und Eltern) stößt als bei Mädchen (z.B. MacDonald, 1987). Kommt es zu verringerten Interaktionen mit Gleichaltrigen, kann die Folge mangelnde soziale Kompetenz sein, das Kind wird zunehmend ängstlicher und weniger gewandt in sozialen Situationen.

Traumatische Erlebnisse: Nach Öst (1987) berichteten 58% einer sozialphobischen Stichprobe, daß der Beginn ihrer Sozialphobie einem traumatischen Erlebnis folgte. Ganz ähnlich berichteten in einer Studie von Stemberger, Turner, Beidel und Calhoun (1995) 56% erwachsener Patienten mit einer spezifischen Sozialphobie und 40% derer mit einer generalisierten Sozialphobie spezifische traumatische Erlebnisse als Entwicklungsfaktor der Sozialphobie. Entsprechende Studien mit sozialphobischen Kindern gibt es unseres Wissens bislang nicht.

6.5.1.4 Fragestellung

Zur Entstehungsgeschichte und differenzierten Beschreibung der klinisch relevanten Sozialphobie gibt es bislang kaum Untersuchungen an Kindern. Auch ist nach wie vor ungeklärt, ob sich sozial ängstliche Kinder mit und ohne Diagnose einer Sozialphobie qualitativ oder quantitativ voneinander unterscheiden und ob sie spezifische Vorläufer- und Begleitsymptome aufweisen. In der vorliegenden Explorationsstudie wurden deshalb die Mütter sozial ängstlicher Kinder mit Diagnose einer Sozialphobie, sozial ängstlicher Kinder ohne Diagnose einer Sozialphobie und sozial nicht ängstlicher Kinder zu frühen und derzeitigen Verhaltensweisen ihrer Kinder befragt.

6.5.2 Hypothesen

1. Familiäre Häufung der sozialen Angst:

1.1 Die Eltern der sozial ängstlichen Kinder sind häufiger sozial ängstlich als die Eltern der sozial nicht ängstlichen Kinder.

1.2 Die Geschwister der sozial ängstlichen Kinder sind häufiger sozial ängstlich als die Geschwister der sozial nicht ängstlichen Kinder.

2. Allgemeine Vulnerabilität für Angststörungen:

2.1 Sozial ängstliche Kinder haben häufiger noch anderweitige Angststörungen als sozial nicht ängstliche Kinder.

3. Andere psychische Störungen:

3.1 Sozial ängstliche Kinder haben häufiger weitere psychische Störungen (neben der Angst) als sozial nicht ängstliche Kinder.

3.2 Familienangehörige von sozial ängstlichen Kindern haben häufiger psychische Störungen (außer der Angst) als Familienangehörige von sozial nicht ängstlichen Kindern.

4. Situationsspezifität der Übertragung der sozialen Angst:

4.1 Die sozialen Ängste der Kinder treten in den gleichen Situationen auf wie die sozialen Ängste der Mütter.

5. Geschlechtsabhängigkeit der Übertragung

5.1   In Familien sozial ängstlicher Kinder berichten häufiger die Väter sozial ängstlicher Söhne und die Mütter sozial ängstlicher Töchter von sozialen Ängsten als umgekehrt.

6. Temperamentseigenschaften der Kinder

6.1.1 Sozial ängstliche Kinder zeigten im Säuglingsalter ein ruhigeres Verhalten als sozial nicht ängstliche Kinder.

6.1.2 Sozial ängstliche Kinder zeigten im Säuglingsalter ein anschmiegsameres Verhalten als sozial nicht ängstliche Kinder.

6.2.1 Sozial ängstliche Kinder zeigen zu Hause ein ruhigeres Verhalten als sozial nicht ängstliche Kinder.

6.2.2 Sozial ängstliche Kinder zeigen zu Hause ein zurückgezogeneres Verhalten als sozial nicht ängstliche Kinder.

6.2.3 Sozial ängstliche Kinder zeigen zu Hause ein friedlicheres Verhalten als sozial nicht ängstliche Kinder

6.3.1 Sozial ängstliche Kinder zeigen in der Schule ein ruhigeres Verhalten als sozial nicht ängstliche Kinder.

6.3.2 Sozial ängstliche Kinder zeigen in der Schule ein zurückgezogeneres Verhalten als sozial nicht ängstliche Kinder.

6.3.3 Sozial ängstliche Kinder zeigen in der Schule ein friedlicheres Verhalten als sozial nicht ängstliche Kinder

7. Buss' (1980) Modell zur Selbstaufmerksamkeit:

7.1   Die Mütter sozial ängstlicher Kinder sorgen sich stärker über die Meinung anderer Leute als die Mütter von sozial nicht ängstlichen Kindern.

7.2   Sozial ängstliche Kinder sind verträumter als sozial nicht ängstliche Kinder.

7.3   Sozial ängstliche Kinder führen mehr Selbstgespräche als sozial nicht ängstliche Kinder.

7.4   Sozial ängstliche Kinder grübeln stärker, was andere über sie denken, als sozial nicht ängstliche Kinder.

7.5   Sozial ängstliche Kinder zeigen weniger Gefühle als sozial nicht ängstliche Kinder.

7.6   Sozial ängstliche Kinder erröten häufiger, wenn sie verlegen werden, als sozial nicht ängstliche Kinder.

8. Geschwisterposition

8.1   Sozial ängstliche Kinder sind häufiger Einzelkinder oder Erstgeborene als sozial nicht ängstliche Kinder.

9. Belastende Erlebnisse

9.1   Soziale Angst im Kindesalter nimmt ihren Ausgangspunkt häufig von belastenden Erlebnissen.

10. Krankheitsgeschichte

10.1 Sozial ängstliche Kinder haben häufiger Krankheiten als sozial nicht ängstliche Kinder.

10.2 Sozial ängstliche Kinder haben häufiger atopische Allergien, wie z. B. Heuschnupfen, als sozial nicht ängstliche Kinder.

11. Entwicklungsauffälligkeiten

11.1 Sozial ängstliche Kinder zeigen häufiger Entwicklungsauffälligkeiten als sozial nicht ängstliche Kinder.

Für die sozialphobischen Kinder im Vergleich zu den sozial ängstlichen Kindern ohne Sozialphobie werden die gleichen Hypothesen aufgestellt.

6.5.3   Methodik

Stichprobe: Verglichen wurden die sozialphobischen (EG I) mit den sozial ängstlichen Kindern ohne Diagnose einer Sozialphobie (EG II) sowie die Gruppe sozial ängstlicher Kinder (EG I + EG II) mit der Gruppe sozial nicht ängstlicher Kinder (KG). Die Beschreibung der Stichproben erfolgte in Kapitel 6.4 (S. 99).

Erhebungsinstrumente: Mit den Müttern und den Kindern wurde (jeweils einzeln) das Diagnostische Interview Psychischer Störungen im Kindes- und Jugendalter (DIPS-K, Unnewehr, Schneider & Margraf, 1995) durchgeführt. Die Kinder füllten außer dem „Social Phobia and Anxiety Inventory" noch die „Social Anxiety Scale for Children - Revised" (s. Kapitel 5, S. 49) aus. Die Mütter wurden gebeten, einen selbst entworfenen Explorationsfragebogen auszufüllen, indem sie Auskunft zu frühen und derzeitigen Verhaltensauffälligkeiten ihres Kindes und zu ihren eigenen Ängste geben sollten. Außerdem wurden sie gebeten, die Schüchternheit des biologischen Vaters des Kindes einzuschätzen. Zur Kennzeichnung ihrer eigenen Person füllten sie ferner die Fragebögen „Fear of Negative Evaluation (FNE, Watson & Friend, 1969)", „Social Phobia Scale (SPS)" und „Social Interaction Anxiety Scale (SIAS)" (Mattick & Clarke, 1989) aus.

Zur statistischen Auswertung wurden Varianzanalysen und U - Tests durchgeführt.

6.5.4   Ergebnisse

6.5.4.1   Sozial ängstliche Kinder mit und ohne Diagnose einer Sozialphobie

Beim Vergleich sozial ängstlicher Kinder mit und ohne Diagnose einer Sozialphobie zeigte sich nur ein signifikanter Unterschied. Die sozial ängstlichen Kinder gingen im Vergleich zu den sozial nicht ängstlichen Kindern anfangs weniger gerne in den Kindergarten (EG I + EG II: M = .41, SD = .50; KG: M =

.71, $SD = .46$; $z = -2.39$, p ≤ .05). Im Gegensatz zu den sozial ängstlichen Kindern ohne Diagnose einer Sozialphobie veränderte sich dieses Verhalten bei den sozialphobischen Kindern auch nach der Anfangsphase nicht (EG I: $M = .56$, $SD = .51$, EG II: $M = .83$, $SD = .38$; $z = -1.97$, p ≤ .05). Außerdem leiden die Kinder mit einer Sozialphobie tendenziell häufiger unter Schlafstörungen (EG I: $M = .18$, $SD = .39$; EG II: $M = .03$, $SD = .17$; $z = -1.79$, p ≤ .07) als die Kinder ohne Sozialphobie.

6.5.4.2 Sozial ängstliche Kinder verglichen mit sozial nicht ängstlichen Kindern

Temperamentseigenschaften der Kinder: Verglichen mit der Kontrollgruppe werden die sozial ängstlichen Kinder auch zu Hause als ruhiger (EG I + EG II: $M = 1.10$, $SD = .85$; KG: $M = 1.52$, $SD = .59$; $z = -1.99$, p≤ .05) und zurückgezogener (EG I + EG II: $M = .89$, $SD = .81$; KG: $M = .33$, $SD = .48$; $z = 2.80$, p ≤ .005) beschrieben, nicht jedoch als weniger aggressiv. In der Schule sind das ruhige (EG I + EG II: $M = .40$, $SD = .61$; KG: $M = 1.62$, $SD = .58$; $z = -5.83$, p ≤ .001) und zurückgezogene Verhalten (EG I + EG II: $M = 1.18$, $SD = .72$; KG: $M = .26$, $SD = .45$; $z = -4.66$, p ≤ .001) im Vergleich zur Kontrollgruppe noch stärker ausgeprägt. Nach den Angaben der Mütter waren die sozial ängstlichen Kinder bereits im Säuglingsalter ruhiger (EG I + EG II: $M = .98$, $SD = .92$; KG: $M = 1.46$, $SD = .78$; $z = -2.10$, p ≤ .05) und anschmiegsamer (EG I + EG II: $M = 1.79$, $SD = .51$; KG: $M = 1.52$, $SD = .59$; $z = 2.25$, p ≤ .05) als die sozial nicht ängstlichen Kinder. Zudem gingen sie anfangs weniger gerne in den Kindergarten (EG I + EG II: $M = .41$, $SD = .50$; KG: $M = .71$, $SD = .46$; $z = -2.39$, p ≤ .05). Im Gegensatz zu den Kindern mit subklinischen sozialen Ängsten, also denen, die sozial ängstlich sind, aber nicht die Kriterien für eine Sozialphobie erfüllen, veränderte sich dieses Verhalten bei den sozialphobischen Kindern auch nach der Anfangsphase nicht (EG I: $M = .56$, $SD = .51$; EG II: $M = .83$, $SD = .38$; $z = -1.97$, p ≤ .05).

Selbstaufmerksamkeit: Die sozial ängstlichen Kinder werden von ihren Müttern als verträumter beschrieben (EG I + EG II: M = 1.74, SD = 1.14; KG: M = 1.04, SD = .75; z = -2.46, p ≤ .01), sie neigen tendenziell stärker zu Selbstgesprächen (EG I + EG II: M = .96, SD = 1.17; KG: M = .42, SD = .58; z = -1.79, p = .07). Auch grübeln sie stärker darüber, was andere von ihnen denken (EG I + EG II: M = 1.91, SD = .96; KG: M = 1.21, SD = .83; z = -2.94, p ≤ .01). Sie zeigen jedoch nach Einschätzung der Mütter nicht seltener Gefühle. Tendenziell erröten die sozial ängstlichen Kinder, wenn sie verlegen werden, häufiger als die sozial nicht ängstlichen Kinder (EG I + EG II: M = 1.74, SD = 1.08; KG: M = 1.28, SD = .79; z = -1.81, p ≤ .07).

Häufigkeiten psychischer Probleme des Kindes: Nach Einschätzung der Mütter mit Hilfe des DIPS-K liegen bei den sozial ängstlichen Kindern mehr (subklinische oder klinische) psychische Probleme vor als bei den sozial nicht ängstlichen Kindern (Tabelle 6.5 und Tabelle 6.6).

Tabelle 6.5 Anzahl klinisch relevanter Störungen bei den Kindern (Komorbidität)

		Sozial-phobie (EG I)	subkl. soz. Angst (EG II)	Kontroll-gruppe (KG)
Stichprobengröße	n	*17*	*33*	*25*
Angststörungen (außer Zwangs-störung und Sozialphobie)	% (n)	29.41% (5)	15.15% (5)	0
Zwangsstörung	% (n)	5.88% (1)	0	0
Störung mit oppositionellem Trotzverhalten	% (n)	5.88% (1)	0	0
Aufmerksamkeits- und Hyper-aktivitätsstörung	% (n)	0	0	0
Depression	% (n)	11.76% (2)	0	0
Enuresis	% (n)	5.88% (1)	3.03% (1)	0
Teilleistungsschwäche	% (n)	11.76% (2)	6.06% (2)	4.0% (1)
Insgesamt	n	12	8	1

Tabelle 6.6 Anzahl subklinischer Auffälligkeiten bei den Kindern (Co-Occurrence)

		Sozial-phobie (EG I)	subkl. soz. Angst (EG II)	Kontroll-gruppe (KG)
Stichprobengröße	*n*	*17*	*33*	*25*
Ängste (außer sozialen Ängsten)	% (n)	82.35% (14)	21.21% (7)	12% (3)
Trotziges Verhalten	% (n)	5.88% (1)	18.18% (6)	0
Hyperaktives Verhalten	% (n)	5.88% (1)	6.06% (2)	0
Depressive Verstimmungen	% (n)	5.88% (1)	9.09% (3)	0
Teilleistungsschwäche	% (n)	11.76% (2)	21.21% (7)	0
Insgesamt	*n*	19	25	3

Entwicklungsauffälligkeiten: Die sozial ängstlichen Kinder haben im Laufe ihrer Entwicklung häufiger stark gefremdelt und Trennungsangst gezeigt als die sozial nicht ängstlichen Kinder (EG I + EG II: $M = .40$, $SD = .49$; KG: $M = .08$, $SD = .28$; $z = -2.85$, $p \leq .004$). Hinsichtlich sprachlicher oder motorischer Entwicklungsverzögerungen sowie einer schwierigen Schwangerschaft oder Geburt ließen sich dagegen keine Gruppenunterschiede erkennen.

Krankheiten: Die sozial ängstlichen Kinder sind nach Auskunft ihrer Mütter häufiger im Jahr krank als die sozial nicht ängstlichen Kinder (EG I + EG II: $M = 2.73$, $SD = 2.32$; KG: $M = 1.60$, $SD = 1.24$; $z = -2.07$, $p \leq .05$). Atopische Allergien werden allerdings nicht häufiger berichtet.

Selbstzuschreibung sozialer Ängste bei den Müttern: Die Mütter sozial ängstlicher Kinder beschreiben sich selbst - verglichen mit den Müttern sozial nicht ängstlicher Kinder - im Explorationsbogen als schüchterner (EG I + EG II: $M = 1.52$, $SD = .79$; KG: $M = 1.08$, $SD = .76$; $z = -2.47$, $p \leq .01$). Zudem zeigen ihre Angaben, daß sie (EG I + EG II: $M = 2.54$, $SD = 1.22$; KG: $M = 1.88$, $SD = 1.09$; $z = -2.49$, $p \leq .01$) und tendenziell auch der Vater (EG I + EG II: $M = 1.61$, $SD = 1.18$; KG: $M = 1.09$, $SD = .87$; $z = -1.73$, $p \leq .08$), schon in der Kindheit schüchterner waren als die Eltern sozial nicht ängstlicher Kinder. Auch in den Fragebögen SPS und SIAS beschreiben sie sich als ängstlicher in sozialen Situationen als die Mütter sozial nicht ängstlicher Kinder (Tabelle 6.2, SPS: $F(1, 73)$ = 5.69, p ≤ .05, SIAS: $F(1, 73)$ = 6.39, p ≤ .01).

Den Müttern der sozial ängstlichen Kinder ist es ihrer Einschätzung nach nicht wichtiger, daß andere Leute gut finden, was sie tun, als den Müttern der sozial nicht ängstlichen Kinder. Es ist ihnen jedoch unangenehmer, wenn jemand sie ablehnt, auch wenn dieser Mensch keine Bedeutung für sie hat (EG I + EG II: M = 1.58, SD = .99; KG: M = 1.20, SD = .58; z = -1.95, p ≤ .05).

Die Geschwister der sozial ängstlichen Kinder werden von ihren Müttern ebenfalls häufiger als schüchtern beschrieben als die der sozial nicht ängstlichen Kinder (EG I + EG II: M = .59, SD = .79; KG: M = .20, SD = .41; z = -2.14, p ≤ .05).

Die Häufigkeit der psychischen Auffälligkeiten bei Familienangehörigen ist in Tabelle 6.7 aufgeführt. Es läßt sich eine größere Häufigkeit von psychischen Auffälligkeiten bei den sozial ängstlichen Stichproben verglichen mit der Kontrollgruppe erkennen. Die Anzahl der berücksichtigten Familienangehörigen sowie das Ausmaß der angegebenen Auffälligkeiten wurden jedoch nicht erfaßt, so daß dazu keine statistischen Aussagen gemacht werden.

Tabelle 6.7 Anzahl psychischer Störungen bei den Familienangehörigen der Kinder

		Sozial-phobie (EG I)	subkl. soz. Angst (EG II)	Kontroll-gruppe (KG)
Stichprobengröße	n	17	33	25
Angststörungen	n	3	7	4
Depressive Störungen	n	5	11	3
Alkoholprobleme	n	4	3	4
Somatoforme Störungen	n	1	0	0
Eßstörungen	n	1	2	1
Suizid und Suizidversuche	n	2	2	1
Psychotische Störungen	n	0	1	0
Insgesamt	n	**16**	**26**	**13**

Übereinstimmung zwischen den spezifischen sozialen Ängsten von Müttern und Kind: Bei den Situationen „Angst vor Parties" ($r = .46$, $p \leq .001$) und „Sich mit anderen treffen" ($r = .38$, $p \leq .009$) bestehen signifikante Korrelationen zwischen dem Ausmaß der sozialen Angst des Kindes und ihrer Mütter. Keine signifikanten Zusammenhänge bestehen dagegen bei den Situationen „Vor Gruppen sprechen", „Vor anderen schreiben" und „Mit Autoritätspersonen sprechen".

Geschlechtsabhängigkeit der Übertragung der sozialen Angst: Vermutet wurde, daß die Väter sozial ängstlicher Söhne und die Mütter sozial ängstlicher Töchter häufiger selbst sozial ängstlich sind als umgekehrt. Diese Zusammenhänge zeigten sich nicht. Vielmehr berichteten entgegen der Erwartung mehr Mütter von sozial ängstlichen Söhnen als von Töchtern, daß sie in ihrer Kindheit selbst schüchtern gewesen seien (EG I + EG II: $M = 2.79$, $SD = 1.21$; KG: $M = 2.19$, $SD = 1.17$; $z = -2.02$, $p \leq .05$).

Position in der Geschwisterreihe: Die sozial ängstlichen Kinder sind nicht häufiger Einzelkinder oder Erstgeborene als die sozial nicht ängstlichen Kinder.

Belastende Erlebnisse: Nur 12 der insgesamt 50 Mütter von sozial ängstlichen Kindern gaben belastende Erlebnisse als Einflußfaktor für die Entstehung der sozialen Ängste ihrer Kinder an. Genannt wurden: Verlust von Bezugspersonen (z.B. Scheidung der Eltern, Ende einer Freundschaft mit Gleichaltrigen, häufiger Gruppenwechsel im Kindergarten), Abweisung durch andere (z.B. vom Spiel anderer Kinder ausgeschlossen zu werden, abweisende Lehrer oder Erzieher), körperliche Auffälligkeiten (z.B. durch Neurodermitis oder Übergewicht), die zur Abweisung führen könnten, und belastende Familiensituationen (z.B. häufige Streitigkeiten).

6.5.5   Diskussion

Dieser Studie liegen in erster Linie Aussagen von Müttern über ihre sozial ängstlichen bzw. nicht ängstlichen Kinder zugrunde, wobei die Fragen sich auf die gesamte bisherige Entwicklung des Kindes beziehen. Es handelt sich also weitgehend um retrospektiv erhobene Daten. Wenngleich die erfragten Sachverhalte sehr viel weniger weit zurückliegen als bei Befragungen erwachsener Sozialphobiker nach ihrer eigenen Kindheit, bleiben verzerrende Erinnerungseffekte nicht

Methodik

aus, denn Mütter suchen nach Erklärungen dafür, warum ihre Kinder sozial ängstlicher sind als andere Kinder. Auch Halo-Effekte sind nicht auszuschließen. Die Befunde müssen also mit entsprechender Vorsicht betrachtet werden.

Sozial ängstliche Kinder mit und ohne Diagnose einer Sozialphobie. Es läßt sich nur ein signifikanter Unterschied bei den erfragten frühen und derzeitigen Symptomen zwischen sozial ängstlichen Kindern mit und ohne Diagnose einer Sozialphobie erkennen. Im Umgang mit neuen sozialen Situationen, wie z. B. die erste Zeit im Kindergarten, unterschieden sich die Kinder mit Sozialphobie schon früh von den Kindern mit subklinischer sozialer Angst, also denen, die zwar auch sozial ängstlich sind, aber nicht die Kriterien für eine Sozialphobie erfüllen. Vielen der zur Zeit der Untersuchung sozialphobischen Kinder war eine Eingewöhnung in den Kindergarten auch nach der Anfangsphase weiterhin schwer gefallen, während dies bei den Kindern, deren soziale Ängste ein subklinisches Ausmaß hatten, nicht der Fall war. Konnten die Kinder, die keine Sozialphobie entwickelten, schneller exploratives Verhalten zeigen und so in der neuen Situation positive Erfahrungen sammeln? Stopa und Clark (1993) postulierten eine solche Differenzierung zwischen Schüchternheit und Sozialphobie: Sie vermuten, daß Schüchterne mit ähnlichen Gefühlen in soziale Situationen gehen wie Sozialphobiker, daß sie dann aber überprüfen, was tatsächlich passiert, z. B. ob sich die Personen überhaupt abweisend verhalten oder nicht. Asendorpf (1993) entwickelte ein Zweifaktorenmodell zur Gehemmtheit in der Kindheit. Interindividuelle Differenzen in der Gehemmtheit werden u. a. auf unterschiedliche Bewältigungsstrategien, mit ängstigenden Situationen umzugehen, zurückgeführt. Diese Annahme ist möglicherweise auf die Entwicklung der Sozialphobie übertragbar.

Hinsichtlich der anderen erfragten Vorläufer- und Begleitsymptome scheint es keine starken Unterschiede in der Entwickung sozial ängstlicher Kinder mit und ohne Sozialphobie zu geben. Allerdings schränkt die geringe Stichprobengröße der sozialphobischen Gruppe (n = 17, 23% der Gesamtstichprobe) die Interpretierbarkeit der Daten ein.

Sozial ängstliche Kinder verglichen mit sozial nicht ängstlichen Kindern. Die übrigen Befunde dieser Studie bestätigen z. T. einige frühen und begleitenden Symptome zur sozialen Angst, wie sie auch in anderen Studien gefunden wurden. So reagieren die sozial ängstlichen Kinder nach Auskunft ihrer Mütter

117

auch von ihrem **Temperament** her zurückhaltend auf neue Situationen. Bereits im Säuglingsalter waren sie ruhiger als die Kontrollkinder. Später zeigten sie ein stärkeres Ausmaß an Fremdeln und Trennungsangst, das den Umgang mit neuen Sozialsituationen schwierig gestaltete. Außerdem waren sie bereits im Säuglingsalter anschmiegsamer als die Kontrollkinder, zeigten weniger Explorationsverhalten und suchten nach mehr Nähe und Körperkontakt. Fremdheit rief bei ihnen im Vergleich zu sozial nicht ängstlichen Kindern schon früh stärkere Angst hervor. Vermutlich wurde hierdurch das Explorationsverhalten gehemmt.

Verschiedene Autoren postulieren, daß eine erhöhte **Selbstaufmerksamkeit** ein wesentlicher Aspekt der Sozialphobie ist (z.B. Buss, 1980; Clark & Wells, 1995; Hope, Gansler & Heimberg, 1989; Hope & Heimberg, 1988; Schlenker & Leary, 1982). Tatsächlich kann nach Ergebnissen unserer Studie bei den sozial ängstlichen Kindern indirekt auf eine erhöhte Selbstaufmerksamkeit geschlossen werden: (1) Sie führen nach Angaben ihrer Mütter häufiger Selbstgespräche, d.h. die Aufmerksamkeit ist auf die eigene Person als „Gesprächspartner" gerichtet. (2) Sie grübeln häufiger darüber, was andere von ihnen denken: Auch solches Grübeln impliziert, daß ihre Aufmerksamkeit häufiger auf die eigene Person gerichtet ist. Durch die verstärkte Ausrichtung der Aufmerksamkeit auf die eigene Person wird möglicherweise die Außenwelt gelegentlich nicht hinreichend differenziert wahrgenommen. So könnten z. B. die eigenen sozialen Ängste stärker wahrgenommen werden, während das Überprüfen, wie andere Menschen sich tatsächlich der eigenen Person gegenüber verhalten, in den Hintergrund tritt. Dadurch können die eigenen Befürchtungen bezüglich der negativen Reaktionen der Umwelt nicht widerlegt werden und der bedrohliche Charakter der Situationen bleibt erhalten.

Möglicherweise wird die Selbstaufmerksamkeit durch eine physiologische Auffälligkeit begünstigt: Sozial ängstliche Kinder zeigen nach unseren Befunden die Tendenz, häufiger zu erröten. Dieser körperliche Zustand, der speziell in sozialen Situationen auftritt, betrifft das äußere, von anderen sichtbare Erscheinungsbild und wird die Aufmerksamkeit mit erhöhter Wahrscheinlichkeit speziell in diesen Situationen auf die eigene Person lenken. Die sozial ängstlichen Kinder sind auch häufiger krank als die sozial nicht ängstlichen. Da Krankheiten wie Magenschmerzen jedoch äußerlich nicht sichtbar sind, vermuten wir für jene Fälle, in denen die Symptomatik nicht systematisch mit dem sozialen Kontext variiert, daß sie nicht in sozialphobie-relevanter Weise die Selbstaufmerksamkeit der Kinder erhöhen. Vielmehr können häufige Krankheiten z.b. auch Gelegenheiten zu unbeschwerter Interaktion mit Gleichaltrigen reduzieren und beschützendes Verhalten der Eltern fördern und auf diesen Wegen zur Entwicklung sozialer Ängste beitragen.

Bei den sozial ängstlichen Kindern liegt eine erhöhte Vulnerabilität für **weitere psychische Probleme** vor. Epidemiologische Untersuchungen von Wittchen und Vossen (1996) zeigen, daß insbesondere die Angststörungen untereinander eng verbunden sind. Reine Störungen sind im allgemeinen bei einer Lebenszeitbetrachtung außerordentlich selten (Wittchen & Vossen, 1996). Auffällig bei den Ergebnissen unserer Studie ist, daß das sozial ängstliche Verhalten oppositionell trotzige Reaktionen nicht ausschließt. Es kommt vielmehr häufig zusammen mit sozialer Angst vor.

Die erhöhte **Selbstzuschreibung sozialer Ängste** bei den Müttern sozial ängstlicher Kinder ist auch in anderen Studien beschrieben worden. In dieser Studie zeigten sowohl die Eltern als auch die Geschwister nach Angaben der Mütter eine höhere soziale Angst als die Eltern und Geschwister sozial nicht ängstlicher Kinder. Bislang unberücksichtigt blieb, ob eine Übereinstimmung zwischen den spezifischen sozialen Ängsten von Mutter und Kind besteht. Die in dieser Studie gefundene Übereinstimmung läßt vermuten, daß **innerfamiliäre Lernerfahrungen** an der Entwicklung sozialer Angst einen maßgeblichen Anteil haben können. Es ist denkbar, daß die Kinder das Verhalten ihrer Eltern auf dem Wege des Modellernens übernehmen, oder daß sie es durch Instruktionen und/oder spezielle Verstärkerkontingenzen erlernen (vgl. Florin & Fiegenbaum, 1990). Eltern mit starken Vermeidungsverhalten werden ihre Kinder sicherlich weniger ermuntern, sich sozialen Situationen auszusetzen und ihnen bei Konfrontationsversuchen mit gefürchteten Situationen weniger Sicherheitssignale bieten. Es ist denkbar, daß Eltern für das ihnen selbst so vertraute ängstliche Verhalten des Kindes viel Verständnis haben und Angstreaktionen des Kindes durch besorgte Zuwendung differentiell verstärken (vgl. Florin & Fiegenbaum, 1990). Die beobachtete Übereinstimmung der spezifischen sozialen Angst bei Mutter und Kind ließe sich in diesem Sinne erklären. Korrelationen bestehen hier nur bei den Situationen „Einladungen zu Parties" und „Treffen mit anderen Menschen", nicht dagegen für Situationen wie „in der Öffentlichkeit schreiben" oder „sich mit Autoritätspersonen auseinandersetzen". Dies erscheint plausibel, denn in beiden Fällen handelt es sich um alltägliche Situationen, die häufiger auftreten. Entsprechend ist hier das Verhalten der Eltern für die Kinder leichter beobachtbar und die Chancen für Verhaltensinstruktionen und wiederholte Verstärkung sozial ängstlichen Verhaltens sind ebenfalls größer als in eher seltenen Situationen wie Auseinandersetzungen mit Autoritätspersonen.

Eine **Geschlechtsabhängigkeit** bei einer Transmission ließ sich nicht eindeutig erkennen. Einschränkend ist hierzu anzumerken, daß die Väter nicht selbst zu ihren sozialen Ängste befragt wurden. Die Kontaktzeiten beider Eltern mit ihrem Kind wurden leider nicht erfaßt.

Bei der **Position in der Geschwisterreihe** zeigen sich keine signifikanten Gruppenunterschiede.

Außerfamiliäre Lernerfahrungen scheinen unseren Ergebnissen nach für die Entstehung kindlicher sozialer Angst von geringerer Bedeutsamkeit zu sein als es in Studien mit erwachsenen Sozialphobikern berichtet wird (Öst, 1987; Stemberger, Turner, Beidel & Calhoun, 1995). Gelegentlich wird der tatsächliche oder befürchtete Verlust einer Bezugsperson oder eine Abweisung als Einflußfaktor genannt. In den meisten Fällen jedoch wird von den Müttern keine Situation erinnert, die die sozialen Ängste ihres Kindes verstärkte oder hervorrief. Dies schließt jedoch nicht aus, daß außerfamiliäre Lernerfahrungen eine größere Rolle bei der Aufrechterhaltung der Ängste spielen können.

Ein Schwachpunkt der vorliegenden Studie ist darin zu sehen, daß sie sich lediglich auf subjektive Daten stützt und daß sie die Entwicklung des Kindes nur über die Erinnerung der Mutter erfaßt. Längsschnittstudien, die auch die Möglichkeit direkter Verhaltensbeobachtung nutzen, sind die Methode der Wahl, um zu besser gesicherten und differenzierteren Aussagen über die Entwicklung sozialer Angst zu gelangen. Die Befunde der vorliegenden Studie sind aus den genannten Gründen als vorläufig zu betrachten.

6.5.6 Zusammenfassung

Neunundvierzig Mütter sozial ängstlicher Kinder (17 hatten die Diagnose einer Sozialphobie) und 25 Mütter sozial nicht ängstlicher Kinder wurden mit Hilfe von Fragebogen zu Vorläufer- und Begleitsymptomen der Ängste ihrer Kinder, zu eigenen Ängsten, zu Ängsten der Geschwister und des biologischen Vaters des Kindes befragt. Die Gruppen der sozial ängstlichen Kinder mit und ohne Diagnose einer Sozialphobie unterschieden sich hinsichtlich der Vorläufer- und Begleitsymptome ihrer sozialen Ängste nach Auskunft der Mütter kaum voneinander. Die sozial ängstlichen Kinder waren im Vergleich zu den sozial nicht ängstlichen bereits im Säuglingsalter ruhiger und anschmiegsamer und zeigten später länger andauernde Schwierigkeiten, sich an den Kindergarten zu gewöhnen. Außerdem führten sie mehr Selbstgespräche und waren grüblerischer, Merkmale, die auf eine erhöhte Selbstaufmerksamkeit hinweisen könnten. Darüber hinaus ließ sich eine Übereinstimmung zwischen den spezifischen sozialen Ängsten von Mutter und Kind erkennen.

6.6 Ablauf der experimentellen Untersuchungsreihe

An einem zweiten Termin wurden die experimentellen Studien - wiederum in den Räumen des Fachbereichs Psychologie der Philipps-Universität Marburg - durchgeführt. Dieselbe Versuchsleiterin, die auch die diagnostische Untersuchung des Kindes durchgeführt hatte, leitete die Experimente. Insgesamt gab es vier sich abwechselnde Versuchleiterinnen.

Jedes Kind nahm im Einzelversuch an drei Studien teil. Um die Einflußmöglichkeit vorangehender Studien auf nachfolgende einzuschränken, wurde keine systematische Reihenfolgevariation der Studien vorgenommen. Zunächst wurde eine Studie zum spontanen Emotionsausdruck durchgeführt, bei dem die Kinder während eines Puzzles und während der Betrachtung eines Films auf Video aufgenommen wurden. Die Kinder konnten hier noch nicht ahnen, daß der Forschungsschwerpunkt auf dem mimischen Emotionsausdruck lag. Anschließend wurde eine Studie zum willentlichen Emotionsausdruck durchgeführt, bei der die Kinder instruiert wurden, bestimmte Emotionsausdrücke mimisch zu produzieren. Als letztes wurde eine Emotionserkennungsaufgabe durchgeführt. Diese Reihenstellung hatte den Vorteil, daß die Kinder bei der vorangehenden willentlichen Produktion von Emotionsausdrücken von den Modellvorgaben der Emotionserkennungsaufgabe unbeeinflußt waren.

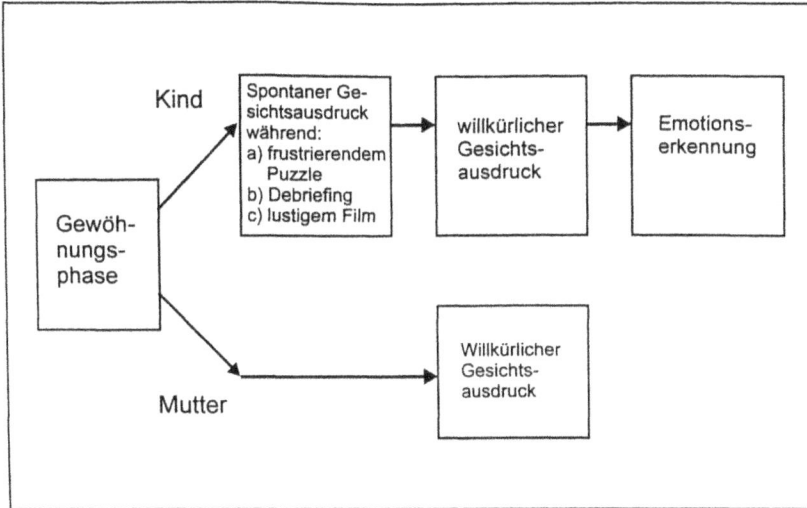

Abbildung 6.2 Ablauf der experimentellen Untersuchung

6.7   Statistische Auswertung

So weit wie möglich wurden multivariate Varianzanalysen durchgeführt. Ein Vorteil multivariater Verfahren ist die exakte Einhaltung der Größe des Alpha-Fehlers, d.h. es besteht nicht die Gefahr der Alpha-Inflation. Es wurden auch dann multivariate Varianzanalysen berechnet, wenn die Voraussetzungen der Normalverteilung und der Varianzhomogenität nicht erfüllt waren. Zum einen sind multivariate Varianzanalysen gegen Verletzung dieser beiden Voraussetzungen robust (Stevens, 1992). Zum anderen ist der damit verbundene Fehler geringer als jener, der bei einer großen Anzahl der alternativ einzusetzenden nonparametrischen Verfahren entstehen würde.

7.   DIE FÄHIGKEIT ZUM MIMISCHEN EMOTIONSAUSDRUCK BEI SOZIAL ÄNGSTLICHEN KINDERN

Aufgrund unsystematischer Beobachtungen wird häufig berichtet, daß sozial ängstliche Menschen wenig oder einen schwer interpretierbaren Gesichtsausdruck zeigten. Izard und Huyson (1986) vermuten, daß dieser Mangel an mimischer Bewegung der Motivation von Schüchternheit entspricht. Schüchterne versuchten, Emotionen nicht zu erkennen zu geben. Auch schüchterne nonverbale Verhaltensmuster bewirkten, daß sich die Möglichkeit für emotionalen Austausch in Interaktionen reduziere.

7.1   Studie 1: Der willentliche mimische Emotionsausdruck bei sozial ängstlichen Kindern und ihren Müttern

7.1.1   Einleitung

7.1.1.1   Fragestellung

Nonverbales Verhalten ist von erheblicher Bedeutung für die soziale Interaktion. In natürlichen sozialen Interaktionen kommt es nicht nur zu spontanem, sondern auch zu willentlichem mimischen Ausdruck (Ekman, 1984). Letzterer dient der Selbstdarstellung, zum anderen signalisiert er die emotionale Haltung, die man seinem Interaktionspartner entgegenbringt (z. B. Ablehnung, Ärger oder Wohlwollen). Sozial ängstliche Kinder haben eine sehr geringe Selbstdarstellungstendenz, und sie haben ausgeprägtere Angst vor negativer Bewertung durch andere. Daher läßt sich vermuten, daß sie ihre Emotionen mimisch weniger zu erkennen geben als sozial nicht ängstliche Kinder. Der willentliche mimische Emotionsausdruck sozial ängstlicher Kinder könnte also eine Auswirkung der sozialen Angst sein. Andererseits ist es auch denkbar, daß ein Defizit in der Fähigkeit zum mimischen Emotionsausdruck besteht, das gehäuft zu Mißverständnissen und Frustrationen in Interaktionssituationen führt und dadurch die Ausbildung sozialer Angst begünstigt.

Die mimische Ausdrucksfähigkeit ist zum Teil angeboren (vgl. Ekman,1988). Doch spielt auch das Lernen eine wesentliche Rolle. Die willentliche mimische

Ausdrucksfähigkeit entwickelt sich vor allem in der Zeit bis zur mittleren Kindheit, sie ist aber auch bei Neunjährigen noch nicht voll ausgebildet. Selbst Dreizehn-jährige zeigen noch Schwierigkeiten, bestimmte negative Emotionen wie Furcht, Traurigkeit und Ärger willentlich auszudrücken (Ekman, Roper & Hager, 1980). Inwieweit die Stärke der sozialen Angst das Ausmaß mitbestimmt, in dem die Kinder fähig sind, ihre Emotionen willentlich auszudrücken, ist unklar.

Obwohl der willentliche mimische Emotionsausdruck offensichtlich eine große Bedeutung für soziale Interaktionen hat, wurde dieser Aspekt bislang bei sozial ängstlichen Kindern nicht systematisch erforscht. Ziel dieser Studie ist es zu un-tersuchen, ob sozial ängstliche Kinder Defizite in ihrer willentlichen mimischen Emotionsausdrucksfähigkeit zeigen. Um Hinweise auf mögliche Transmissionsef-fekte zu gewinnen, soll auch die mimische Ausdrucksfähigkeit der Mütter erfaßt werden.

Eine Fragestellung dieser Untersuchung bezieht sich darauf, wie Mitmenschen mimischen Emotionsausdruck bei sozial ängstlichen Kindern und ihren Müttern im Vergleich zu sozial nicht ängstlichen Kindern und deren Müttern wahrnehmen. Diese Frage hat Relevanz für interaktionelle Aspekte. Sie kann mit Hilfe von Glo-balratings beantwortet werden, denn Globalratings von mimischen Emotionsaus-drücken entsprechen der Ausdrucksfähigkeit, wie sie von Interaktionspartnern im Alltagsleben wahrgenommen werden kann. Liegt tatsächlich, wie vermutet, eine mangelnde Präzision im mimischen Emotionsausdruck der sozial ängstlichen Kinder und ihrer Mütter vor, stellt sich die Frage, ob sich diese Auffälligkeiten ob-jektivieren und differenzieren lassen. Diese Frage hat Relevanz für die For-schung. Aber auch im Hinblick auf mögliche Trainings für das mimische Emoti-onsausdrucksverhalten ist es notwendig, zu erfassen, wodurch eine mangelnde Präzision verursacht wurde. Nur dann lassen sich genaue Anleitungen ableiten, welche Muskelbewegungen gezeigt werden sollten.

7.1.1.2   Hypothesen

Es werden folgende Hypothesen aufgestellt:

Sozial ängstliche verglichen mit sozial nicht ängstlichen Kindern zeigen bei den willentlichen Emotionsausdrücken

1. weniger Präzision und damit schlechtere Erkennbarkeit.
2. ein kleineres Repertoire an mimischen Bewegungen.
3. eine niedrigere Gesamtzahl an mimischen Bewegungen.
4. eine in der Intensität geringere mimische Ausdrucksfähigkeit.
5. häufiger andersartige mimische Bewegungen, die keinem Emotionsausdruck zugeordnet werden können.
6. eine schlechtere Selbsteinschätzung ihrer Darstellungsfähigkeit.

Ebenso unterscheiden sich die Mütter sozial ängstlicher Kinder von den Müttern sozial nicht ängstlicher Kinder. Beim Vergleich sozial ängstlicher Kinder mit vs. ohne Sozialphobie wird ein quantitativer Unterschied vermutet: Sozialphobische Kinder zeigen eine stärkere Ausprägung der Defizite und Abweichungen im willentlichen mimischen Emotionsausdruck als sozial ängstliche Kinder ohne Sozialphobie.

7.1.2   Methodik

7.1.2.1   Stichproben

Die Beschreibung der Stichproben erfolgt in Kapitel 6.4 (S. 99).

7.1.2.2   Versuchsablauf

Detaillierte Ausführungen über den Ablauf der drei experimentellen Studien sind diesem Kapitel vorangestellt (s. Kapitel 6.4, S. 99).

Kinder und Mütter nahmen einzeln an der Untersuchung teil. Sie wurden aufgefordert, folgende mimische Ausdrücke willentlich zu zeigen: Neutralität, Freude, Überraschung, Ekel, Angst, Traurigkeit und Ärger. Die Reihenfolge dieser mimi-

schen Ausdrücke blieb über alle Versuchspersonen unverändert. Die Versuchsleiterin, die mit dem Kind bzw. der Mutter im Untersuchungsraum war, gab die
Instruktion, ein fröhliches (ärgerliches, ...) Gesicht zu machen. Zeigte die Versuchsperson keinen entsprechenden mimischen Ausdruck, konnte sie einen
zweiten Versuch machen. Die Versuchsleiterin sagte in diesem Fall etwa: „Mache
ein Gesicht, als hättest Du etwas sehr Schönes (Ärgerliches,...) erlebt". Der
mimische Ausdruck wurde gefilmt. Es wurde keine Rückmeldung darüber gegeben, wie gut er gelungen war. Nachdem die Versuchspersonen versucht hatten, alle mimischen Ausdrücke willentlich zu zeigen, wurden ihnen die einzelnen
Videosequenzen vorgespielt. Sie sollten auf einer Skala von 1 („gar nicht") bis 5
(„sehr gut") einschätzen, wie gut sie den jeweils geforderten mimischen Ausdruck
getroffen hatten.

7.1.2.3 Auswertung

Wurden von den Versuchspersonen zwei Versuche unternommen, einen mimischen Ausdruck willentlich zu zeigen, wurde derjenige Versuch, der den geforderten Ausdruck nach den Kriterien von Ekman und Friesen (1978; Friesen &
Ekman, unveröffentlicht) am deutlichsten zeigte, ausgewählt. Von den Videosequenzen wurde jeweils der „Apex", das ist der Moment der stärksten Muskelbewegung, ausgewertet (zur Bestimmung des Apex s. Ekman & Friesen, 1978).

Die Gesichtsausdrücke wurden auf zwei Arten ausgewertet:

Subjektives Globalrating: Für das Globalrating wurden die ausgewählten Ein-
zelbilder der verschiedenen mimischen Ausdrücke digitalisiert und auf einem
Computerbildschirm dargeboten. Zweiundzwanzig Psychologiestudentinnen und -
studenten des zweiten Semesters (17 Frauen und 5 Männer), die die Fragestellung der Untersuchung und die Gruppenzugehörigkeit der Versuchspersonen
nicht kannten, wurden gebeten, die Bilder einzuschätzen. Anhand von acht vorgegebenen Kategorien (neutraler Ausdruck, Freude, Überraschung, Ekel, Angst,
Traurigkeit, Ärger oder nichts von alledem) sollten sie per Tastendruck jedem Bild
den Ausdruck zuordnen, von dem sie annahmen, daß die Versuchsperson ihn
gezeigt hatte. Jedes Bild erhielt auf einer Skala von 0 bis 22 einen Wert, der mit
der Anzahl der Rater, die eine andere als die eigentlich beabsichtigte Emotion

einschätzten, gleich war. Dementsprechend bedeutet ein hoher Wert eine niedrige Genauigkeit der mimischen Darstellung.

Objektives Kodiersystem: Zur objektiven Messung der Ausdrucksaspekte emotionalen Verhaltens würden sich elektromyographische Techniken (EMG) anbieten. Problematisch ist allerdings, daß eine EMG-Ableitung der hoch differenzierten Ausdrucksmuster mit den üblicherweise benutzten großflächigen Oberflächenelektroden, die oft die Aktivität mehrerer Muskeln erfassen, kaum zu bewerkstelligen ist. Der Einsatz von Nadelelektroden wird wiederum dadurch beeinträchtigt, daß eine Vielzahl kleiner und kleinster mimischer Muskeln am emotionalen Geschehen beteiligt sind, die durch die Elektroden beeinflußt und beeinträchtigt werden könnten. Wegen dieser Meßproblematik werden in der Emotionsforschung häufig Kodier- oder Beschreibsysteme zur Verhaltensanalyse verwendet, bei denen als Meßinstrument der menschliche Beobachter dient. Das von Ekman und Friesen (1978) vorgelegte **Facial Action Coding System (FACS)** ist in der Forschung am weitesten verbreitet. Es wurde auch in der vorliegenden Studie eingesetzt. Es gibt eine Vielzahl weiterer Beschreibungssysteme, die jedoch weniger differenziert sind und vom Beobachter einen höheren Interferenzgrad verlangen, da auf zugrundeliegende Emotionen geschlossen werden muß (Blurton-Jones, 1971; Ekman, 1982; Ekman & Friesen, 1975; Grant, 1969; Izard, 1979). Die objektive FACS-Kodierung hat den Vorteil, daß sie nicht von idiosynkratischen Emotionseinschätzungen subjektiver Rater abhängig ist. Mit dem FACS werden nicht die Emotionen, sondern Muskelbewegungen kodiert. Außerdem ermöglicht das FACS, Gesichtsbewegungen wahrzunehmen, die bei weniger detaillierten Verfahren übersehen werden. Das FACS hat jedoch den Nachteil, daß es zur Bewertung spontaner Gesichtsausdrücke entwickelt wurde und somit möglicherweise bestimmte Ausdrucksmuster nicht identifizieren kann, die in Globalratings von den meisten Ratern als "gelungener" Ausdruck eingeschätzt wurden.

Das FACS basiert auf der Analyse der Muskelstrukturen, die dem Ausdrucksverhalten zugrundeliegen. Dazu werden insgesamt 44 sogenannte "Action Units" (AUs) unterschieden. Darunter versteht man die "kleinsten Einheiten" mimischen Verhaltens, die von einem geschulten Beobachter visuell noch unterscheidbar sind. Zusätzliche Kodierungen, die Kopf- und Augenbewegungen beschreiben, wurden außer bei der Emotion „Traurigkeit" in der Auswertung nicht berücksichtigt. Für einen traurigen Gesichtsausdruck kann der gesenkte Blick aber wesentliches Kennzeichen sein. Die Kodierung wurde von der Autorin und einer Projekt-mitarbeiterin anhand der Videoaufzeichnungen vorgenommen. Beide Auswerte-rinnen besaßen eine von Paul Ekman ausgestellte Lizenz zum Kodieren mit Hilfe des FACS. Sie kodierten die gleiche Anzahl an Videoaufzeichnungen, und zwar jeweils diejenigen Kinder, die sie nicht zuvor als Versuchsleiterin kennengelernt hatten. Damit war auch die Gruppenzuordnung der Kinder nicht bekannt. Die Re-liabilität der FACS-Kodierungen wurde auf der Basis von 140 zufällig aus den insgesamt 1043 ausgewählten Einzelbildern ermittelt. Die Übereinstimmung zwi-schen den beiden Auswerterinnen betrug im Mittel 77%. Die Übereinstimmung $\ddot{U}$ wurde für jeden Emotionsausdruck einzeln anhand folgender Formel ermittelt:

$$\ddot{U} = \frac{2 \; x \; Anzahl \; der \; \ddot{u}bereinstimmend \; kodierten \; AUs}{Gesamtzahl \; der \; kodierten \; AUs}$$

Anhand einer Emotions-Prädiktionstabelle (Ekman & Friesen, 1978; Friesen & Ekman, unveröffentlicht) wurde entschieden, ob ein gezeigter Gesichtsausdruck dem jeweils intendiertem Emotionsausdruck entsprach. Den Gesichtsausdrücken wurden Werte von 0 bis 2 folgendermaßen zugeordnet: (0) Die Versuchsperson zeigte den verlangten Emotionsausdruck nicht, (1) die Versuchsperson zeigte zumindest teilweise den verlangten Emotionsausdruck und evtl. weitere, nicht da-zugehörige Muskelbewegungen, (2) die Versuchsperson zeigte den verlangten Emotionsausdruck ohne weitere, nicht dazugehörige Muskelbewegungen.

7.1.3 Ergebnisse

7.1.3.1 Globalrating des mimischen Emotionsausdrucks

Kinder: Es wurde eine Varianzanalyse für die drei Gruppen „sozial ängstliche Kinder mit Diagnose einer Sozialphobie", „sozial ängstliche Kinder ohne Diagnose einer Sozialphobie" und „sozial nicht ängstliche Kinder" berechnet. Sie ergab, daß sozial ängstliche Kinder schlechter erkennbare Emotionsausdrücke zeigten als sozial nicht ängstliche Kinder ($F(2, 67) = 3.28$, $p \le .05$).

Mütter: Hinsichtlich der Genauigkeit des willentlich dargestellten mimischen Emo-tionsausdrucks zeigten sich keine Unterschiede für die Gruppen „Mütter der so-zial ängstlichen Kinder mit Diagnose einer Sozialphobie", „Mütter der sozial ängstlichen Kinder ohne Diagnose einer Sozialphobie" und „Mütter der sozial nicht ängstlichen Kinder".

Sowohl bei den Müttern als auch bei den Kindern ließen sich keine Gruppenunterschiede für die einzelnen Emotionskategorien feststellen. Bei allen Gruppen erzielte der fröhliche Gesichtsausdruck die höchste Anzahl an Treffern (Treffer = Die Klassifikation des emotionalen Gesichtsausdrucks durch einen Rater ist identisch mit der Emotionskategorie, die die Versuchsperson nach der Instruktion zeigen sollte), während der ängstliche Gesichtsausdruck die niedrigste Anzahl an Treffern erzielte.

7.1.3.2 FACS-Kodierungen

7.1.3.2.1 Quantitative Aspekte

Zunächst wurde überprüft, ob sozial ängstliche Kinder und ihre Mütter ein eingeschränktes *Repertoire* an mimischen Bewegungen haben, ob sie eine reduzierte *Gesamtzahl* an mimischen Bewegungen zeigen und ob sie eine in der *Intensität* geringere mimische Ausdrucksfähigkeit erkennen lassen.

Kinder. Varianzanalysen ergaben, daß die sozial ängstlichen Kinder verglichen mit den sozial nicht ängstlichen Kindern hinsichtlich der Anzahl an verschiedenen AUs ein eingeschränktes Repertoire aufwiesen (EG I + EG II: M = 8.00, SD = 4.03; KG: M = 9.76, SD = 2.22; $F(1, 72)$ = 4.04, $p \leq .05$). Sie zeigten auch eine reduzierte *Gesamtzahl* an AUs (EG I + EG II: M = 11.29, SD = 5.67; KG: M = 15.00, SD = 4.84; $F(1, 72)$ = 7.73, $p \leq .01$), insbesondere in der oberen Gesichtshälfte (Tabelle 7.1). Hinsichtlich der Intensität der mimischen Ausdrücke zeigten sich keine Gruppenunterschiede.

Tabelle 7.1 Auftretenshäufigkeit einzelner mimischer Bewegungen (AUs) bei sozial ängstlichen und sozial nicht ängstlichen Kindern

Mimische Bewegungen (AUs)	Soziale Angst (EG I+II) M (SD)	Kontroll-Gruppe (KG) M (SD)	F	p
Innere Augenbraue hochziehen (AU 1)	0.80 (0.86)	1.28 (1.06)	F(1, 72) = 4.43	≤.05
Äußere Augenbraue hochziehen (AU 2)	0.59 (0.67)	1.04 (0.89)	F(1,72) = 5.87	.≤05
Oberes Augenlid hochziehen (AU 5)	0.53 (0.61)	0.96 (0.68)	F(1,72) = 7.54	≤.01
Wangen hochziehen (AU 6)	1.16 (1.09)	1.64 (1.19)	F(1,72) = 2.99	≤.09
Nase kräuseln (AU 9)	0.33 (0.51)	0.64 (0.70)	F(1,72) = 4.77	≤.05
Kinn hochziehen (AU 17)	0.73 (0.97)	1.36 (0.95)	F(1,72) = 6.92	≤.01

Mütter: Die Mütter der sozial ängstlichen Kinder zeigten mimische Emotionsausdrücke von geringerer Intensität als die Mütter sozial nicht ängstlicher Kinder (EG I + EG II: M = 1.08, SD = 1.03; KG: M = 2.00, SD = 1.94; F(1, 57) = 5.16, $p ≤ .05$). Andere Defizite in ihrem mimischen Emotionsausdruck waren nicht erkennbar.

7.1.3.2.2 Qualitative Aspekte

In einem weiteren Schritt wurde untersucht, ob sich die mimische Emotionsausdrucksfähigkeit von sozial ängstlichen Kindern und ihren Müttern qualitativ von der der Kontrollgruppe unterscheidet. Unter diesem Aspekt wurde untersucht, inwiefern die gezeigten Muster an mimischen Muskelbewegungen mit denen übereinstimmten, die Ekman und Friesen (1978; Friesen und Ekman, unveröffentlicht) der jeweils intendierten Emotion zugeordnet haben und inwiefern neben den einschlägigen Muskelbewegungen anderweitige Muskelbewegungen auftraten.

Kinder: Die sozial ängstlichen Kinder zeigten signifikant seltener mit der Emotionsprädiktionstabelle übereinstimmende mimische Ausdrücke für die Emotionen „Freude" (EG I + EG II: M = 1.10, SD = 0.74; KG: M = 1.56, SD = 0.56; F(1, 72) = 7.66, $p ≤ .01$), „Überraschung" (EG I + EG II: M = 0.63, SD = 0.63; KG: M = 0.92,

SD = 0.49; F(1, 72) = 3.90, $p \leq$ .05) und „Angst" (EG I + EG II: M = 0.31, SD = 0.46; KG: M = 0.64, SD = 0.57; F(1, 72) = 7.31, $p \leq$ .01). Bei den mimischen Emotionsausdrücken für „Ärger", „Ekel" und „Traurigkeit" ließen sich keine Gruppenunterschiede erkennen.

(1) Die sozial ängstlichen Kinder zeigten bei dem Versuch, eine Emotion mimisch darzustellen, häufiger andersartige Muskelbewegungen, die keinem Emotionsausdruck zugeordnet werden können (z.B. die Lippen einsaugen oder die Backen aufblasen) als die sozial nicht ängstlichen Kinder (EG I + EG II: M = 0.84, SD = 0.90; KG: M = 0.44, SD = 0.51; F(1, 72) = 4.18, $p \leq$ .05). (2) Weiterhin zeigten sie häufiger falsche mimische Emotionsausdrücke, also Muster von Muskelbewegungen, die einem anderen als dem erwarteten Emotionsausdruck zuzuordnen sind (EG I + EG II: M = 0.43, SD = 0.64; KG: M = 0.00, SD = 0.00; F(1, 72) = 10.95, $p \leq$ .001). Nicht einbezogen in die Auswertung der falschen emotionalen Gesichtsausdrücke wurde das Lachen, da situationsbedingt häufig ein Verlegenheitslachen gezeigt wurde. (3) Die sozial ängstlichen Kinder zeigten weniger Blenden, bei denen zwei oder mehr Emotionen bzw. Partials verschiedener Emotionen mimisch sichtbar und eindeutig erkennbar sind (EG I + EG II: M = 1.06, SD = 1.30; KG: M = 1.84, SD = 1.52; F(1, 72) = 5.23, $p \leq$ .05).

Mütter: Die Mütter der sozial ängstlichen Kinder zeigten keine Auffälligkeiten in ihrem mimischen Emotionsausdruck verglichen mit den Müttern der sozial nicht ängstlichen Kinder.

7.1.3.3 Beziehung zwischen Globalrating und FACS-Kodierung

Globalrating und FACS-Kodierung sind konsistent in ihren Ergebnissen. Eine Korrelationsanalyse zeigte eine signifikante Beziehung zwischen den Ergebnissen der FACS-Kodierung und denen des Globalratings (Kinder: r = -.37, $p \leq$ .001; Mütter: r = -.30, $p \leq$ .01). Die beiden Auswertungsarten stimmen aber nicht besonders stark überein. Durch das Globalrating werden häufiger Emotionen kodiert.

7.1.3.4 Selbsteinschätzung der mimischen Darstellung von Emotions-ausdrücken

Kinder: Die sozial ängstlichen Kinder unterschieden sich nicht signifikant von den sozial nicht ängstlichen Kindern in ihrer Einschätzung, wie gut sie den geforderten Emotionsausdruck getroffen hatten. Eine Ausnahme bildet nur die Kategorie „Ekel": Die Darstellung dieses Gesichtsausdrucks schätzten die sozial ängstlichen Kinder verglichen mit der Kontrollgruppe als signifikant schlechter ein (EG I + EG II: $M = 2.24$, $SD = 1.20$; KG: $M = 2.88$, $SD = 1.03$; $F(1, 68) = 4.77$, $p \leq .05$).

Mütter: Bei den Müttern ließen sich keine signifikanten Gruppenunterschiede bei den Selbsteinschätzungen der mimischen Darstellung von Emotionsausdrücken erkennen.

7.1.3.5 Beziehung zwischen der willentlichen Darstellung mimischen Emotionsausdrucks der Kinder und ihrer Mütter

Die Übereinstimmung zwischen der willentlichen Darstellung mimischen Emotionsausdrucks der Kinder und ihrer Mütter wurde für jeden einzelnen Emotionsausdruck nach folgender Formel berechnet:

$$\ddot{U} = \frac{2 \ x \ Anzahl \ der \ zw. \ Mutter \ u. \ Kind \ \ddot{u}bereinstimmend \ gezeigten \ AUs}{Gesamtzahl \ der \ von \ Mutter \ u. \ Kind \ gezeigten \ AUs}$$

Die Übereinstimmung für alle Emotionskategorien zusammengefaßt betrug .36. Für die fröhlichen Gesichtsausdrücke betrug sie .61, während sie für die ängstlichen, traurigen und ärgerlichen Gesichtsausdrücke nur .2 betrug.

7.1.3.6 Vergleich willentlichen mimischen Emotionsausdrucks bei sozial ängstlichen Kindern mit vs. ohne Diagnose einer Sozialphobie

Nach den Ergebnissen der FACS-Kodierungen gibt es keine signifikanten Unterschiede zwischen der willentlichen mimischen Emotionsausdrucksfähigkeit der sozial ängstlichen Kinder mit und ohne Diagnose einer Sozialphobie (Tabelle 7.2).

Tabelle 7.2 Vergleich willentlichen mimischen Emotionsausdrucks bei sozial ängstlichen Kindern mit und ohne Diagnose einer Sozialphobie

	sozial ängstl. Kinder mit Sozialphobie (EG I)	sozial ängstl. Kinder ohne Sozialphobie (EG II)	F	p
Repertoire an mimischen Bew.	6.71 (3.69)	8.64 (4.10)	$F(1, 47) = 2.55$	$\leq .12$
Gesamtzahl mimischer Bew.	9.47 (5.81)	12.12 (5.47)	$F(1, 47) = 2.22$	$\leq .14$
Intensität	0.82 (1.29)	0.64 (0.82)	$F(1, 47) = 0.61$	$\leq .44$
Übereinstimmung mit der Emotionsprädiktionstabelle für die mimischen Ausdrücke von				
Freude	1.06 (0.75)	1.12 (0.74)	$F(1, 47) = 0.07$	$\leq .80$
Überraschung	0.53 (0.62)	0.70 (0.64)	$F(1, 47) = 1.04$	$\leq .32$
Angst	0.24 (0.44)	0.33 (0.48)	$F(1, 47) = 0.34$	$\leq .56$
Ekel	0.88 (0.33)	0.85 (0.44)	$F(1, 47) = 0.04$	$\leq .83$
Ärger	0.76 (0.44)	0.82 (0.58)	$F(1, 47) = 0.17$	$\leq .68$
Traurigkeit	0.94 (0.44)	0.79 (0.42)	$F(1, 47) = 1.34$	$\leq .25$
Selbsteinschätzung der mimischen Darstellung der Emotionsausdrücke für				
Freude	2.18 (1.13)	2.88 (0.99)	$F(1, 44) = 3.78$	$\leq .06$
Überraschung	1.63 (1.36)	2.00 (1.15)	$F(1, 44) = 1.18$	$\leq .28$
Angst	1.12 (1.22)	1.29 (1.10)	$F(1, 44) = 0.15$	$\leq .70$
Ekel	2.35 (1.27)	2.09 (1.17)	$F(1, 44) = 0.65$	$\leq .43$
Ärger	1.88 (1.62)	1.82 (1.21)	$F(1, 44) = 0.17$	$\leq .74$
Traurigkeit	2.29 (1.05)	2.00 (1.09)	$F(1, 44) = 1.95$	$\leq .17$
Mimische Bewegungen, die tendenziell weniger oft bei sozialphobischen Kindern auftraten				
Wangen hochziehen (AU 6)	0.71 (0.85)	1.36 (1.14)	$F(1, 47) = 3.62$	$\leq .06$
Nase kräuseln (AU 9)	0.12 (0.33)	0.42 (0.56)	$F(1, 47) = 3.84$	$\leq .06$

7.1.4 Diskussion

Ziel dieser Studie war es zu untersuchen, ob sozial ängstliche Kinder und ihre Mütter Defizite in ihrer willentlichen mimischen Emotionsausdrucksfähigkeit zeigen. Untersucht werden sollte, ob sozial ängstliche Kinder und ihre Mütter ein eingeschränktes *Repertoire* an mimischen Bewegungen haben, ob sie eine reduzierte *Gesamtzahl* an mimischen Bewegungen zeigen und ob sie eine in der *Intensität* geringere mimische Ausdrucksfähigkeit erkennen lassen. Außerdem sollte untersucht werden, ob sie sich qualitativ in ihrer mimischen Emotionsausdrucksfähigkeit von der Kontrollgruppe unterscheiden: Können sie spezifische Emotionsausdrücke mimisch weniger genau willentlich zeigen, und zeigen sie andersartige mimische Bewegungen als die Kontrollgruppe? Außerdem wurde untersucht, ob sich sozial ängstliche Kinder mit Sozialphobie von den sozial ängstlichen Kindern ohne Sozialphobie in ihrem willentlichen mimischen Emotionsausdruck voneinander unterscheiden.

Globalrating und FACS erwiesen sich als konsistent in ihren Ergebnissen. Die Auswertungsarten stimmen aber nicht stark überein. Eine Analyse der Daten zeigte, daß durch das Globalrating häufiger Emotionen kodiert werden. Die Emotionsprädiktionstabelle scheint nicht alle Muster an mimischen Emotionsausdrücken zu umfassen, die die Rater einer Emotion zuordnen.

Kinder: Die Ergebnisse zeigen, daß die willentlich dargestellten mimischen Emotionsausdrücke der sozial ängstlichen Kinder weniger leicht zu erkennen waren als die der sozial nicht ängstlichen Kinder. Außerdem wichen ihre mimischen Ausdrücke auch qualitativ von denen der sozial nicht ängstlichen Kinder ab: Sie zeigten häufiger falsche Ausdrücke und andersartige mimische Muskelbewegungen, die keinem Emotionsausdruck zugeordnet werden konnten. Zudem traten bei ihnen Blenden, bei denen zwei oder mehr Emotionen mimisch sichtbar sind, seltener auf. Insbesondere die fröhlichen, überraschten und ängstlichen Gesichtsausdrücke waren weniger leicht zu erkennen.

Aus dieser Studie läßt sich nicht ableiten, ob diese Besonderheiten Indikator für ein a priori gegebenes Defizit in der willentlichen mimischen Ausdrucksfähigkeit sind oder ob sie durch den internalen Zustand der sozialen Angst bedingt sind. Unabhängig von dieser Frage ist es offensichtlich, daß ein Mangel an Präzision in der willentlichen mimischen Emotionsausdrucksfähigkeit und Defizite, z.B. im Ausdruck von Freude oder Überraschung, sich in Interaktionssituationen problematisch auswirken können. Zum einen spielt der Gesichtsausdruck eine Rolle bei empathischen Reaktionen, die die Basis für überdauernde Freundschaften sind. Etwa ein Drittel der sozial ängstlichen Kinder, die an der Studie teilnahmen, gaben an, keine Freunde zu haben. Mangelnde Präzision im mimischen Emotionsausdruck, insbesondere beim Ausdruck von Freude und Überraschung, macht es den jeweiligen Kindern schwer, adäquate emotionale Rückmeldung zu geben, z. B. wenn sie sich über Kontaktaufnahme ihres Interaktionspartners freuen. In diesem konstruierten Fall würde das Kontaktverhalten des Interaktionspartners möglicherweise nicht verstärkt, so daß die Wahrscheinlichkeit für zukünftige Interaktionen abnimmt.

Eine andere Funktion mimischer Signale ist es, die Intention des Gesagten oder Verhaltensintentionen zu betonen. Fehlen diese Signale, werden soziale Interaktionen vermutlich weniger effektiv sein. Eine Person kann ihren Wunsch, Kontakt aufzunehmen, z.B. durch ein Lächeln signalisieren. Auch Persönlichkeitseigenschaften wie Dominanz oder Kontaktfreudigkeit lassen sich aus dem Gesichtsausdruck ableiten (Knutson, 1996). Personen mit hoher mimischer Ausdrucksfähigkeit und Präzision im mimischen Ausdruck von Emotionen erleichtern potentiellen Interaktionspartnern, sie anzusprechen und den Ausgang einer Interaktion einschätzen zu können. In Übereinstimmung mit dieser Betrachtung konnten Boyatzis und Satyaprasad (1994) zeigen, daß mimisch ausdrucksstarke Vorschulkinder beliebter waren und häufiger positive soziale Interaktionen mit den Mitschülern erlebten.

Nach den Ergebnissen der FACS-Kodierungen gibt es keine signifikanten Unterschiede zwischen der willentlichen mimischen Emotionsausdrucksfähigkeit der sozial ängstlichen Kinder mit und ohne Diagnose einer Sozialphobie. Allerdings schränkt die geringe Stichprobengröße der sozialphobischen Gruppe (n = 17) die Interpretierbarkeit der Daten ein.

Mütter. Die FACS-Daten ergaben, daß Mütter der sozial ängstlichen Kinder mimische Emotionsausdrücke von geringerer Intensität zeigten als die Mütter der sozial nicht ängstlichen Kinder. Es ist belegt (Halberstadt, 1991), daß Kinder mimische Ausdrücke der Eltern beobachten und imitieren. Da die Mütter außer der geringeren Intensität keine weiteren Defizite im mimischen Ausdrucksverhalten zeigten, haben die sozial ängstlichen Kinder ihre mangelnde Präzision im mimischen Ausdrucksverhalten nicht unmittelbar den Müttern nachgeahmt. Aber bei nur geringer Intensität des mimischen Ausdrucks der Mütter könnte es für das Kind schwieriger sein, verschiedene Ausdrücke korrekt nachzuahmen. Möglicherweise hatten die heute sozial ängstlichen Kinder also ungünstigere Bedingungen, um die willentliche Darstellung mimischen Emotionsausdrucks zu erlernen. Die daraus resultierenden Defizite im mimischen Emotionsausdruck könnten, wie oben skizziert, gehäuft zu Interaktionsproblemen führen und auf diesem Weg zur sozialen Angst beitragen.

Insgesamt ergab sich für alle Mütter und ihre Kinder eine höhere Übereinstimmung bei fröhlichen als bei den ärgerlichen, traurigen oder angeekelten Gesichtsausdrücken. Diese höhere Übereinstimmung kann darauf zurückgeführt werden, daß fröhliche Gesichtsausdrücke weniger idiosynkratischen Ausdrucksmustern unterliegen als die negativen mimischen Emotionsausdrücke.

Aber auch für die Aufrechterhaltung sozialer Angst im Kindesalter kann die mangelnde Präzision im willentlichen mimischen Emotionsausdruck bedeutsam sein. So kann es z. B. für die Eltern eines sozial ängstlichen Kindes schwierig sein, die mimischen Signale richtig zu interpretieren und in der vom Kind gewünschten Weise darauf zu reagieren. Das resultierende Interaktionsdilemma könnte das Kind in seiner Sicht bestärken, niemand verstünde es, und seine Emotionen seien anderen nicht wichtig.

Da die mangelnde Präzision des willentlichen mimischen Emotionsausdrucks für die Aufrechterhaltung sozialer Angst im Kindesalter von maßgeblicher Bedeutung sein kann, könnte ein systematisches Training des mimischen Emotionsausdrucks bei sozial ängstlichen Kindern indiziert sein. Eine Verbesserung der Ausdruckskompetenzen könnte den Kindern helfen, effektiver zu kommunizieren, durchsetzungsfähiger zu werden und als Spielkamerad erwünschter zu sein.

7.1.5 Zusammenfassung

In der vorliegenden Studie wurde untersucht, ob sozial ängstliche Kinder Defizite in ihrer willentlichen mimischen Emotionsausdrucksfähigkeit zeigen. Um mögliche Transmissionseffekte zu überprüfen, wurde auch die mimische Ausdrucksfähigkeit der Mütter erfaßt. Die Ausdrücke wurden zum einen mit Hilfe von Ekman und Friesens (1978) Facial Action Coding System (FACS) ausgewertet. Außerdem wurde die Emotionsqualität von Ratern eingeschätzt. Die FACS-Analyse ergab, daß die sozial ängstlichen Kinder eine reduzierte *Gesamtzahl* an mimischer Bewegung und ein eingeschränktes Repertoire an mimischen Ausdrücken zeigten. Auch qualitativ unterschieden sie sich in ihrer Emotionsausdrucksfähigkeit von der Kontrollgruppe. Das Globalrating ergab ebenso, daß sozial ängstliche Kinder weniger genaue mimische Ausdrücke erkennen lassen. Bei den Müttern ergaben sich in dem Globalrating keine Gruppenunterschiede. Die FACS-Daten zeigten aber, daß die mimischen Ausdrücke der Mütter von sozial ängstlichen Kindern von geringerer Intensität waren, verglichen mit der Kontrollgruppe. Es ist denkbar, daß die verringerte Intensität der mimischen Ausdrucksfähigkeit es für die sozial ängstlichen Kinder schwieriger macht, adäquate mimische Ausdrücke zu lernen.

7.2 Studie 2: Der spontane mimische Emotionsausdruck bei sozial ängstlichen Kindern

7.2.1 Einleitung

7.2.1.1 Fragestellung

Der Gesichtsausdruck ist von entscheidender Bedeutung für den Ablauf sozialer Interaktionen. Mimische Expressivität ist für viele soziale Situationen wesentlich, z. B. um Freunde zu gewinnen (Boyatzis & Satyaprasad, 1994). Insbesondere für Kinder sind Freundschaften von großer Bedeutung, da sie grundlegend für eine gesunde soziale Entwicklung sind (Bagwell, Newcomb & Bukowski, 1998).

Sozial ängstliche Kinder erleben eine Reihe von Schwierigkeiten in sozialen Situationen. Die vorangehende Studie über willentliche mimische Ausdrucksfähigkeit von sozial ängstlichen Kindern (Kapitel 7.1, S. 125) zeigte eine reduzierte Gesamtzahl und auch ein in der Bandbreite eingeschränktes Repertoire an mimischen Ausdrücken. Auch qualitativ unterschieden sie sich in ihrer Emotionsausdrucksfähigkeit von der sozial nicht ängstlichen Kontrollgruppe.

Die vorliegende Studie untersucht die spontane mimische Ausdrucksfähigkeit bei sozial ängstlichen Kindern. Obwohl sich willentliche und spontane Mimik in vielerlei Hinsicht voneinander unterscheiden, ist die Kompetenz im emotionalen Ausdruck ein beiden Ausdrucksformen gemeinsames Element (Tucker & Riggio, 1988). Außerdem ist die Unterscheidung zwischen spontanem und willentlichem mimischen Ausdruck eine weitgehend künstliche. Mimische Ausdrücke variieren auf einem Kontinuum hinsichtlich des Grades, in dem sie eine zugrundeliegende Emotion oder eine willentliche Anstrengung widerspiegeln. In vielen Fällen stellen mimische Ausdrücke eine Kombination aus willentlichem und spontanem Ausdrucksverhalten dar (Hess, Kappas, McHugo, Kleck & Lanzetta, 1989). Die vorliegende Studie ist jedoch der Versuch, eine rein durch Emotionen hervorgerufene, d.h. spontane Mimik, zu untersuchen.

Wie eine Reihe von Studien zeigt, kann die Anwesenheit anderer mimischen Ausdruck fördern (z. B. Chapman, 1973). In einer Studie von Brightman, Segal, Werther und Steiner (1975) wurden erwachsene Versuchspersonen gebeten, angenehm und unangenehm schmeckende Sandwiches allein oder in Gegenwart anderer zu beurteilen. Nur in Gegenwart anderer waren ihre mimischen Ausdrücke klar interpretierbar. Weiterhin scheint mimische Ausdrucksfähigkeit in Gegenwart von Freunden stärker ausgeprägt zu sein als in Gegenwart von Fremden (Wagner & Smith, 1991). Andererseits kann die Anwesenheit anderer auch eine Unterdrückung *(social inhibition)* von Mimik bewirken (z. B. Yarczower & Daruns, 1982). Diese Unterdrückung wurde in Studien an unterschiedlichen Stichproben beobachtet, in denen negative Emotionen hervorgerufen wurden und/oder in Untersuchungen, in denen die andere Person eine andere Rolle, einen anderen Status und/oder keine persönliche Beziehung zur Zielperson hatten und die induzierte Emotion nicht teilten (Buck, 1991).

Entsprechend unseren eigenen Befunden an sozial ängstlichen Kindern (Studie 1) und wie auch unsystematische Beobachtungen (Izard & Huyson, 1986) von sozial ängstlichen Erwachsenen zeigen, ist die Mimik bei diesen Personen insbesondere in Anwesenheit anderer zum Teil gering ausgeprägt oder schwer interpretierbar. Dies mag daran liegen, daß bei sozial ängstlichen Personen die Anwesenheit anderer negative Emotionen induzieren kann (z. B. Angst). Die Furcht vor negativer Bewertung kann sie in diesen Situationen hindern, ihre Emotionen mimisch auszudrücken. Es stellt sich die Frage, ob sie auch in nicht-sozialen Situationen, in denen spontane Emotionsausdrücke hervorgerufen werden, Defizite in ihrer mimischen Ausdrucksfähigkeit zeigen oder ob diese Defizite auf Situationen beschränkt sind, in denen die Mimik kommunikative Funktion hat.

7.2.1.2 Hypothesen

Es werden folgende Hypothesen aufgestellt:

Sozial ängstliche verglichen mit sozial nicht ängstlichen Kindern zeigen in nichtsozialen Situationen in ihren spontanen mimischen Ausdrücken
1. ein kleineres Repertoire an mimischen Bewegungen.
2. eine niedrigere Gesamtzahl an mimischen Bewegungen.

Beim Vergleich sozial ängstlicher Kinder mit vs. ohne Sozialphobie wird ein quantitativer Unterschied vermutet: Sozial ängstliche Kinder mit Sozialphobie zeigen eine stärkere Ausprägung der Defizite und stärkere Abweichungen im spontanen mimischen Ausdruck als sozial ängstliche Kinder ohne Sozialphobie.

7.2.2   Methodik

7.2.2.1   Stichproben

Die Beschreibung der Stichproben findet sich in Kapitel 6.4 (S. 99).

7.2.2.2   Versuchsablauf

Die Kinder wurden einzeln in zwei experimentellen Situationen von je acht Minuten Dauer beobachtet, einer frustrierenden Leistungssituation und einer freudigen
Situation. Aus ethischen Gründen wurde die Reihenfolge der beiden Situationen
nicht systematisch variiert. Die freudige Situation sollte immer den Abschluß der
Untersuchung bilden.

Frustrierende Leistungssituation: Zunächst wurde eine Leistungssituation ge-
schaffen, die Streß und damit negative Emotionen hervorrufen sollte. Unter Zeit-
druck sollte ein Puzzle zusammengesetzt werden. Das Puzzle befand sich hinter
einer Sichtblende, so daß es nicht direkt, sondern nur in einem Spiegel, der in
einem leichtem Winkel über dem Tisch befestigt war, gesehen werden konnte. Mit
einem Probe-Puzzle konnte sich das Kind mit der Anforderung, spiegelverkehrt
zu puzzeln, vertraut machen. Anschließend sollte es in acht Minuten das Test-
Puzzle zu dem Buchstaben „T" zusammensetzen, während eine Uhr die ablau-
fende Zeit anzeigte. Tatsächlich war die Aufgabe nicht lösbar, da ein Teil des
Puzzles nicht paßte. Zur Erhöhung der Frustration wurde dem Kind ein Überra-
schungsgeschenk versprochen, falls es das Puzzle in der vorgegebenen Zeit zusammensetzen könnte.

Die Mütter wurden informiert, daß ihr Kind in einer Leistungssituation durch Zeit-
druck und durch eine unlösbare Aufgabe belastet würde. Sie wurden informiert,
daß dem Kind anschließend erklärt wird, daß das Puzzle sich nicht zusammensetzen läßt, daß es sehr gut gepuzzelt hätte und warum ihm diese frustrierende
Aufgabe gestellt wurde.

Freudige Situation: Anschließend wurde ein lustiger Film gezeigt. Es wurden
acht Minuten aus dem Film „Mr. Bean beim Zahnarzt" gezeigt. Umfragen bei etwa

100 Schülerinnen und Schülern hatten ergeben, daß die weitaus größte Zahl von ihnen „Mr. Bean" als lustig einschätzten.

Während beider experimentellen Situationen war das Kind allein im Untersuchungsraum. Anschließend füllte es jeweils den Self-Assessment Manikin (SAM; Bradley & Lang, 1994) aus. Damit sollte überprüft werden, ob die intendierte Emotion tatsächlich hervorgerufen wurde (Emotionsrating). Der SAM ist ein nichtverbales diagnostisches Instrument, das anhand von Zeichnungen die Dimensionen „froh - nicht froh", „ärgerlich - nicht ärgerlich" und „sich groß fühlen - sich klein fühlen" erfaßt.

Hinter einer Einwegscheibe wurde das Kind während beider Situationen gefilmt. Erst nach Durchführung der drei Studien wurde es darüber aufgeklärt.

7.2.2.3 Auswertung

Die Auswertung der Videoaufnahmen der mimischen Ausdrücke wurde von der Autorin und einer Projektmitarbeiterin vorgenommen. Die Gruppenzuordnung der Kinder war uns nicht bekannt, da wir die Videoaufzeichnungen derjenigen Kinder kodierten, die wir nicht zuvor als Versuchsleiterin kennengelernt hatten. Die Auswertungen wurden mit Hilfe des Facial Action Coding System (FACS; Ekman & Friesen, 1978; s. Kapitel 7.1.2.3, S. 128) vorgenommen.

Die Reliabilität der FACS-Kodierungen wurde auf der Basis des Videomaterials von zehn zufällig ausgewählten Kindern ermittelt. Die Übereinstimmung zwischen beiden Auswerterinnen wurde anhand folgender Formel ermittelt:

$$\ddot{U} = \frac{2 \; x \; Anzahl \; der \; \ddot{u}bereinstimmend \; kodierten \; AUs}{Gesamtzahl \; der \; kodierten \; AUs}$$

Analyse des mimischen Ausdrucks während des ersten Experiments (Frustrierendes Puzzle): Drei Zeit-Stichproben der Puzzle-Situation wurden ausgewählt: Nach einer, nach vier und nach 6 1/2 Minuten wurden die mimischen Ausdrücke der Kinder für jeweils 20 s kodiert. Dabei wurde der „apex", der Moment der am stärksten ausgeprägten Muskelbewegung, kodiert. Bei langandauernden AUs wurde die Häufigkeit für jede fünfte Sekunde, in der die AUs sichtbar blieben, mit zwei multipliziert. Die Übereinstimmung zwischen beiden Auswerterinnen betrug 82 %.

Analyse des mimischen Ausdrucks während des zweiten Experiments (Lustiger Film): Zunächst wurde analysiert, wie oft das Kind lächelte oder lachte (AU 12). Für diese Analyse betrug die Übereistimmung zwischen beiden Auswerterinnen 97%. Anschließend wurden drei Trigger-Situationen ausgewählt: (1) Mr. Bean versenkt den klingelnden Wecker in einem Wasserglas, (2) Mr. Bean verhakt sich mit seinem Rasiergerät an aus der Nase sprießenden Haaren und (3) Mr. Bean deckt liebevoll seinen Teddybären zu, bevor er eilig das Haus für einen Zahnarztbesuch verläßt. Für jeweils 20 s wurde das mimische Ausdrucksverhalten entsprechend der frustrierenden Leistungssituation kodiert. Die Übereinstimmung zwischen beiden Auswerterinnen betrug 78 %.

7.2.3   Ergebnisse

Emotionsrating: Es fanden sich keine signifikanten Gruppenunterschiede bei den mit Hilfe des Self-Assessment Manikins (SAM) erfaßten Emotionen „froh - nicht froh", „ärgerlich - nicht ärgerlich" und „sich klein fühlen - sich groß fühlen" (Abbildung 7.1).

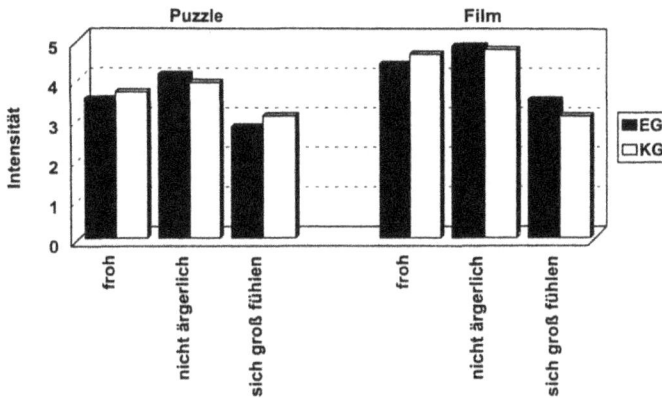

Abb. 7.1 Ergebnisse des Self-Assessment Manikins (SAM)

Untersucht wurden die Gesamtzahl an mimischen Bewegungen und das Repertoire an unterschiedlichen mimischen Bewegungen. Außerdem wurden Gruppenunterschiede hinsichtlich der Häufigkeit einzelner AUs überprüft.

7.2.3.1   Sozial ängstliche vs. sozial nicht ängstliche Kinder

Erstes Experiment (Frustrierendes Puzzle): Die sozial ängstlichen verglichen mit den sozial nicht ängstlichen Kindern unterschieden sich nicht hinsichtlich der Gesamtzahl und dem Repertoire an mimischen Bewegungen. Beim Vergleich der Häufigkeiten einzelner AUs zeigten die sozial ängstlichen Kinder lediglich weniger oft einen rundlich zusammengezogenen Mund (AU 18, EG I + II: $M = 0.12$, $SD = 0.33$; KG: $M = .36$, $SD = 0.70$, $F(1, 73) = 4.11$, $p \leq .05$).

Zweites Experiment (Lustiger Film): Während des lustigen Films lachten oder lächelten die sozial ängstlichen Kinder weniger häufig als die sozial nicht ängstlichen Kinder (AU 12, EG I + II: $M = 12.42$, $SD = 7.88$; KG: $M = 20.48$, $SD = 12.98$; $F(1, 73) = 11.16$, $p \leq .001$). Die sozial ängstlichen Kinder zeigten häufiger ein Lächeln von geringerer Intensität (Intensität A: EG I + II: $M = 0.76$, $SD = 1.20$; KG: $M = 0.08$, $SD = 0.28$; $F(1, 73) = 7.71$, $p \leq .01$; Intensität B: n.s.) und weniger

145

häufig ein Lächeln von mittlerer bis starker Intensität (Intensität C: EG I + II: M = 5.36, SD = 4.86; KG: M = 9.16, SD = 6.68; $F(1, 73)$ = 7.90, $p \leq .01$; Intensität D: EG I + II: M = 1.92, SD = 2.97; KG: M = 4.76, SD = 7.10; $F(1, 73)$ = 5.98, $p \leq .05$; Intensität E: EG I + II: M = 0.24, SD = 1.00; KG: M = 1.16, SD = 2.85; $F(1, 73)$ = 4.21, $p \leq .05$).

Die Analyse der drei Trigger-Situationen zeigte, daß die sozial ängstlichen Kinder verglichen mit den sozial nicht ängstlichen eine reduzierte Gesamtzahl an mimischen Bewegungen aufwiesen (EG I + II: M = 21.42, SD = 13.00; KG: M = 28.12, SD = 15.30; $F(1, 73)$ = 3.93, $p \leq .05$). Hingegen gab es keinen Gruppenunterschied hinsichtlich des Repertoires an mimischen Bewegungen. Tabelle 7.3 zeigt Unterschiede in der Häufigkeit einzelner AUs.

Tabelle 7.3 Auftretenshäufigkeit einzelner mimischer Bewegungen (AUs) bei sozial ängstlichen und sozial nicht ängstlichen Kindern

Mimische Bewegungen (AUs)	Soziale Angst (EG I+II) M (SD)	Kontroll-Gruppe (KG) M (SD)	F	p
Innere Augenbraue hochziehen (AU 1)	1.02 (1.39)	0.32 (0.48)	$F(1, 73)$ = 5.94	$\leq .05$
Äußere Augenbraue hochziehen (AU 2)	0.84 (1.33)	0.20 (0.41)	$F(1,73)$ = 5.49	$\leq .05$
Wangen hochziehen (AU 6)	2.24 (2.25)	3.64 (3.01)	$F(1,73)$ = 5.13	$\leq .05$
Lächelnder Mund (AU 12)	4.46 (3.00)	5.84 (3.64)	$F(1,73)$ = 3.05	$\leq .09$
Zusammengepreßte Lippen (AU 24)	0.74 (1.05)	1.64 (1.96)	$F(1,73)$ = 6.78	$\leq .01$
Kiefer sinkt (AU 26)	2.04 (2.35)	3.80 (2.57)	$F(1,73)$ = 8.81	$\leq .01$
Auf die Lippen beißen (AU 32)	0.30 (0.74)	1.08 (2.45)	$F(1,73)$ = 4.35	$\leq .05$
M. d. Zunge gg. d. Wange drücken (AU 36)	0.04 (0.20)	0.24 (0.66)	$F(1,73)$ = 3.90	$\leq .05$

7.2.3.2 Sozial ängstliche Kinder mit vs. ohne Sozialphobie

Erstes Experiment (Frustrierendes Puzzle): Die Daten ließen keine Gruppenunterschiede hinsichtlich der Gesamtzahl mimischer Bewegungen und dem

Repertoire an mimischen Bewegungen erkennen. Die sozial ängstlichen Kinder mit Sozialphobie (EG I) verglichen mit den sozial ängstlichen Kindern ohne Sozialphobie (EG II) zeigten weniger häufig zusammengezogene Mundwinkel (AU 14, EG I: M = 0.41, SD = 0.62; EG II: M = 1.97, SD = 3.07; $F(1, 48)$ = 4.26, $p \leq .05$), geöffnete Lippen (AU 25, EG I: M = 0.29, SD = 0.59; EG II: M = 1.55, SD = 1.72; $F(1, 48)$ = 8.46, $p \leq .01$) und aufgeblasene Wangen bei geschlossenen Lippen (AU 34, EG I: M = 0.12, SD = 0.33; EG II: M = 0, SD = 0; $F(1, 48)$ = 4.22, $p \leq .05$). Andererseits zeigten sie häufiger heruntergezogene Mundwinkel (AU 15, EG I: M = 0.24, SD = 0.44; EG II: M = 0.03, SD = 0.17; $F(1, 48)$ = 5.62, $p \leq .05$).

Zweites Experiment (Lustiger Film): Die sozial ängstlichen Kinder mit Sozialphobie verglichen mit den sozial ängstlichen Kindern ohne Sozialphobie zeigten weniger oft ein Lächeln von mittlerer Intensität (AU 12, Intensität C, EG I: M = 3.35, SD = 3.95; EG II: M = 6.39, SD = 5.01; $F(1, 48)$ = 4.74, $p \leq .05$). Die Analyse der drei Trigger-Situationen zeigte, daß sich die beiden Gruppen nicht signifikant hinsichtlich des Repertoires an unterschiedlichen mimischen Bewegungen und der Gesamtzahl an mimischen Bewegungen unterschieden. Die sozial ängstlichen Kinder mit Sozialphobie zeigten seltener lateral gespannte Lippen (AU 20, EG I: M = 0, SD = 0; EG II: M = 0.48, SD = 0.91; $F(1, 48)$ = 4.82, $p \leq .05$), aber häufiger eine gegen die Wange gedrückte Zunge (AU 36, EG I: M = 0.12, SD = 0.33; EG II: M = 0, SD = 0; $F(1, 48)$ = 4.22, $p \leq .05$).

7.2.4 Diskussion

Sozial ängstliche vs. nicht ängstliche Kinder. Die vorliegende Studie beschäftigt sich mit der spontanen mimischen Ausdrucksfähigkeit sozial ängstlicher Kinder. Die Ergebnisse lassen erkennen, daß sozial ängstliche verglichen mit sozial nicht ängstlichen Kindern in freudigen Situationen (lustiger Film) weniger mimischen Ausdruck zeigten. Es traten häufiger Zeichen von Überraschung auf (Hochziehen der inneren und äußeren Augenbraue) anstelle von Freude (lächelnde Lippen, hochgezogenen Wangen, offener Mund; s. Tabelle 7.3). Hier ist anzumerken, daß Überraschung weder eine positive noch negative Konnotation hat. Wenn von den sozial ängstlichen Kindern Freude gezeigt wurde, so geschah dies häufiger als Lächeln anstelle eines breiten Grinsens oder Lachens, wie es bei den sozial nicht ängstlichen Kindern gehäuft auftrat. In der frustrierenden Leistungssituation fanden sich nur geringfügige Gruppenunterschiede.

Emotionsinduktion: Angesichts dieser Befunde stellt sich die Frage, ob die während des lustigen Films induzierte Emotion bei sozial ängstlichen und nicht ängstlichen Kindern nicht identisch empfunden wurde. Die Datenanalysen sprechen jedoch dafür, daß die Ergebnisse sich nicht auf Unterschiede in den durch die experimentelle Situation hervorgerufenen Emotionen zurückführen lassen: Mit Hilfe des Self-Assessment Manikins (SAM; Abbildung 7.1) ließen sich keine entsprechenden Unterschiede feststellen.

Positiver mimischer Emotionsausdruck: Die Daten können somit vor dem Hintergrund des emotionalen Kontextes interpretiert werden. Danach scheint es für sozial ängstliche Kinder schwieriger zu sein, positive Emotionen, wie Freude, zu zeigen als negative Emotionen, wie Ärger oder Frustration. Diese Schlußfolgerung stimmt mit Ergebnissen unserer Studie zum willentlichen mimischen Emotionsausdruck sozial ängstlicher Kinder überein (Studie 1). Auch hier zeigten die sozial ängstlichen Kinder eine schlechtere Leistung im Ausdruck von Freude, nicht jedoch im Ausdruck von Ärger und Traurigkeit.

In einer Studie von Dimberg (1997) zeigten Erwachsene mit geringer im Vergleich zu solchen mit starker Angst vor öffentlichem Reden stärkere positive elektromyographische (EMG) Reaktionen der Gesichtsmuskulatur, wenn ihnen Dias mit fröhlichen Gesichtern gezeigt wurden. Auch hier findet sich also ein Hinweis auf eine Einschränkung im spontanen mimischen Ausdruck positiver Emotionen, der sich mit den Befunden der vorliegenden Studie zu sozial ängstlichen Kindern deckt. Andererseits zeigten die Erwachsenen mit starker Angst vor öffentlichem Reden in Dimbergs Studie stärkere negative EMG-Reaktionen auf ärgerliche Gesichter als die Erwachsenen mit niedriger Angst. In unserer Studie zeigten sich bei den sozial ängstlichen Kindern hingegen keine Anzeichen für stärkere oder häufigere Gesichtsmuskelbewegungen in der frustrierenden Leistungssituation. Ein Grund für diesen Unterschied könnte darin liegen, daß das FACS weniger sensibel Intensitäten des Emotionsausdrucks erfaßt als das EMG. Es sei aber auch darauf hingewiesen, daß die Befunde von Dimberg über verschiedene Studien hinweg diesbezüglich nicht einheitlich sind. So fanden Dimberg und Christmanson (1991) ebenfalls keine Gruppenunterschiede zwischen stark und gering ängstlichen Erwachsenen, wenn diese ärgerliche Gesichter zu sehen bekamen.

Kontrolle des mimischen Emotionsausdrucks: Ein anderer Grund für die vorliegenden Befunde könnte darin liegen, daß sozial ängstliche Kinder versuchen, ihren Gesichtsausdruck zu kontrollieren bzw. zu neutralisieren. Träfe dies zu, so könnten Unterschiede in der mimischen Ausdrucksstärke in frustrierenden und freudigen Situationen u. U. auf Unterschiede in der Komplexität der Mimik und damit der Schwierigkeit, sie zu kontrollieren, zurückgeführt werden. Mundbewegungen lassen sich leichter kontrollieren als Bewegungen der Augen/Lider und der Augenbrauen/Stirn (Ekman & Friesen, 1975). Freude ist eine Emotion, die keine spezifischen Bewegungen im Bereich der Brauen und der Stirn einschließt. Teil des Ärgerausdrucks ist hingegen die gesenkte und zusammengezogene Braue sowie die Spannung im unteren Augenlid. Dementsprechend könnte es leichter sein, den Ausdruck von Freude zu kontrollieren als von Ärger oder Frustration. Die Frage ist also, ob sozial ängstliche Kinder die Tendenz haben, die Intensität ihres mimischen Ausdrucks zu reduzieren und mit diesem Bemühen beim mimischen Ausdruck von Freude erfolgreicher sind.

Gegen diese Interpretation spricht, daß in der vorliegenden Studie der reduzierte mimische Ausdruck von Freude bei sozial ängstlichen Kinder nicht auf soziale Situationen beschränkt ist. Die Motivation, die Intensität der Mimik zu reduzieren, würde aber wohl für soziale Situationen plausibler sein als für nicht-soziale.

So ist es in der Zusammenschau der Befunde und Überlegungen wohl naheliegender, von einem Kompetenzdefizit für den Ausdruck von Freude auszugehen. Ein systematisches Training des mimischen Ausdrucks von positiven Emotionen könnte indiziert sein.

Kritik an der Studie: Die Interpretierbarkeit der Befunde aus der vorliegenden Studie wird durch die geringe Vergleichbarkeit der beiden experimentellen Situationen eingeschränkt. Die freudige und die frustrierende Situation unterschieden sich nicht nur hinsichtlich des emotionalen Kontextes. Aus ethischen Gründen war das frustrierende Puzzle immer das zuerst durchgeführte Experiment. Nachdem die Kinder informiert wurden, daß das Puzzle nicht lösbar war, könnte bezüglich der nachfolgenden Situation Mißtrauen hervorgerufen worden sein. Es ist denkbar, daß Mißtrauen leichter bei sozial ängstlichen als bei sozial nicht ängstlichen Kindern hervorgerufen wird. Folglich könnten die sozial ängstlichen Kinder aufgrund ihres Mißtrauens auch einen kontrollierteren mimischen Ausdruck gezeigt haben. Der reduzierte mimische Ausdruck während der freudigen Situation wäre in diesem Fall ein Epiphänomen.

Ein weiterer Kritikpunkt ist die eingeschränkte Kopfhaltung in der frustrierenden Leistungssituation: Die Kinder müssen nach oben in den Spiegel schauen. Es ist denkbar, daß die eingeschränkte Kopfhaltung sich auf den mimischen Ausdruck auswirkte. Allerdings betrifft diese Einschränkung die verschiedenen Stichproben gleichermaßen. Trotzdem wäre für die Interpretierbarkeit der Studie zwei Filmsituationen günstiger gewesen, die positive bzw. negative Emotionen induzieren.

Sozial ängstliche Kinder mit vs. ohne Sozialphobie. Zwischen sozial ängstlichen Kindern mit vs. ohne Sozialphobie ließen sich nur geringfügige Unterschiede erkennen. Die beiden Gruppen unterschieden sich zwar in der Häufigkeit einzelner AUs, die aber schwer interpretierbar sind. Weitergehende systematische Unterschiede ließen sich nicht erkennen. Einschränkend ist darauf hinzuweisen, daß die Interpretierbarkeit der Befunde wegen der geringen Stichprobengröße sozial ängstlicher Kinder mit Sozialphobie (n = 17) eingeschränkt ist. Eine Replikation der Untersuchung an größeren Stichproben wäre notwendig, um zu aussagekräftigen Ergebnissen zu gelangen.

7.2.5   Zusammenfassung

Ziel der vorliegenden Studie war es zu untersuchen, ob sozial ängstliche Kinder Defizite in ihrer spontanen mimischen Ausdrucksfähigkeit zeigen. Fünfzig sozial ängstliche Kinder (17 von ihnen hatten die Diagnose einer Sozialphobie) und 25 sozial nicht ängstliche Kinder im Alter von 8 bis 12 Jahren wurden zwei experimentellen Situationen ausgesetzt: Zunächst wurden sie in einer Leistungssituation, die negative Emotionen induzieren sollte, gebeten, ein Puzzle zusammenzusetzen, das jedoch nicht lösbar war. Anschließend sahen sie einen lustigen Film, der positive Emotionen induzieren sollte. Hinter einer Einwegscheibe wurden Videoaufnahmen von dem mimischen Ausdrucksverhalten der Kinder gemacht. Die mimischen Ausdrücke wurden mit Ekman und Friesens (1978) Facial Action Coding System (FACS) kodiert. Die FACS-Analysen ergaben, daß die sozial ängstlichen Kinder verglichen mit den sozial nicht ängstlichen Kindern beim lustigen Film eine reduzierte Gesamtzahl an mimischer Bewegung zeigten. Außerdem lächelten und lachten sie weniger oft. In der frustrierenden Leistungssituation unterschieden sich die Gruppen nicht signifikant voneinander. Für sozial ängstliche Kinder scheint es schwieriger zu sein, positive Emotionen, wie Freude zu zeigen, als negative Emotionen, wie Ärger oder Frustration.

8. ERKENNEN MIMISCHEN EMOTIONSAUSDRUCKS

Studie 3: Das Erkennen mimischen Emotionsausdrucks bei sozial ängstlichen Kindern

8.1 Einleitung

8.1.1 Fragestellung

Wesentliches Charakteristikum sozial ängstlicher Menschen ist ihre Furcht, negativ von anderen bewertet zu werden (z. B. Clark & Wells, 1995; Leary, 1986). Es ist denkbar, daß diese Furcht u. a. auf Problemen bei der Dekodierung mimischer Emotionsausdrücke von anderen Menschen beruht. Die mimischen Emotionsausdrücke unserer Interaktionspartner sind eine wesentliche Informationsquelle darüber, welche Gefühle sie uns gegenüber haben. Allgemeine Defizite bei der Dekodierung mimischer Emotionsausdrücke im Sinne von hoher Fehlerhäufigkeit oder langen Reaktionszeiten, oder spezifischer, z. B. ein Bias, neutrale und positive Emotionsausdrücke negativ zu interpretieren oder auch eine geringe Sicherheit bezüglich der Richtigkeit der Interpretation, könnten zur Aufrechterhaltung der sozialen Angst beitragen.

Wortverarbeitungsstudien zeigten bei sozial ängstlichen Erwachsenen einen Aufmerksamkeitsbias für sozial bedrohliche Wörter (Asmundson & Stein, 1994; Hope, Rapee, Heimberg & Dombeck, 1990). Während sich diese Art von Studien auf die mentale Beschäftigung mit negativen Selbstbewertungen beziehen (Clark & Wells, 1995), ist es weniger eindeutig, ob sozial ängstliche Personen auch einen entsprechenden Aufmerksamkeitsbias bei lebensechten sozialen Reizen zeigen, z. B. bei Gesichtsausdrücken anderer Menschen (Öhman, 1986; Öhman, Dimberg & Öst, 1985).

In einer *Reizentdeckungsstudie*, die hoch und niedrig sozial ängstliche Erwachsene miteinander verglich, untersuchten Winton und Mitarbeiter (Winton, Clark & Edelman, 1995), ob soziale Angst mit einer erhöhten Fähigkeit, negative Emotionen im mimischen Ausdruck zu entdecken, einhergeht. Die Versuchspersonen wurden gebeten, mimische Emotionsausdrücke, die für 60 ms auf Dias dargeboten wurden, als negativ oder neutral einzuschätzen. Die Autoren fanden bei den sozial ängstlichen Versuchspersonen einen Reaktionsbias in dem Sinne, daß sie emotionale Ausdrücke als negativ identifizierten. Auf der anderen Seite lassen Ergebnisse von Yuen (1994), der eine modifizierte Dot-Probe-Aufgabe verwandte, vermuten, daß hohe soziale Angst mit einem Aufmerksamkeitsbias weg von negativen Emotionsausdrücken einhergeht.

Pozo, Carver, Wellens und Scheier (1991) versuchten in ihrer Studie, eine größere Realitätsnähe zu schaffen. Sie täuschten eine *Interaktionssituation* vor. Hoch und niedrig sozial ängstliche Versuchspersonen wurden gebeten, den mimischen Ausdruck ihres angeblichen TV-Interaktionspartners zu interpretieren. Tatsächlich sahen sie ein Videoband von einer Person, die nicht in Kontakt mit ihnen stand. Die Ergebnisse lassen erkennen, daß hoch sozial ängstliche Versuchspersonen den mimischen Ausdruck ihres Interaktionspartners negativer interpretieren als niedrig sozial ängstliche.

In einer Reihe anderer Studien wurden jedoch zwischen sozial ängstlichen und nicht ängstlichen Personen keine Unterschiede beim Dekodieren mimischer Emotionsausdrücke festgestellt (Clark, Siddle & Bond, 1992; Dimberg, 1997; Dimberg & Christmanson, 1991; Dimberg, Frederikson & Lundquist, 1986; Merckelbach, van Hout, van den Hout & Mersch, 1989).

Unseres Wissens wurde bislang bei sozial ängstlichen Kindern die Dekodierung mimischer Emotionsausdrücke nicht untersucht. In der vorliegenden Studie möchten wir deshalb überprüfen, ob sozial ängstliche verglichen mit sozial nicht ängstlichen Kindern Defizite in der Dekodierung mimischer Emotionsausdrücke oder einen Reaktionsbias für negative mimische Emotionsausdrücke zeigen.

8.1.2 Hypothesen

Es werden folgende Hypothesen aufgestellt:

Sozial ängstliche Kinder verglichen mit sozial nicht ängstlichen zeigen bei der Dekodierung mimischer Emotionsausdrücke

1. eine höhere Fehleranzahl.
2. einen Bias, neutrale und positive Emotionsausdrücke negativ zu interpretieren.
3. längere Reaktionszeiten bei der Klassifikation von Emotionen.
4. eine geringere Sicherheit bezüglich der Richtigkeit der Interpretation.
5. längere Reaktionszeiten zur Einschätzung der Sicherheit bezüglich der Richtigkeit der Interpretation.

Die gleichen Hypothesen werden für den Vergleich zwischen sozial ängstlichen Kindern mit und ohne Sozialphobie aufgestellt.

8.2 Methodik

8.2.1 Stichproben

Die Beschreibung der Stichproben erfolgt in Kapitel 6.4 (S. 99).

8.2.2 Beschreibung des Computerprogramms

Für die Dekodierungsaufgabe wurden Fotos von neutralen, positiven und negativen Gesichtsausdrücken computergesteuert auf einem Monitor gezeigt.

8.2.2.1 Stimulusmaterial

Auswahl der Emotionsausdrücke: Bei den positiven Emotionsausdrücken handelte es sich um fröhliche, bei den negativen um angeekelte, traurige und ärgerliche Gesichter. Die negativen Ausdrücke „Verachtung" und „Überraschung" wurden weggelassen. Zum einen gibt es bislang wenig Untersuchungen, die die Universalität von verachtender Mimik belegen. Zum anderen kann „Überraschung" sowohl positiv als auch negativ eingeschätzt werden. Die von uns ausgewählten Emotionsausdrücke werden hingegen von Ekman (1984) als

„universelle" Grundemotionen bezeichnet (vgl. aber auch Landis, 1924; 1929; Klineberg, 1938; Birdwhistell, 1970). Es wurden zur Vereinfachung der Aufgabe nur reine Gefühle, keine Mischgefühle gezeigt. Weiterhin wurden nur mimische Emotionsausdrücke gezeigt, dagegen kein Situationskontext.

Anzahl der Bilder: Insgesamt wurden 72 verschiedene Bilder gezeigt, je 24 für die Kategorien „neutral", „positiv" und „negativ". Die Kategorie „negativ" umfaßte je acht Bilder von angeekelten, ärgerlichen und traurigen Gesichtern. Acht Bilder werden als Mindestgrenze für statistische Effekte angesehen (Ekman, mündliche Mitteilung, Mai 1997). Mehr als 72 Bilder erschienen wiederum für acht- bis zwölfjährige Kinder als zu ermüdend.

Auswahl der Bilder: Gesetzmäßigkeiten beim mimischen Emotionsausdruck werden am besten an lebensechtem Stimulusmaterial untersucht (O'Sullivan, 1982). Dementsprechend zogen wir realistische Fotos schematischen Zeichnungen vor. Die Hälfte der Emotionsausdrücke wurde von Erwachsenen, die andere Hälfte wurde von Kindern gezeigt.

Soweit Erwachsene die mimischen Ausdrücke zeigten, wurden die Fotos der von Matsumoto und Ekman (1988) veröffentlichten („Japanese and Caucasian Facial Expressions of Emotion") Fotoserie entnommen und entsprechend der Kinderfotoserie als Schwarz-Weiß-Fotos in der Größe von 11.5 x 17cm dargeboten. Da die Serie von Matsumoto und Ekman nicht ausreichend viele fröhliche Ausdrücke beinhaltet, wurden acht fröhliche Gesichter von uns neu aufgenommen. Diese Fotos wurden von drei akkreditierten FACS-Experten einstimmig als optimal beurteilt.

Sechzehn der Kinderfotos entstammten einer evaluierten Serie von Camras (unveröffentlicht). Die übrigen zwanzig Kinderbilder wurden in Zusammenarbeit mit einer Fotografin neu aufgenommen. Die Kinder waren im Altersbereich von 5 bis 14 Jahren. In den Instruktionen wurden sie aufgefordert, spezifische Gesichtsmuskeln entsprechend den Kriterien von Ekman (Ekman, Roper & , Hager, 1980) zu kontrahieren, anstatt bestimmte Emotionen darzustellen:

- *Ärger:* Zusammenziehen der Augenbrauen, Zusammenpressen der Lippen, Spannung der Lider (AUs 4, 24, 7)
- *Ekel:* Rümpfen der Nase, Herunterziehen der Unterlippe (AUs 9, 16)

- *Traurigkeit*: Senken der Mundwinkel, Heben des inneren Teils der Augenbrauen, Herunterziehen der Unterlippe (AUs 15, 1, 16)
- *Freude*: Heben der Mundwinkel (AU 12)

Dieses Vorgehen erleichterte es den Kindern, die geforderten Emotionen auszudrücken, und reduzierte idiosynkratische Emotionsausdrücke. Als weiteres Hilfsmittel erhielten die Kinder einen Handspiegel, um ihren Gesichtsausdruck zu kontrollieren. Außerdem wurden Fotos mit den entsprechenden Emotionsausdrücken gezeigt, und sie wurden modellhaft vorgeführt. Die Fotos wurden mit einer Canon AE-1 Program Kamera und einem Canon FD 2,8 / 135 Objektiv aufgenommen. Es wurde darauf geachtet, Kopfgröße und -neigung zu vereinheitlichen.

Bei den Gesichtsausdrücken handelt es sich also um *willentliche* Ausdrücke. Von vielen Emotionsforschern wird der spontane Emotionsausdruck als der einzig echte Ausdruck angesehen. Spontane mimische Emotionsausdrücke beinhalten aber auch eine Reihe von Schwierigkeiten (O'Sullivan, 1982):

1. Nicht alle Menschen zeigen eine gleich gute mimische Emotionsausdrucksfähigkeit.
2. Viele zeigen idiosynkratische mimische Emotionsausdrücke als Ergebnis persönlicher, familiärer oder kulturell erlernter Ausdrucksmöglichkeiten (display rules).
3. Situationen, in denen spontane Emotionsausdrücke aufgezeichnet werden, z.B. Labors, sind meist künstlich und ermutigen nicht zu natürlichen Reaktionen.
4. Ist die Person sich bewußt, daß sie fotografiert wird, handelt es sich nicht mehr um einen spontanen Ausdruck.
5. In der Interaktion mit Versuchsleitern bemühen sich die Probanden zumeist, angemessen zu reagieren.
6. Nur wenige Emotionen können in ethisch vertretbarer Weise im Labor spontan hervorgerufen werden.

Aus diesen Gründen zogen wir den willentlichen mimischen Emotionsausdruck vor.

Die 83 neu aufgenommenen Fotos wurden hinsichtlich der Eindeutigkeit der gezeigten Emotionen (oder eines neutralen Ausdrucks) von 38 erwachsenen Ratern (Alter: M = 25.19 Jahre, SD = 9.88 Jahre; 25 Frauen, 13 Männer) eingeschätzt, welche sie den Kategorien „Neutral", „Freude", „Ärger/Wut", „Trauer", „Ekel", „Angst/Furcht", „Erstaunen" sowie „Nichts von alledem" zuordnen sollten. Pro Foto wurde der Prozentsatz richtiger Zuordnungen berechnet. Außerdem wurden die Fotos von drei akkreditierten FACS-Experten beurteilt (Tabelle 8.1). Für das Computerprogramm wurden nur Fotos verwendet, die von der Mehrheit der Stichprobe erwachsener Rater eindeutig identifiziert wurden. Fotos, die nach einem Expertenurteil nicht optimal waren, aber von allen Ratern richtig zugeordnet wurden, wurden beibehalten (mündliche Empfehlung von L. Camras, März 1997). Die Beurteilung durch eine Kinderstichprobe erfolgte mit der normalgesunden Kontrollgruppe.

Tabelle 8.1 Bewertungen der neu aufgenommenen Kinderfotos

EMOTION	Bildnr.	38 Rater	FACS-Expertin A	FACS-Expertin B	FACS-Expertin C
NEUTRAL	1	94.7%	1	1	1
	2	84.2%	1	1	1
	3	63.2%	1	1	1
	4	92.1%	1	1	1
	5	94.7%	1	1	1
	6	89.5%	1	1	1
FREUDE	7	100%	1	1	1
	8	100%	1	1	1
	9	97.4%	1	1	1
	10	97.4%	1	1	1
	11	92.1%	1	1	1
	12	100%	1	1	1
	13	97.4%	1	1	1
	14	97.4%	1	1	1
	15	94.7%	1	1	1
	16	97.4%	1	1	1
ÄRGER	17	97.4%	1	1	1
	18	100%	1	0	1
EKEL	19	92.1%	1	1	1
	20	92.1%	1	1	1

%: Prozentsatz der Rater, die den emotionalen Gesichtsausdruck auf dem Foto der intendierten Kategorie zuordneten
1: Eindeutig erkennbarer emotionaler Gesichtsausdruck
0: Nicht eindeutig erkennbarer emotionaler Gesichtsausdruck

8.2.2.2 Ablauf des Computerprogramms

Die 72 Fotos wurden computergesteuert von einem Pentium 133 auf einem 17"
Monitor dargeboten. Das Computerprogramm wurde mit dem „Experimental Run
Time System" (ERTS V3.16, Beringer, 1993) programmiert. Die Erwachsenen-
und Kinder-Foto-Serien wurden vermischt dargeboten, um eine ökologisch valide
Situation zu schaffen. Die Fotos erschienen in randomisierter Reihenfolge.

Sehwinkel: Es wurde keine Kinnstütze eingesetzt, da sie behindernd wirken kann.
Jedoch wurde ein Bildschirmabstand von etwa 80 cm eingehalten, um einen
Sehwinkel unter 5° zu gewährleisten.

Fixierkreuz: Vor jeder Fotodarbietung wurde für eine Sekunde ein Fixierkreuz in
der Bildschirmmitte gezeigt. Die Kinder bekamen die Instruktion, dieses Kreuz
nicht aus den Augen zu lassen.

Darbietungszeit der Fotos: Um akkurate Wahrnehmungen zu vermeiden, sollte eine Präsentationszeit unter 100 ms gewählt werden (Esteves & Öhman, 1993). Wir wählten in Anlehnung an Winton und Mitarbeitern (1995) eine Darbietungszeit von 60 ms, die sich in unseren Vorversuchen auch bei Kindern als günstig erwiesen hat.

Maske: Unmittelbar nach jedem Foto wurde eine Sekunde lang eine Maske gezeigt, die der Verhinderung eines Nachbildes dient. Die Maske bestand aus einem unstrukturierten Muster mit vergleichbarer Leuchtintensität wie das Foto. Erikson (1980) übte Kritik an dem Vorgehen des „backward masking", da spezifische Überlappungen zwischen den Zielreizen und Konturen der Maske entstehen könnten. Diese Gefahr besteht jedoch insbesondere bei Ähnlichkeiten zwischen Zielreiz und Maske. Costen und Mitarbeiter (1994) zeigten Interaktionen bei der Verarbeitung von Gesichtsreizen, wenn die nachfolgende Maske ein Gesicht war. Auch wenn die Maske nur aus Gesichtsfragmenten bestand, ergaben sich beachtenswerte Maskierungseffekte, und zwar unabhängig davon, ob die äußere Gesichtsstruktur erhalten blieb oder nicht. Die Autoren folgerten aus ihren Experimenten, daß die Maskierung Einfluß auf höher geordnete Stufen im Gesichterverarbeitungssystem hat. Um diese Interferenzen zu vermeiden, wurde in der vorliegenden Studie eine Maske aus einem unstrukturierten Muster gewählt. Um ein Nachklingen des dargebotenen Fotos (auf physikalischer Ebene) zu verhindern, wurde aber nicht, wie es einige Wissenschaftler empfehlen (Erikson, 1980; mündliche Mitteilung von A. Müller, Januar 1997) völlig auf die Darbietung einer Maske verzichtet.

Reaktionsmöglichkeit: Die Kinder wurden gebeten, per Tastendruck so schnell wie möglich die auf den Fotos gezeigten Gesichtsausdrücke nonverbal als ☹, ☺ oder ☻ zu klassifizieren (forced choice). Die korrekte Antwort beinhaltet nur das Erkennen des Gesichtsausdrucks, es wird kein zusätzliches Wissen, etwa über die Angemessenheit des Gesichtsausdrucks für bestimmte soziale Situationen, gefordert. Die Reaktionszeiten bis zum Tastendruck wurden gemessen. Anschließend wurden die Kinder gebeten, per Tastendruck anzugeben, wie sicher sie sich hinsichtlich dieser Einschätzung waren (Rating von eins „ganz sicher" bis fünf „überhaupt nicht sicher"). Wiederum wurde die Reaktionszeit gemessen. Das nächste Foto wurde erst nach dieser Reaktion gezeigt (s. Abb. 8.1).

Ablauf des Computer-Programms

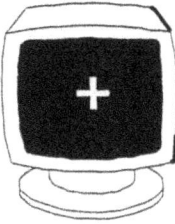

1 s — Fixier-Kreuz

60 ms — Stimulus

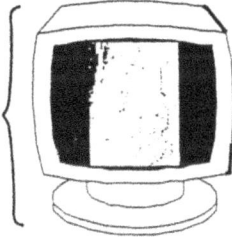

1 s — Maske

Klassifikation der mimischen Emotionsausdrücke

Wie sicher bist Du Dir?
1 - ganz sicher
2 - sicher
3 - mittelmäßig sicher
4 - kaum sicher
5 - überhaupt nicht sicher

Selbsteinschätzung der Korrektheit der Klassifikation

Abbildung 8.1 Ablauf der Testdurchgänge beim Computer-Programm

3 langsame Probedurchgänge

↓

3 x 6 Durchgänge zur Tastenzuordnung

↓

10 Probedurchgänge im normalen Tempo

↓

36 Testdurchgänge

↓

Pause

↓

36 Testdurchgänge

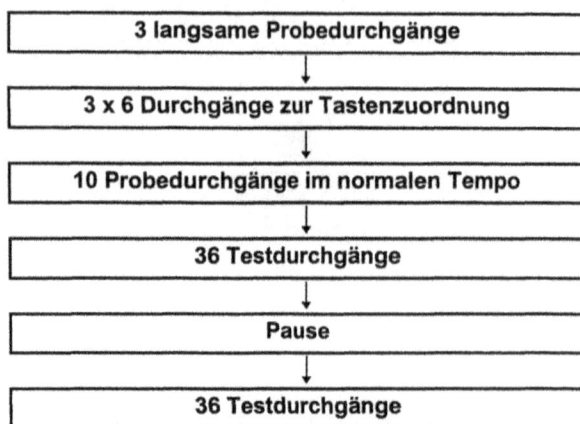

Abbildung 8.2 Ablauf des Computerprogramms

Ablauf des Computerprogramms: Zunächst wurde an drei langsamen Übungs-durchgängen die Aufgabe erklärt. Die Tasten zur Grobklassifikation sollten mit Zeige-, Mittel- und Ringfinger bedient werden. Achtzehn Durchgänge, in denen ☹, ☺ und ☺ dazu aufforderten, die entsprechend gekennzeichnete Taste zu drücken, dienten zur Einübung der Tastenzuordnung. Nach jeder Reaktion wurde rückgemeldet, ob das Kind die richtige oder falsche Taste gedrückt hatte. Es schlossen sich 10 Probedurchgänge im normalen Tempo an, um das Kind an die kurze Darbietungszeit zu gewöhnen. Dann folgten 72 Testdurchgänge. Nach den ersten 36 Fotos wurde dem Kind etwas zu trinken angeboten und eine Pause von einigen Minuten ermöglicht (Abb. 8.2).

8.3   Ergebnisse

Insgesamt waren unter dem Aspekt der Fehlerhäufigkeit und der zur Klassifika-tion benötigten Zeit positive Gesichtsausdrücke für alle Kinder leichter zu deko-dieren als neutrale und negative (Tabelle 8.2).

162

Tabelle 8.2 Fehlerhäufigkeit und Reaktionszeit in der Dekodierungsaufgabe für positive, neutrale und negative Gesichtsausdrücke

Gesichtsausdruck	Fehlerhäufigkeit M (SD)	Reaktionszeit M (SD)
positiv	1.83 (1.91)	1181.31 (398.03)
neutral	4.28 (3.35)	1482.29 (454.01)
negativ	9.71 (3.67)	1624.28 (506.63)

8.3.1 Sozial ängstliche vs. sozial nicht ängstliche Kinder

1. Fehlerhäufigkeit: Die sozial ängstlichen Kinder zeigten verglichen mit den sozial nicht ängstlichen Kindern bei der Dekodierung emotionaler Gesichtsausdrücke keine signifikanten Unterschiede in ihrer Fehlerhäufigkeit (Abb. 8.3). Sie sahen aber signifikant häufiger Emotionen in den neutralen Gesichtsausdrücken (EG I + II: M = 4.82, SD = 3.39; KG: M = 3.20, SD = 3.06; $F(1, 73)$ = 4.06; $p \leq$ .05). Die Analyse der Fehlerhäufigkeiten gab keinen Hinweis für einen Reaktionsbias in dem Sinne, daß positive und neutrale Gesichtsausdrücke als negative eingeschätzt wurden.

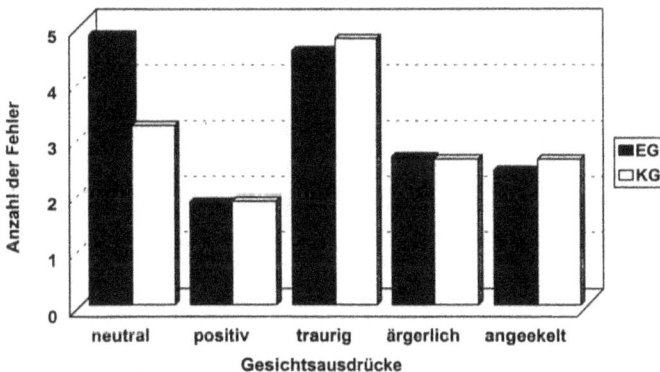

Abbildung 8.3 Fehlerhäufigkeiten

2. Benötigte Zeit zur Klassifikation der Emotionen: Insgesamt zeigten die sozial ängstlichen Kinder verglichen mit den sozial nicht ängstlichen längere Reaktionszeiten (EG I + II: M = 1471.36, SD = 384.04; KG: M = 1208.81, SD = 287.70; $F(1, 73)$ = 9.10; $p \leq .01$). Dieser Gruppenunterschied traf mit Ausnahme des Ekels auf alle Gesichtsausdrücke zu (Abb. 8.4). Außerdem traf er sowohl für die richtig klassifizierten (EG I + II: M = 1400.84, SD = 353.40; KG: M = 1148.61, SD = 258.57; $F(1, 73)$ = 10.02; $p \leq .01$) als auch für die falsch klassifizierten Gesichtsausdrücke zu (EG I + II: M = 1933.99, SD = 651.96; KG: M = 1626.16, SD = 1626.16; $F(1, 73)$ = 3.90; $p \leq .05$).

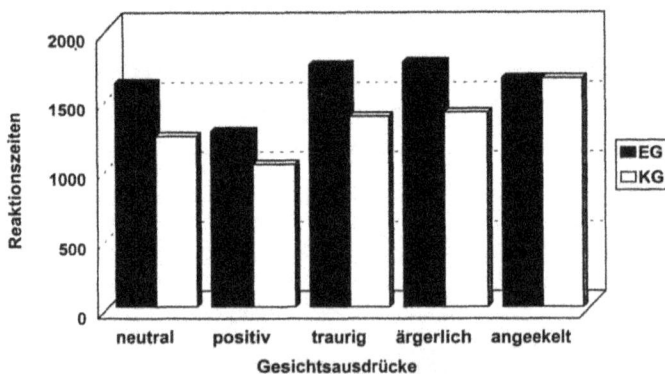

Abbildung 8.4 Benötigte Zeit zur Klassifikation der Emotionen

3. Selbsteinschätzung der Sicherheit: Es fanden sich weder Gruppenunterschiede hinsichtlich der Einschätzung der Sicherheit bei der Klassifikation, noch hinsichtlich der für diese Einschätzung benötigten Zeit.

8.3.2 Sozial ängstliche Kinder mit vs. ohne Sozialphobie

1. Fehlerhäufigkeit: Die sozial ängstlichen Kinder mit Sozialphobie (EG I) machten, verglichen mit den sozial ängstlichen Kindern ohne Sozialphobie (EG II), nicht signifikant häufiger Fehler bei der Dekodierung von Gesichtsausdrücken.

2. Benötigte Zeit zur Klassifikation der Emotionen: Die sozial ängstlichen Kinder mit Diagnose einer Sozialphobie (EG I) hatten, verglichen mit den sozial ängstlichen Kindern ohne Diagnose einer Sozialphobie (EG II), keine signifikant längeren Reaktionszeiten.

3. Selbsteinschätzung der Sicherheit: Auch hinsichtlich der Selbsteinschätzung der Sicherheit ergab sich kein signifikanter Gruppenunterschied zwischen den sozial ängstlichen Kindern mit und ohne Sozialphobie. Lediglich für den angeekelten Gesichtsausdruck ließ sich bei den sozialphobischen Kindern ein Trend erkennen, ihre Klassifikationsleistung schlechter einzuschätzen (EG I: M = 18.47, SD = 4.75; EG II: M = 15.93, SD = 4.29; $t(48)$ = -1.91, $p \leq .062$). Die sozial ängstlichen Kinder mit Sozialphobie zeigten aber längere Reaktionszeiten, um ihre Sicherheit bei der Klassifikation angeekelter (EG I: M = 1626.39, SD = 908.99; EG II: M = 1203.62, SD = 630.38; $F(1, 47)$ = 4.17, $p \leq .05$) und trauriger Gesichtsausdrücke einzuschätzen (EG I: M = 1787.64, SD = 1226.13; EG II: M = 1215.71, SD = 583.93; $F(1, 47)$ = 5.12, $p \leq .05$). Sie benötigten auch mehr Zeit zur Einschätzung ihrer Sicherheit als die Kinder ohne Diagnose einer Sozialphobie, wenn sie die Gesichtsausdrücke zuvor falsch klassifiziert hatten (EG I: M = 1798.16, SD = 902.20; EG II: M = 1326.56, SD = 579.96; $F(1, 48)$ = 5.04, $p \leq .05$).

8.4 Diskussion

Ziel der vorliegenden Studie war es, zu überprüfen, ob sozial ängstliche Kinder bei der Dekodierung mimischer Emotionsausdrücke Defizite oder einen Reaktionsbias für negative Emotionsausdrücke zeigen. Überprüft wurde, ob sozial ängstliche Kinder sich bei einer Dekodierungsaufgabe hinsichtlich Fehlerhäufigkeit, benötigter Zeit zur Klassifikation der Emotionsausdrücke, der selbsteingeschätzten Sicherheit in ihrer Klassifikation und der zur Sicherheitseinschätzung benötigten Zeit von sozial nicht ängstlichen Kindern unterschieden. Es wurde auch überprüft, ob die vermuteten Auffälligkeiten innerhalb der Gruppe der sozial ängstlichen Kinder möglicherweise auf die Kinder mit der Diagnose einer Sozialphobie beschränkt oder bei diesen besonders ausgeprägt sind.

Bei den fröhlichen Gesichtern war die Anzahl richtiger Klassifikationen generell (d.h. in allen Gruppen) höher und die Zeit, die zur Klassifikation benötigt wurde, generell kürzer (Tabelle 8.2). Dieses Ergebnis stimmt mit Befunden anderer Studien überein, die an Kindern durchgeführt wurden (z. B. Bullock & Russell, 1984; Felleman, Barden, Carlson, Rosenberg & Masters, 1983; Reichenbach & Masters, 1983).

Fehlerhäufigkeit: Hinsichtlich der Fehlerhäufigkeit war die Dekodierleistung der sozial ängstlichen Kinder ebenso gut wie die der sozial nicht ängstlichen Kinder. Im Gegensatz zur Annahme von Winton und Mitarbeitern (1995) gab es bei den sozial ängstlichen Kindern keinen Hinweis für eine erhöhte Fähigkeit, negative mimische Emotionsausdrücke zu erkennen, oder einen Reaktionsbias für negative mimische Emotionsausdrücke zu zeigen. Die sozial ängstlichen Kinder sahen aber häufiger Emotionen in den neutralen mimischen Ausdrücken. Eine mögliche Erklärung für diesen Befund könnte sein, daß sozial ängstliche Kinder häufiger emotionale Reaktionen von anderen erwarten und somit neutrale mimische Ausdrücke fehlinterpretieren. Eine andere Möglichkeit ist, daß sie spezifisch in Leistungssituationen (wie etwa der vorliegenden experimentellen Aufgabe) mimische Ausdrücke sorgfältiger nach Hinweisreizen absuchen und so dazu tendieren, auch unbedeutende Gesichtsmuskelkontraktionen im Sinne von Emotionen zu interpretieren, die sie unter anderen Bedingungen als irrelevant betrachtet hätten. Diese Annahmen müssen in künftigen Studien überprüft werden.

Benötigte Zeit zur Klassifikation der Emotionen: Die sozial ängstlichen Kinder benötigten verglichen mit den sozial nicht ängstlichen mehr Zeit, mimische Emotionsausdrücke zu dekodieren. Es stellt sich die Frage, ob dieser Effekt auf einer Neigung der sozial ängstlichen Kinder gründet, vorsichtiges Verhalten im Sinne eines reflexiven kognitiven Stils zu zeigen. Wie Messer (1970) zeigte, ist starke Angst, einen Fehler zu begehen, ein Vorläufer für einen reflexiven kognitiven Stil. Der Definition nach äußert sich ein reflexiver kognitiver Stil in der Tendenz zu langen Reaktionszeiten bei gleichzeitig niedriger Fehlerquote. Die sozial ängstlichen Kinder machten aber nicht weniger Fehler als die sozial nicht ängstlichen.

Sie benötigten lediglich mehr Zeit für die gleiche Leistung. Es ist deshalb möglich, daß das Dekodieren von mimischen Emotionsausdrücken für sie schwieriger ist.

Es ist auch möglich, daß sozial ängstliche Kinder es vermeiden, die Aufmerksamkeit auf mimische Emotionsausdrücke zu lenken. Nach den Ergebnissen einer Studie von Ehlers (persönliche Mitteilung, Juni 1998) neigten sozial ängstliche erwachsene Versuchspersonen dazu, die Aufmerksamkeitszuwendung zu Gesichtern zu vermeiden, wenn diese gleichzeitig mit Objekten dargeboten wurden. Die Hypothese, daß eine solche Vermeidung generell besteht, ist aber unwahrscheinlich. In unserer Studie benötigten die sozial ängstlichen Kinder nicht für die Klassifizierung aller mimischen Emotionsausdrücke längere Reaktionszeiten. „Ekel" klassifizierten sie ebenso schnell wie die sozial nicht ängstlichen Kinder. Vergleicht man den Ekel mit den anderen Kategorien des Gesichtsausdrucks, die in der vorliegenden Studie dargeboten wurden, scheint es offensichtlich, daß Ekel weniger relevant für sozial bewertende Situationen ist. Ekel wird vielmehr vorrangig im Zusammenhang mit schlechtem Geschmack, Geruch oder Berührungen gezeigt. Man kann deshalb spekulieren, daß sozial ängstliche Kinder nicht Gesichter per se vermeiden, sondern eher mimische Emotionsausdrücke, die für soziale Bewertungen relevant sind. Zur Überprüfung dieser Annahme könnte eine Studie entworfen werden, die die Kategorien „Verachtung" und „Ekel" umfaßt. Der Ausdruck der Verachtung ist ähnlich dem des Ekels, da beide ähnliche Gesichtsmuskelkontraktionen teilen (Ekman & Friesen, 1984). Im Gegensatz zum Ekel beinhaltet Verachtung aber eine negative Bewertung des Interaktionspartners. Wir würden erwarten, daß sozial ängstliche Kinder mehr Zeit für die Dekodierung von Verachtung als von Ekel benötigen.

Selbsteinschätzung der Sicherheit: Hinsichtlich der Sicherheit bei der Klassifikation der Emotionen wurden keine Gruppenunterschiede zwischen sozial ängstlichen und sozial nicht ängstlichen Kindern festgestellt. Auch benötigten die sozial ängstlichen Kinder nicht mehr Zeit, um ihren Sicherheitsgrad einzuschätzen. Diese Befunde stehen wiederum nicht in Übereinstimmung mit der Hypothese eines reflexiven kognitiven Stils. Wenn ein reflexiver kognitiver Stil die Befunde für sozial ängstliche Kinder erklärten, sollte eine längere Reaktionszeit zur Einschätzung der Sicherheit verglichen mit den sozial nicht ängstlichen Kindern erwartet werden.

Reaktionsbias für negative Gesichtsausdrücke: Einige Studien, die sich mit der Fähigkeit sozial ängstlicher Erwachsener zur Dekodierung von mimischen Ausdrücken beschäftigten, fanden einen Reaktionsbias für negative Emotionsausdrücke (z. B. Dimberg, 1997; Dimberg et al., 1986; Pozo et al., 1991; Winton et al., 1995; Yuen, 1994), nicht jedoch alle (z. B. Clark et al., 1992; Dimberg & Christmanson, 1991; Merckelbach et al., 1989). In der vorliegenden Studie trat kein entsprechender Bias bei den sozial ängstlichen Kindern auf. Dieser Befund kann in unterschiedlicher Weise erklärt werden. Bedeutet er, daß es definitiv keinen Reaktionsbias gibt? Ehlers (persönliche Mitteilung, Juni 1998) fand bei sozial ängstlichen Erwachsenen einen Bias für Gesichter nur unter der Bedingung sozialen Stresses. Unter der Streßbedingung wurden die Versuchspersonen informiert, daß sie im Anschluß an die Aufgabe eine Rede halten sollten. In unserer Studie wurde hingegen versucht, den Kindern keinem Streß auszuliefern. Denkbar ist auch, daß ein anderer Aufgabentyp adäquater ist, um zu überprüfen, ob sozial ängstliche Kinder einen Reaktionsbias für negative mimische Emotionsausdrücke zeigen. In unserer Studie mußten die Kinder mimische Emotionsausdrücke von Bildern dekodieren. Negative Emotionsausdrücke, die auf Fotos gezeigt werden, müssen jedoch für das Kind nicht selbstbedrohlich sein. Studien, die einen Interaktionspartner einbeziehen, so wie die Studie von Pozo und Mitarbeitern (1991), könnten angemessener sein, um einen Reaktionsbias zu überprüfen, da ein Interaktionspartner eine bewertende und damit eine selbstbedrohliche Situation schafft. Es kann also nicht ausgeschlossen werden, daß ein Reaktionsbias für negative Gesichtsausdrücke dann für sozial ängstliche Kinder charakteristisch ist, wenn sie sozialem Streß oder potentiell bewertenden oder selbstbedrohlichen Situationen ausgesetzt sind.

Zwischen *sozial ängstlichen Kindern mit vs. ohne Sozialphobie* gibt es keine signifikanten Unterschiede hinsichtlich Fehlerhäufigkeit und benötigter Zeit zur Klassifikation der Emotionen. Nur wenige, zumeist tendenzielle Unterschiede lassen sich bei der Selbsteinschätzung der Sicherheit erkennen. Im Erkennen des mimischen Emotionsausdrucks scheint es demnach keine Unterschiede zwischen sozial ängstlichen Kindern mit und ohne Sozialphobie zu geben. Allerdings schränkt die geringe Stichprobengröße der sozialphobischen Gruppe (n = 17) die Interpretierbarkeit der Daten ein.

8.5   Zusammenfassung

Studien mit sozial ängstlichen Erwachsenen lassen vermuten, daß soziale Angst u. a. mit Problemen bei der Dekodierung emotionaler Gesichtsausdrücke von anderen Personen verbunden ist. Vergleichbare Studien mit sozial ängstlichen Kindern gibt es bislang nicht. Ziel der vorliegenden Studie ist es, zu überprüfen, ob sozial ängstliche Kinder Defizite bei der Dekodierung von Emotionen zeigen oder einen Reaktions-Bias für negative Gesichtsausdrücke aufweisen. Fünfzig sozial ängstliche und 25 sozial nicht ängstliche Kinder (8-12 Jahre) nahmen an der Studie teil. Fotos von Gesichtern mit entweder neutralen, positiven (fröhlichen) oder negativen (ärgerlichen, traurigen, angeekelten) Gesichtsausdrücken (24 pro Kategorie) wurden für 60 ms in zufälliger Reihenfolge auf einem Computerbildschirm dargeboten. Die Kinder wurden gebeten, mittels Tastendruck anzugeben, ob der Gesichtsausdruck neutral, positiv oder negativ war, und einzuschätzen, (1-5) wie sicher sie sich bei ihrer Klassifikation waren. Hinsichtlich der Fehlerhäufigkeit war die Fähigkeit, emotionale Gesichtsausdrücke zu dekodieren, bei den sozial ängstlichen Kindern ebenso gut wie bei den sozial nicht ängstlichen Kindern. Sozial ängstliche Kinder sahen aber signifikant häufiger Emotionen in neutralen Gesichtern. Außerdem zeigten sie längere Reaktionszeiten, die Gesichtsausdrücke zu klassifizieren. Sie fühlten sich aber nicht weniger sicher hinsichtlich der Richtigkeit ihrer Klassifikation. Auch zeigten sie keine längeren Reaktionszeiten, um ihre Sicherheit einzuschätzen. Es ergaben sich weder Hinweise, daß sozial ängstliche Kinder eine erhöhte Fähigkeit haben, negative Gesichtsausdrücke wahrzunehmen, noch daß sie eine spezifische Tendenz zeigen, neutrale oder positive Gesichtsausdrücke negativ zu interpretieren.

9.   DISKUSSION

Ziel der vorliegenden Studien war es, Aspekte der emotionalen Kompetenz bei sozial ängstlichen Kindern zu untersuchen. Dieser Bereich wurde bislang von der Forschung weitgehend vernachlässigt.

Vorstudien: In der vorliegenden Arbeit wurden zunächst diagnostische Methoden zur Erfassung sozialer Angst im Kindesalter bereitgestellt. Zwei im amerikanischen Sprachraum entwickelte Fragebögen, das Social Phobia and Anxiety Inventory for Children (SPAI-C; Beidel, Turner & Morris, 1995) und die Social Anxiety Scale for Children - Revised (SASC-R; La Greca & Stone, 1993) wurden ins Deutsche übersetzt und an deutschen Schülerstichproben validiert und kreuzvalidiert. Außerdem wurden Normen für die Testverfahren gewonnen. Die Studien beschreiben beide Fragebögen als valide und reliabe Meßinstrumente. Durch diese Bereitstellung der Fragebögen bot sich uns die Möglichkeit, die Stichproben so zu beschreiben, daß ein Vergleich mit Stichprobencharakteristika sozial ängstlicher Kinder insbesondere aus US-amerikanischen Studien möglich ist.

Stichproben: Bei der Rekrutierung der Stichproben für die experimentellen Studien wurden strenge Kriterien gesetzt: (1) Der Gesamtwert des SPAI-C-D mußte einen Prozentrang von 75 bei der Experimentalgruppe überschreiten. (2) Mit dem Kind und seiner Mutter wurde ein diagnostisches Interview (DIPS-K) durchgeführt. Es wurden nur Kinder in die Experimentalgruppe aufgenommen, bei denen die Aussagen der Mutter mit denen des Kindes hinsichtlich sozialer Ängste übereinstimmte. (3) Mit Hilfe des diagnostischen Interviews wurden die sozial ängstlichen Kinder in die Subgruppen mit vs. ohne Diagnose einer Sozialphobie unterteilt. (4) Bei der Kontrollgruppe mußte beim SPAI-C-D-Gesamtwert ein Prozentrang von 75 unterschritten werden. (5) In die Kontrollgruppe wurden zudem keine Kinder aufgenommen, bei denen im Interview starke soziale Ängste beschrieben wurden. Wir glauben, daß wir mit diesem Vorgehen hohen diagnostischen Kriterien für die Identifikation sozial ängstlicher Kinder mit Sozialphobie, sozial ängstlicher Kinder ohne Sozialphobie und sozial nicht ängstlicher Kinder gerecht wurden.

Für die Repräsentativität der Stichprobe sozial ängstlicher Kinder ist von Bedeutung, daß sowohl Kinder untersucht wurden, die früher aufgrund ihrer sozialen

Ängste therapeutisch behandelt worden waren (die sozialen Ängste bestanden weiterhin), als auch Kinder, die bislang keiner Behandlung unterzogen wurden.

Eine größere Stichprobe sozial ängstlicher Kinder mit Sozialphobie wäre wünschenswert gewesen. Möglicherweise ließen sich dann deutlichere Unterschiede zwischen sozial ängstlichen Kindern mit vs. ohne Sozialphobie erkennen. Auch andere differentielle Aspekte, wie z. B. die Überprüfung von Geschlechtsunterschieden, ließen sich dann berücksichtigen.

Der Altersbereich der Kinder wurde so weit wie möglich eingeschränkt. Gleichwohl ist die Spanne zwischen acht und zwölf Jahren im Hinblick auf Entwicklungsunterschiede groß: Einige der älteren Kinder waren bereits in der Pubertät. So mögen die verschiedenen experimentellen Situationen für die älteren und jüngeren Kinder unterschiedlich interessant gewesen sein; auch könnte sich die Bereitschaft zum mimischen Emotionsausdruck oder auch die Dekodierfertigkeit mit der Pubertät ändern. Zwar wurde darauf geachtet, die Kontrollgruppe hinsichtlich der Altersverteilung ähnlich zusammenzusetzen, in künftigen Studien sollte jedoch der Altersbereich aus den genannten Gründen noch stärker eingeschränkt werden.

Experimentelle Studien: Es wurden drei experimentelle Studien durchgeführt, in denen unseres Wissens erstmals der willentliche und spontane mimische Emotionsausdruck sowie die Fähigkeit im Dekodieren mimischen Ausdrucks bei sozial ängstlichen Kindern untersucht wurden. In allen drei Aspekten wurden Defizite bzw. Auffälligkeiten gefunden, über deren Bedeutung für die soziale Angst bei Kindern nur erste Vermutungen angestellt werden können.

In einer experimentellen Studie wurde untersucht, ob sozial ängstliche Kinder Defizite in ihrer *willentlichen* mimischen Ausdrucksfähigkeit aufweisen. Um mögliche Transmissionseffekte zu überprüfen, wurde auch die mimische Ausdrucksfähigkeit der Mütter erfaßt. Die mimischen Emotionsausdrücke wurden zum einen mit dem Facial Action Coding System (FACS; Ekman & Friesen, 1978) ausgewertet, zum anderen wurde die Emotionsqualität durch Rater eingeschätzt. Die Ergebnisse der Studie zeigten, daß die sozial ängstlichen Kinder weniger genaue willentliche mimische Ausdrücke erkennen ließen als die sozial nicht ängstlichen Kinder. Die Mütter der sozial ängstlichen Kinder zeigten willentliche mimische

Ausdrücke von geringerer Intensität als die Mütter der sozial nicht ängstlichen Kinder.

Ziel einer weiteren Studie war es zu untersuchen, ob sozial ängstliche Kinder Defizite in ihrer *spontanen* mimischen Ausdrucksfähigkeit zeigen. Die sozial ängstlichen Kinder wurden zunächst in einer Leistungssituation, die negative Emotionen induzieren sollte, gebeten, ein Puzzle zusammenzusetzen, das jedoch nicht lösbar war. Anschließend sahen sie einen lustigen Film. Hinter einer Einwegscheibe wurden Videoaufnahmen von dem mimischen Ausdrucksverhalten der Kinder gemacht. Die mimischen Ausdrücke wurden mit dem Facial Action Coding System (FACS; Ekman & Friesen, 1978) ausgewertet. Die Ergebnisse ließen erkennen, daß die sozial ängstlichen Kinder in der spontanen Mimik einen verringerten Ausdruck von Freude, jedoch nicht von Ärger oder Frustration zeigten.

In einer dritten Studie wurde untersucht, ob sozial ängstliche Kinder Defizite bei der *Dekodierung* von Emotionen zeigen oder einen Reaktionsbias für negative Gesichtsausdrücke aufweisen. Fotos von Gesichtern mit entweder neutralen, positiven (fröhlichen) oder negativen (ärgerlichen, traurigen, angeekelten) Gesichtsausdrücken wurden für 60 ms in zufälliger Reihenfolge auf einem Computerbildschirm dargeboten. Die Kinder wurden gebeten, mittels Tastendruck anzugeben, ob der Gesichtsausdruck neutral, positiv oder negativ war, und einzuschätzen, wie sicher sie sich bei der Klassifikation waren. Die Ergebnisse der Studie zeigten, daß die sozial ängstlichen Kinder beim Dekodieren von emotionalen Gesichtsausdrücken nicht mehr Fehler machten als die sozial nicht ängstlichen Kinder, daß sie aber (mit Ausnahme für den Ausdruck „Ekel") längere Reaktionszeiten für die Dekodierung benötigten. Außerdem deuteten sie häufiger Emotionen in neutrale Gesichter.

Die Frage, ob Auffälligkeiten in der emotionalen Kompetenz bei sozial ängstlichen Kindern vorliegen, kann also bejaht werden. In dem nonverbalen mimischen Ausdruck von Emotionen sowie der mimischen Emotionserkennung scheint es sozial ängstlichen Kindern nach den Befunden der vorliegenden Studien an Kompetenzen zu mangeln.

Die nonverbale Kommunikation macht einen wesentlichen Teil der zwischenmenschlichen Kommunikation aus. Entsprechend weitreichend dürften die Folgen von Kompetenzdefiziten in diesem Bereich sein. Eine Reihe von Studien anderer

Arbeitsgruppen zeigte Zusammenhänge zwischen dem Ausdrucksverhalten der Kinder und dem Interaktionsverhalten mit ihren Müttern (z. B. Diskin & Heinicke, 1986), dem Gefühl der Einsamkeit (z. B. Christian & Worell, 1989) und der Beliebtheit bei anderen (z. B. Buck, 1975). Speziell bei sozial ängstlichen Kindern könnten daher Kompetenzdefizite im Ausdrucksverhalten, wie sie in unseren eigenen Experimenten gefunden wurden, ein aufrechterhaltender Faktor für das Unwohlsein in sozialen Situationen sein sowie Schwierigkeiten beim Bilden von Freundschaften hervorrufen oder verstärken.

Das Ausdrucksverhalten ist also von großer Bedeutung und verdient nicht nur weitere Untersuchung sondern auch psychologische Einflußnahme. Eine Therapie für sozial ängstliche Kinder sollte Übungen zum mimischen Emotionsausdruck, möglicherweise auch das Erkennen von mimischen Emotionsausdrücken und Übungen zur Überwindung der bestehenden Defizite vorsehen. Therapiestudien könnten zeigen, inwiefern Trainings zum mimischen Emotionsausdruck sich auf die soziale Angst und den Umgang mit sozialen Situationen auswirken.

Subgruppen: Die Unterscheidung zwischen den Subgruppen „sozial ängstliche Kinder mit Sozialphobie" vs. „sozial ängstliche Kinder ohne Sozialphobie" ließ kaum Unterschiede erkennen. Unsere Vermutung, daß sozial ängstliche Kinder mit Sozialphobie ein stärkeres Ausmaß an Defiziten und Auffälligkeiten zeigen, bestätigte sich nicht. Möglicherweise läßt sich dieses Ergebnis auf eine zu geringe Stichprobengröße zurückführen. Zur Deskription der Stichproben der vorliegenden Studien wurden die Mütter zu Vorläufer- und Begleitsymptomen der sozialen Ängste ihres Kindes befragt, zu eigenen Ängsten, zu Ängsten des biologischen Vaters und der Geschwister. Die sozial ängstlichen Kinder unterschieden sich u.a. in sozial integrierte vs. isolierte Kinder. Diese Daten wurden jedoch wegen zu geringer Stichprobengröße nicht zur weiteren Subgruppenbildung bei der Auswertung der experimentellen Studien herangezogen. Interessant wäre die Untersuchung, ob es Unterschiede im mimischen Ausdrucksverhalten zwischen sozial ängstlichen Kindern gibt, die sozial isoliert vs. integriert sind. Denkbar wäre, daß integrierte sozial ängstliche Kinder eine weniger stark verminderte Ausdruckbereitschaft für Freude zeigen als isolierte sozial ängstliche Kinder.

Es wäre auch denkbar, daß sozial ängstliche Kinder verstärkt mimischen Ausdruck zeigen. Vermehrter mimischer Ausdruck könnte z. B. als Ausgleich für eine verminderte verbale Kommunikation dienen. In den vorliegenden Studien wurde allerdings das Verbalverhalten nicht erfaßt. Beobachtungen an schüchternen Kindern sprechen aber für eine verminderte verbale Kommunikation (Asendorpf, 1990b). Beobachtungen an mutistischen Kindern sprechen dafür, daß sich zwei Subgruppen unterscheiden lassen (Bahr, 1996): Kinder, die zwar nicht verbal, aber nonverbal antworten und Kinder, die gestisch und mimisch völlig regungslos scheinen. Weitere Studien sollten sich speziell mit dem Aspekt der Subgruppen-bildung hinsichtlich des mimischen Verhaltens beschäftigen: Ob es eine Sub-gruppe an sozial ängstlichen Kindern gibt, die weniger/mehr mimischen Emo-tionsausdruck zeigen als andere sozial ängstliche Kinder.

Unseren Ergebnissen zufolge liegt bei sozial ängstlichen Kindern nicht ein gene-rell verminderter mimischer Emotionsausdruck vor, sondern eine verminderte mimische Ausdrucksbereitschaft für Freude. Dieses Ergebnis wurde sowohl bei der spontanen als auch bei der willentlichen Mimik gefunden und scheint somit kein Zufallsergebnis zu sein. Insbesondere bei der Kontaktaufnahme ist der Freudeausdruck von großer Bedeutung. Fehlt er oder wird er nur in verminderter Form gezeigt, könnten potentielle Interaktionspartner von der Kontaktaufnahme abgehalten werden.

Störungsspezifität: Ein Vergleich sozial ängstlicher Kinder mit Kindern, die unter anderen Ängsten oder einer depressiven Störung leiden, wäre sinnvoll. Mit derar-tigen Untersuchungen ließen sich Hinweise gewinnen, ob die gefundenen Auffäl-ligkeiten eher ein Charakteristikum speziell von Kindern mit sozialen Ängsten sind, oder ob sie auch für andere Störungsgruppen von Bedeutung sind.

Methodische Probleme: Methodische Probleme wurden jeweils bei der Darstel-lung der einzelnen Studien besprochen (Kapitel 5, 7 und 8). Es ist jedoch auf zwei weitere Probleme hinzuweisen: (1) Zwar wurde viel Mühe darauf verwendet, Versuchsleitereffekte zu vermeiden. So wurden z. B. standardisierte Instruktionen verwendet. Außerdem waren bei der Auswertung der Mimik die Auswerterinnen nicht über die Gruppenzugehörigkeit der Kinder informiert. Bei der Durchführung der vorliegenden experimentellen Studien kann ein Versuchsleitereffekt insofern nicht völlig ausgeschlossen werden, als die Versuchsleiterinnen die Zielsetzung der Untersuchung kannten.

(2) Das zweite Problem, das die Interpretierbarkeit der Studien einschränkt, ist die fehlende systematische Reihenfolgevariation. Es wurde darauf geachtet, die Einflußmöglichkeit vorangehender Studien auf nachfolgende einzuschränken. Zunächst wurde deshalb immer die Studie zur spontanen Mimik durchgeführt. Die Kinder konnten so nicht ahnen, daß der Forschungsschwerpunkt auf dem mimischen Ausdruck lag. Dabei folgte aus ethischen Gründen der frustrierenden Leistungssituation (Puzzle) immer die freudige Filmsituation. In der anschließend durchgeführten Studie zur willentlichen Mimik sollten die Kinder bestimmte mimische Emotionsausdrücke produzieren. Um nicht von Modellvorgaben beeinflußt zu werden, wurde die Emotionserkennungsaufgabe am Schluß durchgeführt. Klinische Stichproben sind schwer zu rekrutieren. Um einen ersten Überblick über das Problemfeld zu gewinnen, wurden in unserer Studie, wie in vielen anderen Studien mit klinisch-psychologischen Untersuchungszielen, im Grunde zu viele Fragen an ein und derselben Stichprobe zu klären versucht. Es läßt sich nicht ausschließen, daß die Befunde auf die Reihenfolge der Untersuchungen zurückgeführt werden kann. So könnte, nachdem die Kinder informiert wurden, daß das Puzzle nicht lösbar war, bezüglich der nachfolgenden Situationen Mißtrauen hervorgerufen worden sein. Es ist denkbar, daß Mißtrauen leichter bei sozial ängstlichen als bei nicht ängstlichen Kindern hervorgerufen werden kann. Möglicherweise haben sie aufgrund ihres höheren Mißtrauens einen eingeschränkteren mimischen Emotionsausdruck in der nachfolgenden freudigen Situation gezeigt. Denkbar ist auch, daß die sozial ängstlichen Kinder in der Untersuchungssituation angespannter waren als die sozial nicht ängstlichen Kinder. Bei der zuletzt durchgeführten Emotionserkennungsaufgabe könnten sie deshalb aufgrund stärkerer Erschöpfung eine geringere Aufmerksamkeit gezeigt haben, die sich in den erhöhten Reaktionszeiten niedergeschlagen haben könnte. Allerdings läßt sich mit dieser Argumentation nicht erklären, warum sozial ängstliche Kinder nicht auch längere Zeit zum Dekodieren des Emotionsausdrucks für „Ekel" benötigten. Das Dilemma der fehlenden systematischen Reihenfolgevariation ließ sich in der vorliegenden Untersuchungsreihe nicht lösen, da nüchtern versuchsplanerische Überlegungen mit ethischen und ökonomischen in Konflikt gerieten. Bei künftigen Untersuchungen sollte versucht werden, weniger Fragestellungen an ein und derselben Stichprobe zu untersuchen, um entsprechende Probleme zu vermeiden.

Forschungsperspektive: In weiteren Studien müßte überprüft werden, inwiefern sich die Ergebnisse der vorliegenden Studien replizieren lassen. Es wäre interessant, Einflußfaktoren auf das mimische Ausdrucksverhalten und das Erkennen von mimischen Emotionsausdrücken zu berücksichtigen. So wäre es sinnvoll, den mimischen Ausdruck und das Erkennen von mimischen Emotionsausdrücken systematisch in sozialen und nicht-sozialen Situationen zu untersuchen. Für den spontanen mimischen Ausdruck ist eine Vergleichbarkeit der emotionsinduzierenden Situationen wichtig. Es könnten etwa verschiedene Videofilme gezeigt werden, die positive und negative Emotionen induzieren, das mimische Ausdrucksverhalten der sozial ängstlichen Kinder, die entweder alleine oder in Gegenwart anderer sind, könnte dann untersucht werden. Außerdem könnten soziale Streßfaktoren variiert werden, sofern es ethisch vertretbar ist. So könnte den Kindern angekündigt werden, nach Ende des Experimentes einer fremden Person den Ablauf des Experiments erklären zu müssen. Damit ließe sich überprüfen, ob das Erregungsniveau Einfluß auf den mimischen Emotionsausdruck und die Emotionserkennung bei sozial ängstlichen Kindern hat.

Möglicherweise sollten künftig auch andere Auswertungsmethoden angewendet werden. Das Facial Action Coding System hat den großen Vorteil der Objektivität und großen Genauigkeit. Andererseits besteht ein Nachteil darin, daß die einzelnen AUs inhaltlich schlecht interpretierbar sind und daß die Abgleichung der AUs mit zuordnenbaren Emotionsausdrücken nur ein Behelf ist. Hier könnte künftig das Emotional Facial Action Coding System (EMFACS; Friesen & Ekman, 1984) eine Verbesserung bieten. Dieses Analysesystem berücksichtigt nur emotionale Ausdrücke. Allerdings ist es derzeit noch nicht öffentlich zugänglich.

Entwicklungsaspekte: Die Frage, wodurch die Defizite in dem mimischen Emotionsausdruck und dem Emotionserkennen bei sozial ängstlichen Kindern verursacht sind, läßt sich anhand der vorliegenden Befunde nicht beantworten. Für die Entstehung des mimischen Emotionsausdrucksverhaltens lassen sich drei Hypothesen unterscheiden:

(1) Die *Reflektionshypothese:* Der mimische Emotionsausdruck spiegelt den internalen Zustand wider. Ein z. B. mimischer Freudeausdruck spiegelt also den freudigen Emotionszustand wider, ein mimischer Ärgerausdruck den ärgerlichen Emotionszustand. Diese Hypothese erklärt zwar teilweise die spontane Mimik,

nicht jedoch die willentliche. Der Reflektionshypothese entsprechend könnten die Auffälligkeiten im mimischen Emotionsausdruck bei sozial ängstlichen Kindern auf den internalen Zustand der Angst zurückgeführt werden. In unserer Untersuchung zur spontanen Mimik zeigten sich im Self-Assessment Manikin (SAM) jedoch keine Unterschiede in den hervorgerufenen Emotionen zwischen sozial ängstlichen und nicht ängstlichen Kindern.

(2) Die *Persönlichkeitshypothese*: Der mimische Ausdruck steht im Zusammenhang mit Persönlichkeitseigenschaften. So könnte zum Beispiel das zurückhaltende Temperament sozial ängstlicher Kinder Ursache für ihren verminderten mimischen Emotionsausdruck sein. Damit bleibt aber die Frage ungeklärt, wie zurückhaltendes Temperament entsteht. Auch Lernprozesse, nicht nur eine genetische Prädisposition sind bei der Vermittlung von Temperament denkbar. Weiterhin fehlen bislang Studien, die überprüften, ob ein verminderter mimischer Ausdruck nicht (nur) Folge von, sondern ein Einflußfaktor für soziale Ängste ist.

3) Die *Sozialisationshypothese*: Der mimische Ausdruck wird erlernt (Halberstadt, 1991).

Der sozialen Lerntheorie zufolge müßten Kinder aus Familien mit verminderten mimischen Ausdrucksverhalten ebenfalls weniger Mimik zeigen, während Kinder aus Familien mit starkem mimischen Ausdrucksverhalten selbst auch mimisch ausdrucksstärker sein müßten. Zahlreiche Studien bestätigen diesen Zusammenhang (z. B. Malatesta & Haviland, 1982). Weitere Studien zeigten, daß der Einfluß des familiären mimischen Ausdrucksverhaltens auch in späteren Jahren, in denen Schule und Gleichaltrige stärkeren Einfluß ausüben, nicht an Bedeutung verliert (z. B. Balswick & Avertt, 1977; Halberstadt, 1986).

In der vorliegenden Studie zur willentlichen Mimik zeigte sich bei den Müttern der sozial ängstlichen Kinder eine Mimik von schwächerer Intensität als bei den Müttern der sozial nicht ängstlichen Kinder. Für die sozial ängstlichen Kinder könnte es also schwieriger gewesen sein, mimische Ausdrücke von den Müttern nachzuahmen.

Halberstadt (1991) postuliert in ihrem Modell zur Entwicklung des Ausdrucksverhaltens andererseits, daß ein vermindertes mimisches Ausdrucksverhalten im familiären Umfeld die Kinder für schwach ausgeprägte Emotionsausdrücke sen-

sibler werden läßt. Es könnte also sein, daß Kinder aus einem solchen Lernum-
feld einerseits weniger geübt sind im Ausdrücken von Emotionen, andererseits
aber besser geschult sind im Dekodieren. In empirischen Untersuchungen fand
sich dieser negative Zusammenhang aber nur bei Erwachsenen. Bei Kindern
zeigte sich umgekehrt ein positiver Zusammenhang zwischen familiärem mimischen Ausdrucksverhalten und dem Erkennen von Emotionsausdrücken.
Halberstadt (1991) führt diese Befunde auf einen Entwicklungseffekt zurück:
Zunächst sei es für Kinder aus Familien mit vermindertem mimischen Ausdrucksverhalten schwieriger, das Dekodieren von mimischen Emotionsausdrücken zu lernen. Mit der Zeit gewännen sie jedoch im Vergleich zu Kindern aus
Familien mit starkem mimischen Ausdrucksverhalten mehr Fähigkeiten, selbst
schwache mimische Emotionsausdrücke zu erkennen. Im Erwachsenenalter
würde sich somit schließlich ein negativer Zusammenhang zwischen der Erken-
nensleistung von Emotionen und dem familiären mimischen Ausdrucksverhalten
ergeben.

Auch in der vorliegenden Studie zeigte sich bei den sozial ängstlichen Kindern
keine bessere Fähigkeit im Erkennen mimischer Emotionsausdrücke. Sie deuteten viel mehr häufiger Emotionen in neutrale Gesichter. Diese Reaktion ließe sich
möglicherweise mit einem mimisch wenig ausdrucksstarken familiären Umfeld
erklären, in dem auch feine Andeutungen von Mimik dekodiert werden müssen.
Ebenfalls in Übereinstimmung mit Halberstadts Modell stehen die Ergebnisse
einer neueren Studie an erwachsenen Sozialphobikern. Hier zeigten Sozialphobiker eine bessere Leistung im Erkennen mimischer Emotionsausdrücke als die
normalgesunde Kontrollgruppe (mündliche Mitteilung von S. Benna, Juli 1998).
Die Befunde anderer Studien an sozial ängstlichen Erwachsenen ohne Sozialphobie legen hingegen ein Responsebias für negative Emotionsausdrücke nahe
(z. B. Winton, Clark & Edelman, 1995).

In weiteren Studien muß überprüft werden, ob sich das Modell von Halberstadt
(1991) zur Entwicklung des nonverbalen Ausdrucksverhaltens auf die Fähigkeit
des Erkennens und Ausdrückens mimischer Emotionen bei sozial ängstlichen
Personen anwenden läßt. Mit Querschnittstudien könnten unterschiedliche Altersstufen von sozial ängstlichen Kindern, Jugendlichen und Erwachsenen hinsichtlich ihres emotionalen Ausdrucksverhaltens und ihrer Emotionserkennung
untersucht werden. Günstiger noch wären Längsschnittstudien, die die Entwick-

lung des emotionalen Ausdrucksverhaltens und der Emotionserkennung bei sozial ängstlichen Kindern verfolgen.

Selbstaufmerksamkeit: Die vorliegenden Ergebnisse könnten auch unter dem Aspekt erhöhter Selbstaufmerksamkeit bei sozial ängstlichen Kindern betrachtet werden. Eine erhöhte Selbstaufmerksamkeit vermindert die Aufmerksamkeit, die auf die Aufgabe gerichtet werden könnte. Der Einfluß erhöhter Selbstaufmerksamkeit auf die Dekodieraufgabe könnte also generell längere Reaktionszeiten zur Folge haben. In unserer Studie ließen sich tatsächlich längere Reaktionszeiten beim Dekodieren beobachten - allerdings nicht für den Emotionsausdruck „Ekel". Dieses Ergebnis der Studie zur Emotionserkennung läßt sich nur schwer mit einer erhöhten Selbstaufmerksamkeit begründen.

Soziale Ängste werden zumeist mit einer erhöhten *objektiven* Selbstaufmerksamkeit in Verbindung gebracht, die durch soziale Situationen und den mit ihnen einhergehenden Ängsten ausgelöst wird. Eine erhöhte objektive Selbstaufmerksamkeit bedeutet, sich selbst aus der Perspektive von anderen zu beobachten. Sie könnte Auswirkungen auf das mimische Ausdrucksverhalten haben, indem es stärker beobachtet und kontrolliert wird. Allerdings zeigten die vorliegenden Studien auch in nicht-sozialen Situationen Unterschiede im Ausdrucksverhalten. Die Unterschiede in der Filmsituation (Studie 2) lassen sich weniger leicht mit einer erhöhten Selbstaufmerksamkeit erklären.

Ein weiterer Aspekt zur Selbstaufmerksamkeit kann im Zusammenhang mit der Verwendung eines Spiegels in der frustrierenden Leistungssituation (Studie 2) gesehen werden. Spiegel erhöhen die Selbstaufmerksamkeit (Schwarz & Wicklund, 1991). Es ist unklar, welche Effekte sich für das mimische Ausdrucksverhalten ergeben haben und ob differentielle Effekte für sozial ängstliche und nicht ängstliche Kinder hervorgerufen wurden.

Zusammenfassend weisen die in der vorliegenden Arbeit dargestellten Befunde auf Defizite in der emotionalen Kompetenz bei sozial ängstlichen Kindern hin. Es können noch keine abschließenden Aussagen über die Bedeutung dieser Defizite für sozial ängstliche Kinder gemacht werden. Sollten sich die Ergebnisse jedoch replizieren lassen, könnte dies Bedeutung für die Therapie sozialer Ängste im Kindesalter haben.

10. ZUSAMMENFASSUNG

Die vorliegende Arbeit hatte das Ziel, Aspekte der emotionalen Kompetenz bei sozial ängstlichen Kindern zu untersuchen.

Menschen mit hoher emotionaler Kompetenz nehmen eigene und die Emotionen anderer wahr, drücken Emotionen angemessen aus und kontrollieren sie. Das erlaubt ihnen, gute Beziehungen zu anderen Personen aufzubauen. Es wird vermutet, daß psychische Störungen mit starker emotionaler Komponente, wie den Angststörungen, durch ein spezifisches Muster an emotionaler Kompetenz gekennzeichnet sind.

Soziale Angst bei Kindern umfaßt verschiedene Konzepte, z. B. *behavioral inhibition*, Schüchternheit und Sozialphobie, die nicht immer klar zu differenzieren sind. Um Begriffsverwirrungen aus dem Weg zu gehen, wurde in der vorliegenden Untersuchung zwischen sozial ängstlichen Kindern mit Sozialphobie, sozial ängstlichen Kindern ohne Sozialphobie und sozial nicht ängstlichen Kindern unterschieden.

Vorstudien: Zur Diagnostik dieser Gruppen wurden in Vorstudien zunächst zwei im amerikanischen Sprachraum entwickelte Fragebögen, das Social Phobia and Anxiety Inventory for Children (SPAI-C; Beidel, Turner & Morris, 1995) und die Social Anxiety Scale for Children - Revised (SASC-R; La Greca & Stone, 1993) ins Deutsche übersetzt und an deutschen Schülerstichproben validiert und kreuzvalidiert. Außerdem wurden Normen für die Testverfahren gewonnen. Die Studien beschreiben beide Fragebögen als valide und reliable Meßinstrumente.

Kriterien für die Rekrutierung der Stichproben der experimentellen Untersuchung waren zum einen ein Prozentrang ≥ 75 im Social Phobia Inventory for Children (SPAI-C) bei den sozial ängstlichen Kindern und ein Prozentrang ≤ 74 bei den sozial nicht ängstlichen Kindern. Außerdem wurde mit Mutter und Kind ein diagnostisches Interview (DIPS-K) durchgeführt. Es wurden nur Kinder in die Experimentalgruppe aufgenommen, bei denen die Aussagen der Mutter mit denen des Kindes hinsichtlich sozialer Ängste übereinstimmte. Mit Hilfe dieses Interviews wurden die sozial ängstlichen Kinder in die Subgruppen mit vs. ohne Sozialphobie unterteilt. In die Kontrollgruppe wurden keine Kinder aufgenommen, bei denen im Interview starke soziale Ängste beschrieben wurden. Insgesamt wurden 50 sozial ängstliche Kinder (17 von ihnen hatten die Diagnose einer Sozialphobie) und 25 Kontrollkinder rekrutiert.

Fragebogenerhebung: Zur Deskription der Stichproben wurden die Mütter zu Vorläufer- und Begleitsymptomen der sozialen Ängste ihres Kindes, zu eigenen Ängsten, zu Ängsten des biologischen Vaters und der Geschwister befragt. Die sozial ängstlichen Kinder waren im Vergleich zu den sozial nicht ängstlichen bereits im Säuglingsalter ruhiger und anschmiegsamer und zeigten später länger andauernde Schwierigkeiten, sich an den Kindergarten zu gewöhnen. Außerdem führten sie mehr Selbstgespräche und waren grüblerischer, Merkmale, die auf eine erhöhte Selbstaufmerksamkeit hinweisen könnten. Darüber hinaus ließ sich eine Übereinstimmung zwischen den spezifischen sozialen Ängsten von Mutter und Kind erkennen.

In den drei experimentellen Studien wurde der willentliche und spontane mimische Emotionsausdruck sowie die Emotionserkennung bei sozial ängstlichen Kindern untersucht. Dieser Bereich wurde bislang von der Forschung weitgehend vernachlässigt.

Studie 1: In der ersten Studie wurde untersucht, ob sozial ängstliche Kinder Defizite in ihrer willentlichen mimischen Ausdrucksfähigkeit haben. Um mögliche Transmissionseffekte zu überprüfen, wurde auch die mimische Ausdrucksfähigkeit der Mütter erfaßt. Die mimischen Emotionsausdrücke wurden zum einen mit dem Facial Action Coding System (FACS; Ekman & Friesen, 1978) ausgewertet. Zum anderen wurde die Emotionsqualität von Ratern eingeschätzt. Die Ergebnisse der Studie zeigten, daß die sozial ängstlichen Kinder weniger genaue willentliche mimische Ausdrücke erkennen ließen als die sozial nicht ängstlichen Kinder. Die Mütter der sozial ängstlichen Kinder zeigten willentliche mimische Ausdrücke von geringerer Intensität als die Mütter der sozial nicht ängstlichen Kinder.

Studie 2: Ziel der zweiten Studie war es zu untersuchen, ob sozial ängstliche Kinder Defizite in ihrer spontanen mimischen Ausdrucksfähigkeit zeigen. Die sozial ängstlichen Kinder wurden zunächst in einer Leistungssituation, die negative Emotionen induzieren sollte, gebeten, ein Puzzle zusammenzusetzen, das jedoch nicht lösbar war. Anschließend sahen sie einen lustigen Film. Hinter einer Einwegscheibe wurden Videoaufnahmen von dem mimischen Ausdrucksverhalten der Kinder gemacht. Die mimischen Ausdrücke wurden mit dem Facial Action Coding System (FACS; Ekman & Friesen, 1978) ausgewertet. Die Ergebnisse ließen erkennen, daß die sozial ängstlichen Kinder in der spontanen Mimik einen verringerten Ausdruck von Freude, jedoch nicht von Ärger oder Frustration zeigten.

Studie 3: In der dritten Studie wurde untersucht, ob sozial ängstliche Kinder Defizite bei der Dekodierung von Emotionen zeigen oder einen Reaktionsbias für negative Gesichtsausdrücke aufweisen. Fotos von Gesichtern mit entweder neutralen, positiven (fröhlichen) oder negativen (ärgerlichen, traurigen, angeekelten) Gesichtsausdrücken wurden für 60 ms in zufälliger Reihenfolge auf einem Computerbildschirm dargeboten. Die Kinder wurden gebeten, mittels Tastendruck anzugeben, ob der Gesichtsausdruck neutral, positiv oder negativ war, und einzuschätzen, wie sicher sie sich bei der Klassifikation waren. Die Ergebnisse der Studie zeigten, daß die sozial ängstlichen Kinder beim Dekodieren von emotionalen Gesichtsausdrücken nicht mehr Fehler machten als die sozial nicht ängstlichen Kinder, daß sie aber (mit Ausnahme für den Ausdruck „Ekel") längere Reaktionszeiten benötigten. Außerdem deuteten sie häufiger Emotionen in neutrale Gesichter.

In dem mimischen Ausdruck von Emotionen sowie der mimischen Emotionserkennung scheint es sozial ängstlichen Kindern nach den Befunden der vorliegenden Studien an Kompetenzen zu mangeln. Diese Defizite könnten ein aufrechterhaltender Faktor für das Unwohlsein in sozialen Situationen sein sowie Schwierigkeiten beim Bilden von Freundschaften hervorrufen oder verstärken.

11. LITERATUR

Achenbach, T. M. & Edelbrock, C. S. (1983). *Manual for the child behavior checklist and revised child behavior profile.* Burlington: Queen City Printers.

Achenbach, T. M. & Edelbrock, C. S. (1987). *Manual for the youth self report and profile.* Burlington: University of Vermont, Department of Psychiatry.

Achenbach, T., McConaughy, S. H. & Howell, C. T. (1987). Child/adolescent behavioral and emotional problems: Implications of cross-informant correlations for situational specificity. *Psychological Bulletin, 101,* 213-232.

Albano, A. M., DiBartolo, P. M., Heimberg, R. G. & Barlow, D. H. (1995). Children and adolescents: Assessment and treatment. In R. H. Heimberg, M. R. Liebowitz, D. A. Hope & F. R. Schneier (Eds.), *Social Phobia: Diagnosis, assessment and treatment* (pp. 387-425). New York: The Guilford Press.

American Psychiatric Association (1994). *Diagnostic and statistical manual of mental disorders (4th edition).* Washington, DC: Author.

Anderson, J. C., Williams, S., McGee, R. & Silva, P. A. (1987). DSM-III disorders in preadolescent children. *Archives of General Psychiatry, 44,* 69-76.

Arkin, R. M., Appleman, A. J. & Berger, J. M. (1980). Social anxiety, self-presentation, and the self-serving bias in causal attribution. *Journal of Personality and Social Psychology, 38,* 23-35.

Arrindell, W. A., Emmelkamp, P. M. G., Monsma, A. & Brilman, E. (1983). The role of perceived parental practices in the aetiology of phobic disorders: A controlled study. *British Journal of Psychiatry, 143,* 183-187.

Arrindell, W. A., Kwee, G. J., Methorst, G. J., Van der Ende, J., Pol, E. & Moritz, B. J. M. (1989). Perceived parental rearing styles of agoraphobic and socially phobic inpatients. *British Journal of Psychiatry, 155,* 526-535.

Asendorpf, J. B. (1986). Shyness in middle and late childhood. In W. H. Jones, J. M. Cheek & S. R. Briggs (Eds.), *Perspectives on research and treatment* (pp. 91-103). New York: Plenum Press.

Asendorpf, J. B. (1987). Videotape reconstruction of emotions and cognitions related to shyness. *Journal of Personality and Social Psychology, 53,* 542-549.

Asendorpf, J. B. (1989). Shyness as a final common pathway for two different kinds of inhibition. *Journal of Personality and Social Psychology, 57,* 481-492.

Asendorpf, J. B. (1990a). Development of inhibition during childhood: Evidence for situational specificity and a two factor model. *Developmental Psychology, 26,* 721-730.

Asendorpf, J. B. (1990b). The expression of shyness and embarrassment. In W. R. Crozier (Ed.), *Shyness and embarrassment. Perspectives from social psychology* (pp. 87-118). Cambridge: Cambridge University Press.

Asendorpf, J. B. (1991). Development of inhibited children's coping with unfamiliarity. *Child Development, 62*, 1460-1474.

Asendorpf, J. B. (1993). Beyond temperament: A two factorial coping model of the development of inhibition during childhood. In K. H. Rubin & J. B. Asendorpf (Eds.), *Social withdrawal, inhibition, and shyness in childhood.* (pp. 265-289). Hillsdale: Lawrence Erlbaum Associates, Inc.

Asher, S. R., Hymel, S. & Renshaw, P. D. (1984). Loneliness in children. *Child Development, 55*, 1456-1464.

Asmundson, G. J. G. & Stein, M. B. (1994). Selective attention for social threat in patients with generalized social phobia: Evaluation using a dot-probe paradigm. *Journal of Anxiety Disorders, 8*, 107-117.

Backteman, G. & Magnusson, D. (1981). Longitudinal stability of personality characteristics. *Journal of Personality, 49*, 148-160.

Bagwell, C. L., Newcomb, A. F. & Bukowski, W. M. (1998). Preadolescent friendship and peer rejection as predictors of adult adjustment. *Child Development, 69*, 140-153.

Bahr, R. (1996). *Schweigende Kinder verstehen. Kommunikation und Bewältigung beim elektiven Mutismus.* Heidelberg: Edition Schindele.

Baldwin, J. M. (1894). Bashfulness in children. *Educational Review, 8*, 434-441.

Balswick, J. & Avertt, C. P. (1977). Differences in expressiveness: Gender, interpersonell orientation, and perceived parental expressiveness as contributing factors. *Journal of Marriage and the Family, 39*, 121-127.

Barrios, B. A. & O'Dell, S. L. (1989). Fears and anxieties. In E. J. Mash & R. A. Barkley (Eds.), *Treatment of childhood disorders* (pp. 167-221). New York: Guilford.

Beck, A. T., Emery, G. & Greenberg, R. L. (1985). *Cognitive therapy and the emotional disorders.* New York: International University Press.

Beidel, D. C. (1991). Social phobia and overanxious disorder in school-age children. *Journal of the American Academy of Child and Adolescent Psychiatry, 30*, 545-552.

Beidel, D. C. (1992). *Social phobia in children.* Presented at the National Institute of Mental Health, Washington, DC.

Beidel, D. C., Christ, M. A. & Long, P. J. (1991). Somatic complaints in anxious children. *Journal of Abnormal Child Psychology,19*, 659-670.

Beidel, D. C. & Morris, T. L. (1995). Social Phobia. In J. S. March (Ed.), *Anxiety disorders in children and adolescents* (pp. 181-211). New York: The Guilford Press.

Beidel, D. C. & Turner, S. M. (1988). Comorbidity of test anxiety and other anxiety disorders in children. *Journal of the Abnormal Child Psychology, 16*, 275-287.

Beidel, D. C. & Turner, S. M. (1998). *Shy children, phobic adults. Nature and treatment of social phobia.* Washington: American Psychological Association.

Beidel, D. C., Turner, S. M. & Fink, C. M. (1996). Assessment of childhood social phobia: Construct, convergent and discriminative validity of the Social Phobia and Anxiety Inventory for Children (SPAI-C). *Psychological Assessment, 8*, 235-240.

Beidel, D. C., Turner, S. M. & Morris, T. L. (1995). A new inventory to assess childhood social anxiety and phobia: The social phobia and anxiety inventory for children. *Psychological Assessment, 7*, 73-79.

Benjamin, R. S., Costello, E. J. & Warren, M. (1990). Anxiety disorders in a pediatric sample. *Journal of Anxiety Disorders, 4*, 293-316.

Benna, S. & Rodde, S. (unveröffentlicht). *Fear of Negative Evaluation.* Deutsche Übersetzung. Christoph Dornier Stiftung, Philipps- Universität Marburg.

Bennett, M. & Gillingham, K. (1991). The role of self-focused attention in children's attributions of social emotions to the self. *Journal of Genetic Psychology, 152*, 303-309.

Beringer, J. (1993). *Experimental run time system, Version 3.00.* Berisoft Corporation, Wildenbruchstr. 49, 60431 Frankfurt a. M.

Biederman, J., Rosenbaum, J. F., Bolduc-Murphy, E. A., Faraone, S. V., Chaloff, J., Hirshfeld, D. R. & Kagan, J. (1993). A three-year follow-up of children with and without behavioral inhibition. *Journal of the American Academy of Child and Adolescent Psychiatry, 32*, 814-821.

Biederman, J., Rosenbaum, J. F., Hirshfeld, D. R., Faraone, S. V., Bolduc, E. A., Gersten, M., Meminger, S. R., Kagan, J., Snidman, N. & Reznick, J. S. (1990). Psychiatric correlates of behavioral inhibition in young children of parents with and without psychiatric disorders. *Archives of General Psychiatry, 47*, 21-26.

Birdwhistell, R. L. (1970). *Kinesics and context.* Philadelphia: University of Pennsylvania Press.

Black, B. & Uhde, T. W. (1992). Elective mutism as a variant of social phobia. *Journal of the American Academy of Child and Adolescent Psychiatry, 31*, 1090-1094.

Blurton-Jones, N. G. (1971). Criteria for use in describing facial expressions. *Human Biology, 43*, 365-413.

Boyatzis, C. J. & Satyaprasad, C. (1994). Children's facial and gestural decoding and encoding: Relations between skills and with popularity. *Journal of Nonverbal Behavior, 18*, 37-55.

Bradley, M. M. & Lang, P. J. (1994). Measuring emotion: The Self-Assessment Manikin and the semantic differential. *Journal of Behavior Therapy and Experimental Psychiatry, 25*, 49-59.

Bridges, K. (1932). A genetic theory of the emotions. *Journal of Genetic Psychology, 37*, 514-527.

Briggs, S. R. & Cheadle, L. M. (1986). *Retrospective accounts of the development of shyness.* Paper presented at the Southwestern Psychological Association, Fort Worth, TX.

Briggs, S. R., Cheek, J. M. & Jones, W. H. (1986). Introduction. In Jones, W. H., Cheek, J. M. & Briggs, S. R. (Eds.), *Perspectives on research and treatment* (pp. 1-14). New York: Plenum Press.

Broberg, A. G., Lamb, M. E. & Hwang, P. (1990). Inhibition: Its stability and correlates in sixteen- to forty-month-old children. *Child Development, 61*, 1153-1163.

Brown, E. J., Turovsky, J., Heimberg, R. G., Juster, H. R., Brown, T. A. & Barlow, D. H. (1997). Validation of the Social Interaction Anxiety Scale and the Social Phobia Scale across the anxiety disorders. *Psychological Assessment, 9*, 21-27.

Bruch, M. A. (1989). Familial and developmental antecedents of social phobia: Issues and findings. *Clinical Psychology Review, 9*, 37-47.

Bruch, M. A., Giordano, S. & Pearl, L. (1986). Differences between fearful and self-conscious shy subtypes in background and current adjustment. *Journal of Research in Personality, 20*, 172-186.

Bruch, M. A. & Heimberg, R. G. (1994). Differences in perceptions of parental and personal characteristics between generalized and nongeneralized social phobics. *Journal of Anxiety Disorders, 8*, 155-168.

Bruch, M. A., Heimberg, R. G., Berger, P. & Collins, T. M. (1989). Social Phobia and perceptions of early parental and personal characteristics. *Anxiety Research, 2*, 57-65.

Buck, R. (1975). Nonverbal communication of affect in children. *Journal of Personality and Social Psychology, 31*, 644-653.

Buck, R. (1991). Social factors in facial display and communication: A reply to Chovil and others. *Journal of Nonverbal Behavior, 15*, 155-161.

Buss, A. H. (1980). *Self-consciousness and social anxiety*. San Francisco: Freeman.

Buss, A. H. (1986). A theory of shyness. In W. H. Jones, J. M. Cheek, & S. R. Briggs (Eds.), *Shyness: Perspectives on research and treatment* (pp. 39-46). New York: Plenum Press.

Buss, A. H. & Plomin, R. (1984). *Temperament: Early developing personality traits*. Hillsdale: Lawrence Erlbaum Associates.

Bullock, M. & Russell, J. A. (1984). Preschool children's interpretation of facial expressions of emotion. *International Journal of Behavioral Development, 7*, 193-214.

Butler, G. (1985). Exposure as a treatment for social phobia. Some instructive difficulties. *Behavioral Research and Therapy, 23*, 651-657.

Cacioppo, J. T., Glass, C. R. & Merluzzi, T. V. (1979). Self-statements and self-evaluations: A cognitive response analysis of social anxiety. *Cognitive Therapy and Research, 3*, 249-262.

Camras (unpublished). *Pictures of facial expressions of emotion and neutral faces from children*. Department of Psychology, DePaul University, Chicago, IL.

Casey, R. J. (1996). Emotional competence in children with externalizing and internalizing disorders. In M. Lewis & M. W. Sullivan (Eds.), *Emotional development in atypical children* (pp. 161-183). Mahwah, New Jersey: Lawrence Erlbaum Associates.

Caspi, A., Henry, B., McGee, R. O., Moffitt, T. E. & Silva, P. A. (1995). Temperamental origins of child and adolescent behavior problems: From age three to age fifteen. *Child Development, 66*, 55-68.

Cattell, R. B. (1966). The scree test for number of factors. *Multivariate Behavior Research, 1*, 245-276.

Chapman, (1973). Social facilitation of laughter in children. *Journal of Experimental Social Psychology, 9*, 528-541.

Cheek, J. M. & Busch, C. M. (1981). The influence of shyness and loneliness in a new situation. *Personality and Social Psychology, 41*, 330-339.

Cheek, J. M. & Buss, A. H. (1981). Shyness and sociability. *Journal of Personality and Social Psychology, 41*, 330-339.

Cheek, J. M. & Watson, A. K. (1989). The definition of shyness: Psychological imperialism or construct validity? *Journal of Social Behavior and Personality, 4*, 85-95.

Christian, C. & Worell, J. (1989). *Paths to loneliness*. Paper presented at the Nags Heads Sex and Gender Conference, Nags Head, NC.

Clark, B. M., Siddle, D. A. T. & Bond, N. W. (1992). Effects of social anxiety and facial expression on habituation of the electrodermal orienting response. *Biological Psychology, 33*, 211-223.

Clark, D. B. (1993). *Assessment of social anxiety in adolescent alcohol abusers.* Presented at the Anxiety Disorders Associaton of America Annual Convention, Charleston, SC.

Clark, D. M. (1997). Panic Disorder and Social Phobia. In D. M. Clark & C. G. Fairburn (Eds.), *From Science and practice of cognitive behavior therapy* (pp. 121-153). Oxford: Oxford University Press.

Clark, D. M. & Wells, A. (1995). A cognitive model of social phobia. In R. G. Heimberg, M. R. Liebowitz, D. B. Hope & F. R. Schneier (Eds.), *Social Phobia. Diagnosis, assessment, and treatment* (pp. 69-93). New York: The Guilford Press.

Clark, J. V. & Arkowitz, H. (1975). Social anxiety and self-evaluation of interpersonal performance. *Psychological Reports, 36*, 211-221.

Cloitre, M. & Shear, M. K. (1995). Psychodynamic perspectives. In M. B. Stein (Ed.), *Social phobia. Clinical and research perspectives* (pp. 163 - 187). Washington: American Psychiatric Press.

Coie, J. D. & Dodge, K. A. (1983). Continuities and changes in children's social status: A five year longitudinal study. *Merril-Palmer Quarterly, 29*, 261-282.

Coie, J. D., Dodge, K. A. & Copotelli, H. (1982). Dimensions and types of social status: A cross-age perspective. *Developmental Psychology, 54*, 1400-1416.

Coie, J. D. & Kupfersmidt, J. B. (1983). A behavioral analysis of emerging social status in boy's groups. *Child Development, 54*, 1400-1415.

Cole, D. A. (1985). Display rules and the socialization of affective displays. In G. Zivin (Ed.), *The development of expressive behavior* (pp. 269-287). New York: Academic Press.

Costen, N. P., Shepherd, J. W., Ellis, H. D. & Craw, I. (1994). Masking of faces by facial and non-facial stimuli. *Visual Cognition, 4, 227-251.*

Cranach, B. von, Hueffner, U., Marte, F. & Pelka, R. (1976). A rating scale for the identification of socially withdrawn children in preschool groups. *Praxis der Kinderpsychologie und Kinderpsychiatrie, 25*, 146-155.

Crozier, W. R. (1979). Shyness as a dimension of personality. *British Journal of Social and Clinical Psychology, 18*, 121-128.

Crozier, W. R. & Burnham, M. (1990). Age-related differences in children's understanding of shyness. *British Journal of Developmental Psychology, 8*, 179-185.

Daly, E., Abramovich, R., & Pliner, P. (1980). The relationship between mothers' encoding and their children's decoding of facial expressions of emotion. *Merrill-Palmer Quarterly, 26*, 25-33.

Darwin, C. (1872). *The expression of emotions in man and animals.* London: John Murray.

Davidson, J. (1993). *Childhood histories of adult social phobics.* Presented at the Anxiety Disorders Association of America Annual Convention, Charleston, SC.

Davidson, R. J. (1992). Emotion and affective style: Hemispheric substrates. *Psychological Science, 1*, 39-43.

Davis, M. H. (1983). Measuring individual differences in empathy: Evidence for a multidimensional approach. *Journal of Personality and Social Psychology, 44*, 113-126.

Delprato, D. (1980). Hereditary determinants of fears and phobias. *Behavior Therapy, 11*, 79-103.

DiLalla, L. F., Kagan, J. & Reznick, J. S. (1994). Genetic etiology of behavioral inhibition among two year old children. *Infant Behavior and Development, 17*, 401-407.

Dilling, H., Mombour, W. & Schmidt, M. H. (1992). *Internationale Klassifikation psychischer Störungen.* Weltgesundheitsorganisation. Bern: Verlag Hans Huber.

Dimberg, U. (1997). Social fear and expressive reactions to social stimuli. *Scandinavian Journal of Psychology, 38*, 171-174.

Dimberg, U. & Christmanson, L. (1991). Facial reactions to facial expressions in subjects high and low in public speaking fear. *Scandinavian Journal of Psychology, 32*, 246-253.

Dimberg, U., Frederikson, M. & Lundquist, O. (1986). Autonomic reactions to social and neutral stimuli in subjects high and low in public speaking fear. *Biological Psychology, 23*, 223-233.

Diskin, S. D. & Heinicke, C. M. (1986). Maternal style of emotional expression. *Infant Behavior and Development, 9*, 167-187.

Dodge, K. A. (1986). A social information processing model of social competence in children. In M. Perlmutter (Ed.), *Minnesota Symposium of Child Psychology* (Vol. 18, pp. 77-125). Hillsdale: Lawrence Erlbaum Associates.

Dodge, K. A., Hope, D. A., Heimberg, R. G. & Becker, R. E. (1988). Evaluation of the social interaction self-statement test with a social phobic population. *Cognitive Therapy and Research, 12,* 211-222.

Dodge, K. A., Schlundt, D. C., Schocken, I. & Delungach, I. D. (1983). Social competence and children's sociometric status: The role of peer group entry strategies. *Merrill-Palmer Quarterly, 29,* 309-336.

Doise, W. (1985). Social regulations in cognitive development. In R. A. Hinde, A. N. Perret-Clermont & Stevenson-Hinde, J. (Eds.), *Social relationships and cognitive development* (pp. 294-308). Oxford: Clarendon Press.

Ehlers, B., Ehlers, T. & Makus, H. (1978). *Marburger Verhaltensliste (MVL).* Göttingen: Hogrefe.

Ehlers, T. & Jansky-Sabo, H. (1988). *Zum Problem der Einschätzung der Verhaltensauffälligkeit im Kindesalter: Empirische Untersuchungen der Konkordanz von Eltern, Lehrern, Psychologen und den Kindern selbst.* Unveröffentlichte Berichte aus dem Fachbereich Psychologie, Philipps-Universität Marburg.

Eibl-Eibesfeld, I. (1972). Similarities and differences between cultures in expressive movements. In R. A. Hinde (Ed.), *Non-verbal communication* (pp. 297-314). New York: Cambridge University Press.

Ekman, P. (1973). Cross-cultural studies of facial expression. In P. Ekman (Ed.), *Darwin and facial expression* (pp. 169-222). New York: Academic Press.

Ekman, P. (1982). *Emotion in the human face* (2nd edition). Cambridge: Cambridge University Press.

Ekman, P. (1984). Expression and the nature of emotion. In K. R. Scherer & P. Ekman (Eds.), *Approaches to emotion* (pp. 319-344). Hillsdale: Lawrence Erlbaum Associates.

Ekman, P. (1988). *Gefühlsausdruck und Gefühl. 20 Jahre Forschung von Paul Ekman.* Paderborn: Junfermann-Verlag.

Ekman, P. (1994). Strong evidence for universals in facial expressions: A reply to Russel's mistaken critique. *Psychological Bulletin, 115,* 268-287.

Ekman, P. & Friesen, W. V. (1978). *The facial action code: A manual for the measurement of facial movement.* Palo Alto: The Consulting Psychologists' Press.

Ekman, P. & Friesen, W. V. (1984). *Unmasking the face.* Palo Alto: Consulting Psychologists Press.

Ekman, P., Roper, G. & Hager, J. C. (1980). Deliberate facial movement. *Child Development, 51,* 886-891.

Emde, R. N., Gaensbauer, T. J., & Harmon, R. J. (1976). Emotional expression in infancy: A biobehavioral study. *Psychological Issues Monograph Series, 10* (Monograph No. 37).

Engfer, A. (1993). Antecedents and consequences of shyness in boys and girls: A 6-years longitudinal study. In K. H. Rubin & J. B. Asendorpf (Eds.), *Social Withdrawal, inhibition, and shyness in childhood* (pp. 49-79). Hillsdale: Lawrence Erlbaum Associates.

Erikson C. W. (1980). The use of a visual mask may seriously confound your experiment. *Perception and Psychophysics, 28, 89-92.*

Esteves, S. & Öhman, A. (1993). Masking the face: Recognition of emotional facial expressions as a function of the parameters of backward masking. *Scandinavian Journal of Psychology, 34, 1-18.*

Eysenck, H. J. & Eysenck, S. B. (1968). A factorial study of psychoticism as a dimension of personality. *Multivariate Behavior Research, Special Issue,* 15-31.

Fellemann, E. S., Barden, R. C., Carlson, C. R., Rosenberg, L. & Masters, J. C. (1983). Children's and adults' recognition of spontaneous and posed emotional expressions in young children. *Developmental Psychology, 19,* 405-413.

Fischer, K. (1980). A theory of cognitive development: The control and construction of hierarchies of skills. *Psychological Review, 87,* 477-531.

Flavell, J. H. (1970). Concept development. In P. H. Mussen (Ed.), *Carmichael's manual of child psychology,* Vol. 1. (pp. 983-1060). New York: Wiley.

Florin, I. & Fiegenbaum, W. (1990). Angststörungen bei Kindern. In W. Fiegenbaum & J. C. Brengelmann (Hrsg.), *Angststörungen. Diagnose und Therapie* (S. 37-66). München: Gerhard Röttger Verlag.

Fox, N. A. (1989). Psychophysiological correlates of emotional reactivity during the first year of life. *Developmental Psychology, 25,* 364-372.

Fox, N. A. (1991). If it's not left, it's right. *American Psychologist, 46,* 863-872.

Francis, G. (1088). Assessing cognitions in anxious children. *Behavior Modification, 12,* 267-280.

Francis, G., Last, C. G. & Strauss, C. C. (1992). Avoidant personality disorder and social phobia in children and adolescents. *Journal of the American Academy of Child and Adolescent Psychiatry, 31,* 1086-1089.

Freihaut, C. (1993). Wenn Kinder fremdeln. *Psychologie Heute, 20,* 16-17.

Friesen, W. V. & Ekman, P. (unpublished). *EMFACS - Emotion dictionary.* Unpublished Manuscript of the University of San Francisco, San Francisco.

Fürntratt, E. (1969). Zur Bestimmung der Anzahl interpretierbarer gemeinsamer Faktoren in Faktorenanalysen psychologischer Daten. *Diagnostica, 15*, 62-75.

Fyer, A. J., Mannuzza, S., Chapman, T. F., Liebowitz, M. R. & Klein, D. F. (1993). A direct interview family study of social phobia. *Archives of General Psychiatry, 50*, 286-293.

Garcia-Coll, C., Kagan, J. & Reznick, J. S. (1984). Behavioral inhibition in young children. *Child Development, 55*, 1005-1019.

Gilbert, P. (1989). *Human nature and suffering*. Hillsdale: Lawrence Erlbaum Associates.

Girodo, M., Dotzenroth, S. E. & Stein, S. J. (1981). Causal attribution bias in shy males: Implications for self-esteem and self-confidence. *Cognitive Therapy and Research, 5*, 325-338.

Gordon, S. (1989). The socialization of children's emotions: Emotional culture, competence and exposure. In C. Saarni & P. Harris (Eds.), *Children's understanding of emotion*. New York: Cambridge University Press.

Gormally, J., Sipps, G., Raphael, R., Edwin, D. & Varvil-Weld, D. (1981). The relationship between maladaptive cognitions and social anxiety. *Journal of Consulting and Clinical Psychology, 49*, 300-301.

Gough, H. C. & Thorne, A. (1986). Positive, negative, and balanced shyness: Self-definitions and the reactions of others. In Jones, W. H., Cheek, J. M. & S. R. Briggs (Eds.), *Shyness: Perspectives on research and treatment* (pp. 205-225). New York: Plenum Press.

Grant, E. C. (1969). Human facial expression. *Man, 4*, 525-536.

Gray, J. A. (1982). *The neuropsychology of anxiety: An enquiry into the functions of the septo-hippocampal system*. Oxford: Oxford University Press.

Gray, J. A. (1987). *The psychology of fear and stress* (2nd edition). Cambridge: Cambridge University Press.

Greenberg, M. T. & Marvin, R. S. (1982). Reactions of preschool children to an adult stranger: A behavioral system approach. *Child Development, 53*, 481-490.

Haeberlin, U., Moser, U., Bless, G. & Klaghofer, R. (1989). *Fragebogen zur Erfassung von Dimensionen der Integration von Schülern (FDI 4-6)*. Bern: Haupt.

Halberstadt, A. (1986). Family socialization of emotional expression and nonverbal communication styles and skills. *Journal of Personality and Social Psychology, 51*, 827-836.

Halberstadt, A. (1991). Toward an ecology of expressiveness. In R. Feldman & B. Rime (Eds.), *Fundamentals of nonverbal behavior* (pp. 106-160). New York: Cambridge University Press.

Hall, J. A. (1978). Gender effect in decoding nonverbal cues. *Psychological Bulletin, 85*, 845-857.

Harris, P. R. (1984a). Shyness and psychological imperialism: On the dangers of ignoring the ordinary language roots of the terms we deal with. *European Journal of Social Psychology, 14*, 169-181.

Harris, P. R. (1984b). The hidden face of shyness; a message from the shy for researchers and practitioners. *Human Relations, 37*, 1079-1093.

Hartman, L. M. (1983). A metacognitive model of social anxiety: Implications for treatment. *Clinical Psychology Review, 3*, 435-456.

Hartup, W. W. (1985). Relationships and their significance in cognitive development. In R. A. Hinde, A. Perret-Clermont & J. Stevenson-Hinde (Eds.), *Social relationships and cognitive development* (pp.66-82). Oxford: Clarendon Press.

Heimberg, R. G., Holt, C. S. & Schneier, F. R. (1990). DSM-III-R subtypes of social phobia: Comparison of gemeralized social phobics and public speaking phobics. *Journal of Nervous Mental Diseases, 178*, 172-179.

Heimberg, R. G., Hope, D. A., Dodge, C. S. & Becker, R. E. (1990). DSM-III-R subtypes of social phobia: Comparison of generalized social phobics and public speaking phobics. *Journal of Nervous and Mental Disease, 178*, 172-179.

Heimberg, R. G., Hope, D. A., Rapee, R. M. & Bruch, M. A. (1988). The validity of the Social Avoidance and Distress Scale and the Fear of Negative Evaluation Scale with social phobic patients. *Behavior Research and Therapy, 26*, 407-410.

Heimberg, R. G., Juster, H. R., Hope, D. A. & Mattia, J. I. (1996). Cognitive behavioral group treatment: Description, case presentation, and empirical support. In M. B. Stein (Ed.), *Social phobia. Clinical and research perspectives* (pp. 293-321). Washington: American Psychiatric Press.

Henley, N. M. (1977). *Body politics: Power, sex, and nonverbal communication.* Englewood Cliffs: Prentice-Hall.

Herbert, J. D., Hope, D. A. & Bellack, A. S. (1992). Validity of the distinction between generalized social phobia and avoidant personality disorder. *Journal of Abnormal Psychology, 101*, 332-339.

Hess, U., Kappas, A., McHugo, G. J., Kleck, R. E. & Lanzeta, J. T. (1989). An analysis of the encoding and decoding of spontaneous and posed smiles: The use of facial electromyography. *Journal of Nonverbal Behavior, 13*, 121-137.

Hinsch, R. (1991). Konzeption des GSK und allgemeine Vorgehensweise. In U. Pfingsten & R. Hinsch, (Hrsg.), *Gruppentraining sozialer Kompetenzen* (S. 39-43). Weinheim: Psychologie Verlags Union.

Hofman, S. & Roth, W. T. (1996). Controls in social phobia research. Issues related to social anxiety among controls in social phobia research. *Behavior Therapy, 27,* 79-91.

Holt, C. S., Heimberg, R. G. & Hope, D. A. (1992). Avoidant personality disorder and the generalized subtype of social phobia. *Journal of Abnormal Psychology, 101,* 318-325.

Hope, D. A., Gansler, D. A. & Heimberg, R. G. (1989). Attentional focus and causal attributions in social phobia: Implications from social psychology. *Clinical Psychology Review, 9,* 49-60.

Hope, D. A. & Heimberg, R. G. (1988). Public and private self-consciousness and social phobia. *Journal of Personality Assessment, 52,* 626-639.

Hope, D. A., Rapee, R. M., Heimberg, R. G. & Dombeck, M. J. (1990). Representations of the self in social phobia: Vulnerability to social threat. *Cognitive Therapy and Research, 14,* 117-189.

Horn, J. M., Plomin, R. & Rosenman, R. (1976). Heritability of personality traits in adult male twins. *Behavior and Genetics, 6,* 17-30.

Husslein, E. (1978). *Schulangst-Test (SAT).* Göttingen:Hogrefe.

Hymel, S., Woody, E. & Bowker, A. (1993). Social withdrawal in childhood: Considering the child's perspective. In K. H. Rubin & J. B. Asendorpf (Eds.), *Social withdrawal, inhibition, and shyness in children* (pp. 237-262). Hillsdale: Lawrence Erlbaum Associates.

Inderbitzen-Pisaruk, H., Clark, M. L. & Solano, C. H. (1992). Correlates of loneliness in mid-adolescence. *Journal of Youth and Adolescence, 21,* 151-167.

Ishiyama, F. I. (1984). Shyness: Anxious social sensitivity and self-isolating tendency. *Adolescence, 19,* 903-911.

Izard, C. E. (1971). *The face of emotion.* New York: Appleton-Century Crofts.

Izard, C. E. (1972). *Pattern of emotions: A new analysis of anxiety and depression.* New York: Academic Press.

Izard, C. E. (1977). *Human emotions.* New York: Plenum Press.

Izard, C. E. (1978). On the ontogenesis of emotions and emotion-cognition relationships in infancy. In M. Lewis & L. A. Rosenblum (Eds.), *The origins of affect* (pp. 389-413). New York: Plenum Press.

Izard, C. E. (1979). *The maximally discriminative facial movement coding system (MAX)*. Unpublished manuscript, University of Delaware.

Izard, C. E. & Hyson, M. C. (1986). Shyness as a discrete emotion. In W. H. Jones, J. M. Cheek & S. R. Briggs (Eds.), *Shyness: Perspectives on research and treatment* (pp. 147-160). New York: Plenum Press.

Joerger, K. (1981). *Gruppentest für die Soziale Einstellung (SET)*. Göttingen: Hogrefe.

Johnson, S. B. & Melamed, B. G. (1979). The assessment and treatment of children's fears. In B. B. Lahey & A. E. Kazdin (Eds.), *Advances in clinical child psychology* (Vol. 2, pp. 107-139). New York: Plenum Press.

Jones, W. H. & Briggs, S. R. (1984). The self-other discrepancy in social shyness. In R. Schwarzer (Ed.), *The self in anxiety, stress and depression* (pp. 93-107). Amsterdam: North Holland.

Jones, W. H., Briggs, S. R. & Smith, T. G. (1986). Shyness: Conceptualization and measurement. *Journal of Personality and and Social Psychology, 51*, 629-639.

Jones, W. H., Freemon, J. E. & Goswick, R. A. (1981). The persistence of loneliness: Self and other determinants. *Journal of Personality, 49*, 27-48.

Jones, W. H. & Russell, D. (1982). The social reticence scale: An objective instrument to measure shyness. *Journal of Personality Assessment, 46*, 629-630.

Kagan, J. (1989). Temperamental contributions to social behavior. *American Psychologist, 44*, 668-674.

Kagan, J., Reznick, J. S., Clarke, C., Snidman, N. & Garcia-Coll, C. (1984). Behavioral inhibition to the unfamiliar. *Child Development, 55*, 2212-2225.

Kagan, J., Reznick, J. S. & Gibbons, J. (1989). Inhibited and uninhibited types of children. *Child Development, 60*, 838-845.

Kagan, J., Reznick, J. S. & Snidman, N. (1987). The physiology and psychology of behavioral inhibition in children. *Child Development, 58*, 1459-1473.

Kagan, J., Reznick, J. S. & Snidman, N. (1988). Biological bases of childhood shyness. *Science, 240*, 167-171.

Kagan, J., Reznick, J. S., Snidman, N., Gibbons, J. & Johnson, M. O. (1988). Childhood derivates of inhibition and lack of inhibition to the unfamiliar. *Child Development, 59*, 1580-1589.

Kagan, J., Snidman, N. & Arcus, D. M. (1992). Initial reactions to unfamiliarity. *Current Directions in Psychological Science, 6*, 171-174.

Kagan, J., Snidman, N., Julia-Sellers, M. & Johnson, M. O. (1991). Temperament and allergic symptoms. *Psychosomatic Medicine, 53*, 332-340.

Kashani, J. H. & Orvaschel, H. (1990). A community study of anxiety in children and adolescents. *American Journal of Psychiatry, 147*, 313-318.

Kashani, J. H., Orvaschel, H., Rosenberg, T. K. & Reid, J. C. (1989). Psychopathology in a community sample of children and adolescents: A developmental perspective. *Journal of the American Academy of Child and Adolescent Psychiatry, 28*, 701-706.

Kazdin, A. E. (1994). Psychotherapy for children and adolescents. In A. E. Bergin & S. L. Garfield (Eds.), *Handbook of psychotherapy and behavior change* (4th edition, pp. 543-594). New York: Wiley.

Keller, H. & Meyer, H.-J. (1982). *Psychologie der frühesten Kindheit*. Stuttgart: Verlag W. Kohlhammer.

Kendler, K. S., Neale, M. C., Kessler, R. C., Heath, A. C. & Eaves, L. J. (1992). The genetic epidemiology of phobias in women. *Archives of General Psychiatry, 49*, 273-281.

Kessler, R. C., McGonagle, K. A., Zhao, A., Nelson, C. B., Hughes, M., Eshleman, S., Wittchen, H. & Kendler, K. S. (1994). Lifetime and 12-month prevalence of DSM-III-R psychiatric disorders in the United States. *Archives of General Psychiatry, 51*, 8-19.

King, N. J., Hamilton, D. I. & Ollendick, T. H. (1988). *Children's phobias: A behavioural perspective*. Chichester: Wiley.

Klineberg, O. (1938). Emotional expression in Chinese literature. *Journal of Abnormal and Social Psychology, 33, 517-520*.

Klineberg, O. (1940). *Social psychology*. New York: Holt, Rinehart & Winston.

Knutson, B. (1996). Facial expressions of emotion as coordinative motor structures. *Journal of Nonverbal Behavior, 20*, 165-182.

Kupersmidt, J. B., Coie, J. D. & Dodge, K. A. (1990). The role of poor relationships in the development of disorder. In S. R. Asher & J. D. Coie (Eds.), *Peer rejection in childhood* (pp. 274-305). New York: Cambridge University Press.

La Greca, A. M., Dandes, S. K., Wick, P., Shaw, K. & Stone, W. L. (1988). Development of the social anxiety scale for children: Reliability and concurrent validity. *Journal of Clinical Child Psychology, 17*, 84-91.

La Greca, A. M. & Stone, W. L. (1993). Social anxiety scale for children - revised: Factor structure and concurrent validity. *Journal of Clinical Child Psychology, 22,* 17-27.

Landis, C. (1924). Studies of emotional reactions: II. General behavior and facial expression. *Journal of Comparative Psychology, 4, 447-509.*

Landis, C. (1929). The interpretation of facial expression of emotion. *Journal of General Psychology, 2, 59-72.*

Lang, P. J. & Lazovik, A. D. (1963). Experimental desensitization of phobias. *Journal of Abnormal and Social Psychology, 66,* 519-525.

Last, C. G., Hersen, M., Kazdin, A. E., Finkelstein, R. & Strauss, C. C. (1987). Comparison of DSM-III separation anxiety and overanxious disorders: Demographic characteristics and patterns of comorbidity. *Journal of the American Academy of Child and Adolescent Psychiatry, 26,* 527-531.

Last, C. G., Perrin, S. & Hersen, M. (1992). DSM-III-R anxiety disorders in children: Sociodemographic and clinical characteristics. *Journal of the American Academy of Child and Adolescent Psychiatry, 31,* 1070-1076.

Last, C. G., Strauss, C. C. & Francis, G. (1987). Comorbidity among childhood anxiety disorders. *Journal of Nervous and Mental Disease, 175,* 726-730.

Leary, M. R. (1986). Affective and behavioral components of shyness. In W. H. Jones, J. M. Cheeks & S. R. Briggs (Eds.), *Shyness: Perspectives on research and treatment* (pp. 27-38). New York: Plenum.

Leary, M. R. & Atherton, S. C. (1986). Self-efficacy, social anxiety, and inhibition in interpersonal encounters. *Journal of Social and Clinical Psychology, 4,* 256-267.

Leary, M. R. & Dobbins, S. E. (1983). Social anxiety, sexual behavior and contraceptive use. *Journal of Personality and Social Psychology, 43,* 1347-1354.

Leary, M. R. & Kowalski, R. (1995). *Social anxiety.* New York: Guilford Press.

Leitenberg, H. (1990). *Handbook of social evaluation anxiety.* New York: Plenum Press.

Liebowitz, M. R., Gorman, J. M., Fyer, A. J. & Klein, D. F. (1985). Social phobia: Review of a neglected anxiety disorder. *Archives of General Psychiatry, 42,* 729-736.

Ludwig, R. P. & Lazarus, P. J. (1983). Relationship between shyness in children and constricted cognitive control as measured by the Stroop color-word test. *Journal of Consulting and Clinical Psychology, 51,* 386-389.

MacDonald, K. (1987). Parent-Child physical play with rejected, neglected, and popular boys. *Developmental Psychology, 23*, 705-711.

Malatesta, C. Z. & Haviland, J. M. (1982). *Learning display rules: The socialization of affect* (pp. 89-116). New York: Plenum.

Manassis, K., Bradley, S., Goldberg, S., Hood, J. & Swinson, R. P. (1995). Behavioral inhibition, attachment and anxiety in children of mothers with anxiety disorders. *Journal of Psychiatry, 40*, 87-92.

Margraf, J. & Rudolf, K. (1995). Angst in sozialen Situationen: Das Konzept der Sozialphobie. In J. Margraf & K. Rudolf (Hrsg.), *Training sozialer Kompetenz* (S. 11 - 34). Hohengehren: Gerhard Röttger Schneider Verlag.

Marks, I. M. (1969). *Fears and phobias.* London: Heinemann.

Marks, I. M. (1970). The classification of phobic disorders. *British Journal of Psychiatry, 116*, 377-386.

Marks, I. M. (1985). Behavioral treatment of social phobia. *Psychopharmacology, 21*, 615-618.

Marks, I. M. (1987). *Fears, phobias and rituals. Panic, anxiety and their disorders.* New York: Oxford University Press.

Maroldo, G. K. (1981). Shyness and loneliness among college men and women. *Psychological Reports, 48*, 485-486.

Matheny, A. P. (1989). Children's behavioral inhibition over age and across situations: Genetic similarity for a trait during change. *Journal of Personality, 57*, 215-235.

Matsumoto, D. & Ekman, P. (1988). *Japanese and Caucasian Facial Expressions of Emotion (JACFEE) and Japanese and Caucasian Neutral Faces (JACNeuF).* Intercultural and Emotion Research Laboratory, Department of Psychology, San Francisco State University, 1600 Holloway Avenue, San Francisco, CA, 94132.

Mattick, R. P. & Clarke, J. C. (1988). *Development and validation of measures of social phobia scrutiny fear and social interaction anxiety.* Unpublished manuscript.

Mattick, R. P. & Peters, L. (1988). Treatment of severe social phobia. Effects of guided exposure with and without cognitive restructuring. *Journal of Consulting and Clinical Psychology, 56*, 251-260.

McGee, R., Fehan, M., Williams, S., Partridge, F., Silva, P. A. & Kelly, J. (1990). DSM-III disorders in a large sample of adolescents. *Journal of the American Academy of Child and Adolescent Psychiatry, 29*, 611-619.

Mead, M. (1975). Review of Darwin and facial expression by P. Ekman. *Journal of Communication, 25*, 209-213.

Merckelbach, H., van Hout, W., van den Hout, M. A. & Mersch, P. P. (1989). Psychophysiological and subjective reactions of social phobics and normals to facial stimuli. *Behavior Research and Therapy, 27*, 289-294.

Mersch, P. P., Emmelkamp, P. M., Boegels, S. M. & Van der Sleen, J. (1989). Social phobia: Individual response patterns and the effects of behavioral and cognitive interventions. *Behavior Research and Therapy, 27*, 421-434.

Merluzzi, T. V. & Glass, C. R. (1996). Kognitive Diagnosemethoden. In J. Margraf (Hrsg.), *Lehrbuch der Verhaltenstherapie*, Band I (S. 201-215). Berlin: Springer.

Messer, S. (1970). The effect of anxiety over intellectual performance on reflection-impulsivity. *Child Development, 41*, 723-735.

Mineka, S. & Zinbarg, R. (1995). Conditioning and ethiological models of social phobia. In R. G. Heimberg, M. R. Liebowitz, D. B. Hope & F. R. Schneier (Eds.), *Social phobia: Diagnosis, assessment, and treatment* (pp. 134-162). New York: The Guilford Press.

Morris, D. P., Soroker, E. & Burrus, G. (1954). Follow-up studies of shy and withdrawn children - I: Evalutation of later adjustment. *American Journal of Orthopsychiatry, 24*, 743-754.

Nelson, C. A. (1987). The recognition of facial expressions in the first two years of life: Mechanisms of development. *Child Development, 58*, 889-909.

Nelson, C. A. & Horowitz, F. D. (1983). The perception of facial expressions and stimulus motion by 2- and 5-years old infants using holographic stimuli. *Child Development, 54*, 868-877.

Newcomb, A. F. & Bukowski, W. M. (1983). Social impact and social preference as determinants of children's peer group status. *Developmental Psychology, 19*, 856-867.

Nickell, P. V. & Uhde, T. W. (1995). Neurobiology of social phobia. In R. G. Heimberg, M. R. Liobowitz, D. A. Hope & F. R. Schneier (Eds.), *Social phobia: Diagnosis, assessment, and treatment* (pp.113-133). New York: The Guilford Press.

Oei, T. P. S., Kenna, D. & Evans, L. (1991). The reliability, validity and utility of the SAD and the FNE scales for anxiety disorder patients. *Personality and Individual Differences, 12*, 111-116.

Öhman, A. (1986). Face the beast and fear the face: Animal and social fears as prototypes for evolutionary analyses of emotion. *Psychophysiology, 23*, 123-145.

Öhman, A. & Dimberg, U. (1978). Facial expressions as conditioned stimuli for electrodermal responses: A case of „preparedness"? *Journal of Personality and Social Psychology, 36*, 1251-1258.

Öhman, A., Dimberg, U. & Öst, L.-G. (1985). Animal and social phobias: Biological constraints on learned fear responses. In S. Reiss & R. R. Bootzin (Eds.), *Theoretical issues in behavior therapy* (pp. 123-178). Orlando: Academic Press.

Öst, L.-G. (1981). Individual response patterns and the effects of different behavioral methods in the treatment of social phobia. *Behavior Research and Therapy, 19*, 1-16.

Öst, L.-G. (1987). Age of onset in different phobias. *Journal of Abnormal Psychology, 96*, 223-229.

Öst, L.-G. & Hugdahl, K. (1981). Acquisition of phobias and anxiety response patterns in clinical patients. *Behavior Research and Therapy, 16*, 439-447.

O'Sullivan, M. (1982). Measuring the ability to recognize facial expressions of emotions. In P. Ekman (Ed.), *Emotion in the human face* (2nd edition, pp. 281-317). Cambridge: Cambridge University Press.

Parker, G. (1979). Reported parental characteristics of agoraphobics and social phobics. British *Journal of Psychiatry, 135*, 555-560.

Petermann, U. & Petermann, F. (1994). *Training mit sozial unsicheren Kindern* (5. überarbeitete Auflage). Weinheim Psychologie Verlags Union.

Petillon, H. (1980). Soziometrischer Test für 3.-7. Klassen (ST 3-7). In K. Ingenkamp (Hrsg.), *Deutsche Schultests*. Weinheim: Beltz Verlag.

Petillon, H. (1984). *Sozialfragebogen für Schüler für 4. bis 6. Klassen (SFS 4-6)*. Weinheim: Beltz Verlag.

Philipps, K., Fulker, D. W. & Rose, R. J. (1987). Path analysis of seven fear factors in adult and sibling pairs and their parents. *Genetic Epidemiologica, 4*, 345-355.

Piaget, J. (1928). *Judgement and reasoning in the child*. London: Routlege and Kegan Paul.

Pilkonis, P. A. & Zimbardo, P. G. (1979). The personal and social dynamics of shyness. In C. E. Izard (Ed.), *Emotions in personality and psychopathology* (pp. 133-160). New York: Plenum.

Pozo, C., Carver, C. S., Wellens, A. R. & Scheier, M. F. (1991). Social anxiety and social perception: Construing others' reactions to the self. *Personality and Social Psychology Bulletin, 17*, 355-362.

Reich, J. & Yates, W. (1988). Family history of psychiatric disorders in social phobia. *Comprehensive Psychiatry, 29*, 72-75.

Reichenbach, L. & Masters, J. C. (1983). Children's use of expressive and contextual cues in judgements of emotion. *Child Development, 54*, 993-1004.

Remschmidt, H. & Walter, R. (1990). Psychische Auffälligkeiten bei Schulkindern. *Zeitschrift für Kinder- und Jugendpsychiatrie, 18*, 121-132.

Reznick, J. S., Kagan, J., Snidman, N., Gersten, M., Baak, K. & Rosenberg, A. (1986). Inhibited and uninhibited children: A follow-up study. *Child Development, 57*, 660-680.

Rodde, S. & Benna, S. (unveröffentlicht). *Social Phobia Scrutiny Fear Scale and Social Interaction Anxiety Scale*. Deutsche Übersetzung. Christoph Dornier Stiftung, Philipps-Universität Marburg.

Ronen, T. (1997). *Cognitive developmental therapy with children*. Chichester: Wiley.

Rose, R. J. & Ditto, W. B. (1983). A developmental genetic analysis of common fears from early adolescence to early adulthood. *Child Development, 54*, 361-368.

Rosenbaum, J. F., Biederman, J., Bolduc, E. A., Faraone, S. V., Hirshfeld, D. R. & Kagan, J. (1992). Comorbidity of parental anxiety disorders as risk for childhood-onset anxiety in inhibited children. *American Journal of Psychiatry, 149*, 475-481.

Rosenbaum, J. F., Biederman, J., Gersten, M., Hirshfeld, D. R., Meminger, S. R., Herman, J. B., Kagan, J., Reznick, J. S. & Snidman, N. (1988). Behavioral inhibition in children of parents with panic disorder and agoraphobia. *Archives of General Psychiatry, 45*, 463-470.

Rosenbaum, J. F., Biederman, J., Hirshfeld, D. R., Bolduc, E. A. & Chaloff, J. (1991a). Behavioral inhibition in children: A possible precursor to panic disorder or social phobia. *Journal of Clinical Psychiatry, 52*, 5-9.

Rosenbaum, J. F., Biederman, J., Hirshfeld, D. R., Bolduc, E. A., Kagan, J., Snidman, N. & Reznick, J. S. (1991b). Further evidence of an association between behavioral inhibition and anxiety disorders: Results from a family study of children from a nonclinical sample. *Journal of Psychiatric Research, 25*, 49-65.

Rost, D. H. & Schermer, F. J. (1997). *Differentielles Leistungsangst Inventar (DAI)*. Frankfurt/M.: Swets Test Services.

Rubin, K. H. (1985). Socially withdrawn children: An at-risk population? In B. Schneider, K. H. Rubin & J. Ledingham (Eds.), *Children's peer relation: Issues in assessment and intervention* (pp. 125-139). New York: Springer Verlag.

Rubin, K. H., Hymel, S. & Mills, R. (1989). Sociability and social withdrawal in childhood: Stability and outcomes. *Journal of Personality, 57*, 237-255.

Rubin, K. H. & Krasnor, L. R. (1986). Social-cognitive and social-behavioral perspectives on problem solving. In M. Perlmutter (Ed.), *Cognitive perspectives on children's social and behavioral development* (pp. 1-68). The Minnesota Symposia on Child Psychology (Vol. 18). Hillsdale: Lawrence Erlbaum Associates.

Rubin, K. H., LeMare, L. J. & Lollis, S. (1990). Social withdrawal in childhood: Developmental pathways to peer rejection. In S. R. Asher & J. D. Coie (Eds.), *Peer rejection in childhood* (pp. 217-249). Cambridge: Cambridge University Press.

Rubin, K. H. & Mills, R. (1988). The many facets of social isolation in childhood. *Journal of Consulting and Clinical Psychology, 56*, 916-924.

Russell, D., Cutrona, C. E. & Jones, W. H. (1986). A trait-situational analysis of shyness. In W. H. Jones, J. M. Cheek & S. R. Briggs (Eds.), *Shyness: Perspectives on research and treatment* (pp. 239-249). New York: Plenum Press.

Saarni, C. (1990). Emotional competence: How emotions and relationships become integrated. In R. A. Thompson (Ed.), *Socio-emotional development*. Nebraska Symposium on Motivation, 1988 (pp. 115-182). Lincoln, NE: University of Nebraska Press.

Saarni, C. (1992). Children's emotional-expressive behaviors as regulators of others' happy and sad states. *New Directions for Child Development, 55*, 91-106.

Saarni, C. (1993). Socialization of Emotion. In M. Lewis & J. M. Haviland (Eds.), *Handbook of emotions* (pp. 435-446). New York: The Guilford Press.

Salovey, P. & Meyer, J. D. (1990). Emotional intelligence. *Imagination, Cognition, and Personality, 9*, 185-211.

Scherer, M. W. & Nakumara, C. Y. (1968). A fear survey schedule for children (FSS-FC): A factor analytic comparison with manifest anxiety (MAS). *Behaviour Research and Therapy, 6*, 173-182.

Schlenker, B. R. & Leary, M. R. (1982). Social anxiety and self-presentation: A conceptualization and model. *Psychological Bulletin, 92*, 641-669.

Schneider, K., Walter, R. & Remschmidt, H. (1991). Untersuchungen zur Validität einer deutschen Version der Child-Behavior-Checklist (CBCL). *Zeitschrift für Klinische Psychologie, 20*, 52-64.

Schneier, F. R., Johnson, J., Hornig, C. D., Liebowitz, M. R. & Weissman, M. W. (1992). Social Phobia: Comorbidity and morbidity in an epidemiologic sample. *Archives of General Psychiatry, 49*, 282-288.

Schneirla, T. C. (1965). Aspects of stimulation and organization in approach-withdrawal processes underlying vertebrate development. In D. S. Lehrman, R. A.

Hinde & E. P. Shaw (Eds.), *Advances in the study of behavior* (pp. 2-64). New York: Academic Press.

Schouten, J. (1935). *De Verlegenheid*. Groningen: Wolters.

Schulte, D. (1976). *Diagnostik in der Verhaltenstherapie*. München: Urban & Schwarzenberg.

Seitz, W. & Rausche, A. (1992). *Persönlichkeitsfragebogen für Kinder zwischen 9 und 14 Jahren (PFK 9-14)*. Göttingen: Hogrefe.

Seligman, M. (1971). Phobias and preparedness. *Behavior Therapy, 2*, 307-320.

Selman, R. L. (1985). The use of interpersonal negotiation strategies and communicative competences: A clinical-developmental exploration in a pair of troubled early adolescents. In R. A. Hinde, A., Perret-Clermont & J. Stevenson-Hinde (Eds.), *Social relationships and cognitive development* (pp. 208-232). Oxford: Clarendon.

Shantz, C. U. (1983). Social cognition. In J. Flavell & E. Markman (Eds.), *Handbook of child psychology*: Vol. 3. Cognitive development (4th edition, pp. 495-555). New York: Wiley.

Sheehan, D. (1983). *The anxiety disease*. New York: Charles Scribner's Sons.

Smith, T. W., Ingram, R. E. & Brehm, S. S. (1985). Social anxiety, anxious self-preoccupation, and recall of self-relevant information. *Journal of Personality and Social Psychology, 44*, 1276-1283.

Sorce, J. F., Emde, R. N., Campos, J. J. & Klinnert, M. D. (1985). Maternal emotional signaling: Its effects on the visual cliff behavior of 1-year olds. *Developmental Psychology, 21*, 195-200.

Sroufe, L. A. (1979). Socioemotional development. In J. D. Osofsky (Ed.), *Handbook of infant development* (pp. 462-516). New York: Wiley.

Stein, M. B., Walker, J. R. & Forde, D. R. (1994). Setting diagnostic tresholds for social phobia: Considerations from a community survey of social anxiety. *American Journal of Psychiatry, 151*, 408-412.

Stemberger, R. T., Turner, S. M., Beidel, D. C. & Calhoun, S. (1995). Social Phobia: An analysis of possible developmental factors. *Journal of Abnormal Psychology, 104*, 526-531.

Stevens, J. (1992). *Applied multivariate statistics for the social sciences (2nd edition)*. Hillsdale: Lawrence Erlbaum Associates.

Stevenson-Hinde, J. & Shouldice, A. (1993). Wariness to strangers: A behavior systems perspective revisited. In K. A. Rubin & J. B. Asendorpf (Eds.), *Social withdrawal, inhibition, and shyness in childhood (pp. 101-116). Hillsdale: Lawrence Erlbaum Associates.

Stopa, L. & Clark, D. M. (1993). Cognitive processes in Social Phobia. Behavioral Research and Therapy, 31, 255-267.

Strauss, C. C. & Francis, G. (1989). Phobic disorders. In C. G. Last & M. Hersen (Eds.), Handbook of child psychiatric diagnosis (pp. 170-190). New York: Wiley.

Strauss, C. C. & Last, C. G. (1993). Social and simple phobias in children. Journal of Anxiety Disorders, 1, 141-152.

Suomi, S. J. (1983). Social development in rhesus monkeys: Consideration of individual differences. In A. Oliverio & M. Zapella (Eds.), The behavior of human infants. New York: Plenum Press.

Suomi, S. J., Kraemer, G. W., Baysinger, C. M. & Delizio, R. D. (1981). Inherited and experimental factors associated with individual differences in anxious behavior displayed by rhesus monkeys. In D. F. Klein & J. Rabkin (Eds.), Anxiety: Research and changing concepts. New York: Ravin Press.

Thomas, A. & Chess, S. (1977). Temperament and development. New York: Brunner/Mazel.

Thurner, F. & Tewes, U. (1975). Der Kinder-Angst-Test K-A-T. Ein Fragebogen zur Erfassung des Ängstlichkeitsgrades von Kindern ab 9 Jahren. Göttingen: Hogrefe.

Tomkins, S. S. (1962). Affect, imagery, and consciousness (Vol. 1). New York: Springer.

Torgersen, S. (1979). The nature and origin of common phobic fears. British Journal of Psychiatry, 134, 343-351.

Townsley, R. (1992). Social Phobia: Identification of possible etiological factors. Unpublished doctoral dissertation, University of Georgia, Athens.

Trower, P., Bryan, B. M. & Argyle, M. (1978). Social skills and mental health. London: Mehuen.

Tucker, L. R. (1951). A method for synthesis of factor analytic studies. Personal research report No. 984. Washington, DC: Department of the Army.

Tucker, J. S. & Riggio, R. E. (1988). The role of social skills in encoding posed and spontaneous facial expressions. Journal of Nonverbal Behavior, 12, 87-97.

Turner, S. M. & Beidel, D. C. (1988). Some further comments on the measurement of social phobia. Behavior Research and Therapy, 26, 411-413.

Turner, S. M., Beidel, D. C. & Borden, J. W. (1991). Social phobia: Axis I and II correlates. *Journal of Abnormal Psychology, 100*, 102-106.

Turner, S. M., Beidel, D. C., Dancu, C. V. & Keys, D. J. (1986). Psychopathology of social phobia and comparison to avoidant personality disorder. *Journal of Abnormal Psychology, 95*, 389-394.

Turner, S. M., Beidel, D. C., Dancu, C. V. & Stanley, M. A. (1989). An empirically derived inventory to measure social fears and anxiety: The Social Phobia and Anxiety Inventory. *Psychological Assessment, 1*, 35-40.

Turner, S. M., Beidel, D. C. & Townsley, R. M. (1990). Social Phobia: Relationship to shyness. *Behavior Research and Therapy, 28*, 497-505.

Turner, S. M., Beidel, D. C. & Townsley, R. M. (1992). Social phobia: A comparison of specific and generalized subtypes and avoidant personality disorder. *Journal of Abnormal Psychology, 101*, 326-331.

Turner, S. M., Beidel, D. C. & Wolff, P. L. (1996). Is behavioral inhibition related to the anxiety disorders? *Clinical Psychology Review, 16*, 157-172.

Turner, S. M., McCanna, M. & Beidel, D. C. (1987). Validity of the Social Avoidance and Distress and Fear of Negative Evaluation scales. *Behavior Research and Therapy, 25*, 113-115.

Unnewehr, S., Schneider, S. & Margraf, J. (1995). *Diagnostisches Interview Psychischer Störungen im Kindes- und Jugendalter.* Berlin: Springer.

Vernberg, E. M., Abwender, D. A., Ewell, K. K. & Berry, S. H. (1992). Social anxiety and peer relationships in early adolescence: A prospective analysis. *Journal of Clinical Child Psychology, 21*, 189-196.

Wagner, H. L. & Smith, J. (1991). Facial expression in the presence of friends and strangers. *Journal of Nonverbal Behavior, 15*, 201-214.

Watson, D. & Friend, R. (1969). Measurement of social-evaluative anxiety. *Journal of Consulting and Clinical Psychology, 33*, 448-457.

Wieczerkowski, W., Nickel, H., Janowski, A., Fittkau, B. & Rauer, W. (1974). *Angstfragebogen für Schüler.* Braunschweig: Westermann.

Windheuser, H. J. (1977). Anxious mothers as models for coping with anxiety. *Behavioral Analysis and Modification, 2*, 39-58.

Winton, E. C., Clark, D. M. & Edelman, R. J. (1995). Social anxiety, fear of negative evaluation and detection of emotion in others. *Behavior Research and Therapy, 33*, 193-196.

Wittchen, H.-U. & Vossen, A. (1996). Komorbiditätsstrukturen. In J. Margraf (Hrsg.), *Lehrbuch der Verhaltenstherapie*, Band I (S. 217-235). Berlin: Springer.

Wittchen, H.-U. & Zerssen, D. von (1988). *Verläufe behandelter und unbehandelter Depressionen und Angststörungen. - Eine klinisch-psychiatrische und epidemiologische Verlaufsuntersuchung*. Berlin: Springer.

Yarczower, M. & Daruns, L. (1982). Social inhibition of spontaneous facial expressions in children. *Journal of Personality and Social Psychology, 43*, 831-837.

Younge-Brown, G., Rosenfield, H. M. & Horowitz, F. D. (1977). Infant discrimination of facial expressions. Child Development, 48, 555-562.

Younger, A. & Boyko, K. A. (1987). Aggression and withdrawal in social schemas underlying children's peer perceptions. *Child Development, 58*, 1094-1100.

Younger, A., Gentile, C. & Burgess, K. (1993). Children's perceptions of social withdrawal, inhibition, and shyness in children. In K. H. Rubin & J. B. Asendorpf (Eds.), *Social withdrawal, inhibition, and shyness in children* (pp. 215-235). Hillsdale: Lawrence Erlbaum Associates.

Yuen, P. K. (1994). Social anxiety and the allocation of attention: Evaluation using facial stimuli in a dot-probe paradigm. Unpublished research project, Department of Experimental Psychology, University of Oxford, UK. From D. M. Clark & A. Wells (1995). A cognitive model of social phobia. In R. G. Heimberg, M. R. Liebowitz, D. A. Hope & F. R. Schneier (Eds.), *Social phobia: Diagnosis, assessment, and treatment* (pp. 69-93). New York: The Guilford Press.

Zimbardo, P. G. (1977). *Shyness*. Reading: Madison-Wesley.

Zimbardo, P. G. (1986). The Stanford Shyness Project. In W. H. Jones, J. M. Cheek & S. R. Briggs (Eds.), *Shyness. Perspectives on research and treatment* (pp. 17-25). New York: Plenum Press.

Zimbardo, P. G., Pilkonis, P. A. & Norwood, R. M. (1974). *The silent prison of shyness* (ONR tech Rep. No. Z - 17). Stanford: Stanford University.

Zimbardo, P. G., Pilkonis, P. A. & Norwood, R. M. (1975). The social disease called shyness. *Psychology Today, 8*, 68-72.

DANKSAGUNGEN

An dem Zustandekommen der vorliegenden Arbeit waren eine Reihe von Personen beteiligt. Auch wenn ich an dieser Stelle nicht alle namentlich nennen kann, gilt doch allen mein herzlicher Dank.

An erster Stelle danke ich den Kindern und Müttern, die sich bereit erklärten, an den vorliegenden Untersuchungen teilzunehmen.

Mein ganz besonderer Dank gilt Frau Prof. Dr. Irmela Florin, die die vorliegende Arbeit betreute. Für ihre unermüdliche Hilfe bedanke ich mich von ganzem Herzen. Ohne ihre Ermutigungen wäre diese Arbeit nicht zustandegekommen.

Bedanken möchte ich mich auch bei der Deutschen Forschungsgemeinschaft, deren finanzielle Unterstützung (FL 117/9-1) die Realisierung dieser Arbeit ermöglicht hat.

An der praktischen Durchführung des Forschungsprojektes waren Julia Osterlow, Sabine Gall, Simone Blum und Annette Henning beteiligt. Für technische Fragen stand Herr Trusheim zur Verfügung. Ich möchte mich sehr für die gute Zusammenarbeit bedanken.

Ein herzlicher Dank gilt Kirsten Bieletzki, die die Fotografien für die Emotionserkennungsaufgabe erstellte, und Alexander Gerlach für das Korrekturlesen der Arbeit. Ein ganz großes Dankeschön möchte ich Jörg Beyer wegen seiner vielzähligen konstruktiven Anregungen und praktischen Hilfen ausdrücken.

Meiner Mutter, meiner Oma, meinen Geschwistern und meinem Vater danke ich für die persönliche Unterstützung während der verschiedenen Phasen der vorliegenden Arbeit.

Für alle technischen, inhaltlichen und persönlichen Fragen hatte Rolf Stieler stets ein offenes Ohr. Hierfür und vieles mehr möchte ich mich ganz herzlich bedanken.

ANHANG

SPAI-C

Gleich werden einige Gelegenheiten beschrieben, bei denen Jungen oder Mädchen manchmal aufgeregt sind oder Angst haben. Dies sind immer Gelegenheiten, bei denen man mit anderen Leuten zusammen ist.

Zum Beispiel:
- wenn man draußen mit anderen Jungen und Mädchen spielt,
- wenn man Sport macht, während andere zuschauen,
- wenn man bei einem Theaterstück mitmacht oder vor anderen etwas aufsagt,
- wenn man zu einer Party oder einem Treffen geht,
- wenn man auf dem Spielplatz spielt
- oder wenn man einfach nur mit anderen Jungen und Mädchen zusammen in der Schule ist.

Überlege, wie es bei Dir ist. Kreuze den Kreis an, der angibt, wie oft Du bei diesen Gelegenheiten aufgeregt bist oder Angst hast.

1. Ich habe Angst, wenn ich zu einer großen Gruppe von mehr als 6 anderen Jungen und Mädchen hinzukommen muß
○ nie oder selten   ○ manchmal   ○ meistens oder immer

2. Ich habe Angst, wenn ich mit anderen Jungen und Mädchen oder Erwachsenen zusammen bin und mich alle anschauen.
○ nie oder selten   ○ manchmal   ○ meistens oder immer

3. Ich habe Angst, wenn ich mit anderen Jungen und Mädchen oder Erwachsenen zusammen bin und etwas tun muß, wobei die anderen zuschauen, zum Beispiel laut vorlesen, ein Spiel spielen oder Sport machen.
○ nie oder selten   ○ manchmal   ○ meistens oder immer

4. Ich habe Angst, wenn ich vor einer Gruppe von Menschen sprechen oder vorlesen muß.
○ nie oder selten   ○ manchmal   ○ meistens oder immer

5. Ich habe Angst, wenn ich vor der Klasse oder vor einer Gruppe Fragen beantworten muß, selbst wenn ich die Antwort kenne.
○ nie oder selten   ○ manchmal   ○ meistens oder immer

6. Auf Parties oder bei Feiern habe ich solche Angst, daß ich früh nach Hause gehe.

○ nie oder selten   ○ manchmal   ○ meistens oder immer

7. Ich habe Angst, wenn ich neue Jungen oder Mädchen treffe.

○ nie oder selten   ○ manchmal   ○ meistens oder immer

8. Ich habe zu viel Angst, um in der Klasse Fragen zu stellen.

○ nie oder selten   ○ manchmal   ○ meistens oder immer

Ich habe Angst im Schülercafé,...

9. ...wenn ich mit Jungen und Mädchen in meinem Alter zusammen bin, die ich kenne.

○ nie oder selten   ○ manchmal   ○ meistens oder immer

...wenn ich mit Jungen und Mädchen in meinem Alter zusammen bin, die ich **nicht** kenne.

○ nie oder selten   ○ manchmal   ○ meistens oder immer

...wenn ich mit Erwachsenen zusammen bin.

○ nie oder selten   ○ manchmal   ○ meistens oder immer

10. Wenn jemand Streit mit mir anfängt, habe ich Angst und weiß nicht, was ich tun soll,...

...wenn es jemand in meinem Alter ist, den ich kenne.

○ nie oder selten   ○ manchmal   ○ meistens oder immer

...wenn es jemand in meinem Alter ist, den ich **nicht** kenne.

○ nie oder selten   ○ manchmal   ○ meistens oder immer

...wenn es ein erwachsener Mensch ist.

○ nie oder selten   ○ manchmal   ○ meistens oder immer

11. Wenn mich jemand bittet, etwas zu tun, was ich nicht machen möchte, habe ich Angst und weiß nicht, was ich sagen soll,...

...wenn es jemand in meinem Alter ist, den ich kenne.

○ nie oder selten   ○ manchmal   ○ meistens oder immer

...wenn es jemand in meinem Alter ist, den ich **nicht** kenne.

○ nie oder selten   ○ manchmal   ○ meistens oder immer

...wenn es ein erwachsener Mensch ist.

○ nie oder selten   ○ manchmal   ○ meistens oder immer

12. Ich habe Angst und weiß nicht, was ich tun soll, wenn ich in einer peinlichen Situation...
("peinlich" bedeutet, daß Dein Gesicht heiß und rot wird)

...mit jemandem in meinem Alter, den ich kenne, zusammen bin.

○ nie oder selten   ○ manchmal   ○ meistens oder immer

...mit jemandem in meinem Alter, den ich **nicht** kenne, zusammen bin.

○ nie oder selten   ○ manchmal   ○ meistens oder immer

...mit einem erwachsenen Menschen zusammen bin.

○ nie oder selten   ○ manchmal   ○ meistens oder immer

13. Wenn jemand etwas sagt, von dem ich denke, daß es falsch oder schlecht ist, traue ich mich nicht zu sagen, was **ich** denke,...

...wenn es jemand in meinem Alter ist, den ich kenne.

○ nie oder selten   ○ manchmal   ○ meistens oder immer

...wenn es jemand in meinem Alter ist, den ich **nicht** kenne.

○ nie oder selten   ○ manchmal   ○ meistens oder immer

...wenn es ein erwachsener Mensch ist.

○ nie oder selten   ○ manchmal   ○ meistens oder immer

14. Ich habe Angst, jemanden anzusprechen,...

...wenn es jemand in meinem Alter ist, den ich kenne.

○ nie oder selten   ○ manchmal   ○ meistens oder immer

...wenn es jemand in meinem Alter ist, den ich **nicht** kenne.

○ nie oder selten   ○ manchmal   ○ meistens oder immer

...wenn es ein erwachsener Mensch ist.

○ nie oder selten   ○ manchmal   ○ meistens oder immer

15. Ich habe Angst, wenn ich länger als einige Minuten...

...mit jemandem in meinem Alter, den ich kenne, sprechen muß.

○ nie oder selten   ○ manchmal   ○ meistens oder immer

...mit jemandem in meinem Alter, den ich **nicht** kenne, sprechen muß.

○ nie oder selten   ○ manchmal   ○ meistens oder immer

...mit einem erwachsenen Menschen sprechen muß.

○ nie oder selten   ○ manchmal   ○ meistens oder immer

16. Ich habe Angst, vor jemand zu sprechen, zum Beispiel eine Zusammenfassung geben oder etwas vorlesen,...

...wenn es Jungen oder Mädchen in meinem Alter sind, die ich kenne.

○ nie oder selten   ○ manchmal   ○ meistens oder immer

...wenn es Jungen oder Mädchen in meinem Alter sind, die ich **nicht** kenne.

○ nie oder selten   ○ manchmal   ○ meistens oder immer

...wenn es Erwachsene sind.

○ nie oder selten   ○ manchmal   ○ meistens oder immer

17. Ich habe Angst, wenn ich bei einer Schulaufführung mitmache,...

...bei der Jungen und Mädchen in meinem Alter, die ich kenne, zuschauen.

○ nie oder selten   ○ manchmal   ○ meistens oder immer

...bei der Jungen und Mädchen in meinem Alter, die ich **nicht** kenne, zuschauen.

○ nie oder selten   ○ manchmal   ○ meistens oder immer

...bei der Erwachsene zuschauen.

○ nie oder selten   ○ manchmal   ○ meistens oder immer

18. Ich habe Angst,...

...wenn Jungen oder Mädchen in meinem Alter, die ich kenne, mich nicht beachten oder sich über mich lustig machen.

○ nie oder selten   ○ manchmal   ○ meistens oder immer

...wenn Jungen oder Mädchen in meinem Alter, die ich **nicht** kenne, mich nicht beachten oder sich über mich lustig machen.

○ nie oder selten   ○ manchmal   ○ meistens oder immer

...wenn Erwachsene mich nicht beachten oder sich über mich lustig machen.

○ nie oder selten   ○ manchmal   ○ meistens oder immer

19. Ich versuche, das Zusammensein mit anderen auf Parties, in der Schule oder beim Spiel zu vermeiden,...

...wenn Jungen oder Mädchen in meinem Alter, die ich kenne, da sind.

○ nie oder selten   ○ manchmal   ○ meistens oder immer

...wenn Jungen oder Mädchen in meinem Alter, die ich **nicht** kenne, da sind.

○ nie oder selten   ○ manchmal   ○ meistens oder immer

...wenn Erwachsene da sind.

○ nie oder selten   ○ manchmal   ○ meistens oder immer

20. Ich gehe weg,...

...wenn ich auf Parties, in der Schule oder beim Spiel mit Jungen oder Mädchen in meinem Alter, die ich kenne, zusammenkomme.

○ nie oder selten   ○ manchmal   ○ meistens oder immer

...wenn ich auf Parties, in der Schule oder beim Spiel mit Jungen oder Mädchen in meinem Alter, die ich **nicht** kenne, zusammenkomme.

○ nie oder selten   ○ manchmal   ○ meistens oder immer

...wenn ich auf Parties, in der Schule oder beim Spiel mit Erwachsenen zusammenkomme.

○ nie oder selten   ○ manchmal   ○ meistens oder immer

21. Bevor ich zu einer Party oder sonstwo mit anderen hingehe, überlege ich, was alles schief gehen könnte.

Ich denke: Werde ich einen Fehler machen und dann dumm dastehen?

○ nie oder selten   ○ manchmal   ○ meistens oder immer

Ich denke: Was wird sein, wenn niemand mit mir spricht?

○ nie oder selten   ○ manchmal   ○ meistens oder immer

Ich denke: Was wird sein, wenn jemand mit mir spricht und ich nicht weiß, was ich antworten soll?

○ nie oder selten   ○ manchmal   ○ meistens oder immer

Ich denke: Was wird sein, wenn sie sehen, wie ängstlich ich bin?

○ nie oder selten   ○ manchmal   ○ meistens oder immer

22. Meine Stimme bleibt weg oder klingt komisch, wenn ich mit anderen spreche.

○ nie oder selten   ○ manchmal   ○ meistens oder immer

23. Gewöhnlich spreche ich zu niemandem, bis mich jemand anspricht.

○ nie oder selten   ○ manchmal   ○ meistens oder immer

24. Wenn ich mit anderen Menschen zusammen bin, habe ich ängstliche Gedanken.:

Ich denke: Wenn ich mich tolpatschig benehme, werde ich mich richtig schlecht fühlen.

○ nie oder selten   ○ manchmal   ○ meistens oder immer

Ich denke: Was denken die über mich?

○ nie oder selten   ○ manchmal   ○ meistens oder immer

Ich denke: Was immer ich auch sage, es wird sich dumm anhören.

○ nie oder selten   ○ manchmal   ○ meistens oder immer

25. **Bevor** ich irgendwo hingehe, auf eine Party, zur Schule, zum Fußballspiel oder irgendwohin, wo ich mit anderen zusammen bin,...

...schwitze ich.

○ nie oder selten   ○ manchmal   ○ meistens oder immer

...habe ich das Gefühl, als müßte ich zur Toilette.

○ nie oder selten   ○ manchmal   ○ meistens oder immer

...klopft mein Herz schnell.

○ nie oder selten   ○ manchmal   ○ meistens oder immer

...bekomme ich Kopfschmerzen oder Magenschmerzen.

○ nie oder selten   ○ manchmal   ○ meistens oder immer

...habe ich ein komisches Gefühl im Magen.

○ nie oder selten   ○ manchmal   ○ meistens oder immer

26. Während ich irgendwo bin, auf einer Party, in der Schule, beim Fußballspiel oder irgendwo, wo ich mit anderen zusammen bin,...

...schwitze ich.

○ nie oder selten   ○ manchmal   ○ meistens oder immer

...zittere ich.

○ nie oder selten   ○ manchmal   ○ meistens oder immer

...habe ich das Gefühl, als müßte ich zur Toilette.

○ nie oder selten   ○ manchmal   ○ meistens oder immer

...klopft mein Herz stark.

○ nie oder selten   ○ manchmal   ○ meistens oder immer

...habe ich Kopfschmerzen oder Bauchschmerzen.

○ nie oder selten   ○ manchmal   ○ meistens oder immer

SASC - R - D

Auf den nächsten Seiten findest Du einige Aussagen.
Versuche bitte, diese Sätze der Reihe nach so zu beantworten, wie es für Dich zutrifft.

Unter jedem Satz sind fünf Kreise:

| ◯ nie | ◯ selten | ◯ manchmal | ◯ meistens | ◯ immer |

Überlege Dir, ob die Aussage überhaupt nicht stimmt, nur selten stimmt, manchmal
stimmt, meistens oder immer stimmt. Mache in das zutreffende Feld bitte Dein Kreuz.

Bitte, beantworte alle Sätze ehrlich. Überlege bei den einzelnen Sätzen nicht zu lange
und achte darauf, daß Du keinen Satz ausläßt.

Dies ist keine Klassenarbeit. Du brauchst Dich daher nicht zu beeilen. Manche brauchen
zur Beantwortung etwas mehr Zeit, andere etwas weniger.
Es gibt keine richtigen und keine falschen Antworten.

1. Ich habe Angst davor, geärgert zu werden.

| ◯ nie | ◯ selten | ◯ manchmal | ◯ meistens | ◯ immer |

2. Ich fühle mich unsicher bei Jungen und Mädchen, die ich nicht kenne.

| ◯ nie | ◯ selten | ◯ manchmal | ◯ meistens | ◯ immer |

3. Ich glaube, daß andere Jungen und Mädchen hinter meinem Rücken über
mich reden.

| ◯ nie | ◯ selten | ◯ manchmal | ◯ meistens | ◯ immer |

4. Ich spreche nur mit Jungen und Mädchen, die ich gut kenne.

| ◯ nie | ◯ selten | ◯ manchmal | ◯ meistens | ◯ immer |

5. Ich mag nichts Neues vor anderen Jungen und Mädchen ausprobieren.

○ nie ○ selten ○ manchmal ○ meistens ○ immer

6. Ich überlege mir, was andere Jungen und Mädchen wohl von mir denken.

○ nie ○ selten ○ manchmal ○ meistens ○ immer

7. Ich habe Angst, daß andere Jungen und Mädchen mich nicht mögen.

○ nie ○ selten ○ manchmal ○ meistens ○ immer

8. Ich bin aufgeregt, wenn ich mit Jungen und Mädchen rede, die ich nicht gut kenne.

○ nie ○ selten ○ manchmal ○ meistens ○ immer

9. Ich mache mir Gedanken, was andere Jungen und Mädchen wohl über mich sagen.

○ nie ○ selten ○ manchmal ○ meistens ○ immer

10. Wenn ich mit Jungen und Mädchen rede, die neu in die Klasse gekommen sind, bin ich aufgeregt.

○ nie ○ selten ○ manchmal ○ meistens ○ immer

11. Ich frage mich, ob andere Jungen und Mädchen mich wohl mögen.

○ nie ○ selten ○ manchmal ○ meistens ○ immer

12. In einer Gruppe von Jungen und Mädchen bin ich ruhig und zurückhaltend.

○ nie ○ selten ○ manchmal ○ meistens ○ immer

Ich glaube, daß andere Jungen und Mädchen sich über mich lustig machen.

13.

( ) nie ( ) selten ( ) manchmal ( ) meistens ( ) immer

Wenn ich mich mit einem anderen Jungen oder Mädchen streite, habe ich Angst, daß er oder sie mich nicht mehr mögen wird.

14.

( ) nie ( ) selten ( ) manchmal ( ) meistens ( ) immer

Ich habe Angst, andere zu mir nach Hause einzuladen, weil sie ablehnen könnten.

15.

( ) nie ( ) selten ( ) manchmal ( ) meistens ( ) immer

Bei bestimmten Jungen und Mädchen bin ich aufgeregt.

16.

( ) nie ( ) selten ( ) manchmal ( ) meistens ( ) immer

Ich fühle mich unsicher, selbst bei Jungen und Mädchen, die ich sehr gut kenne.

17.

( ) nie ( ) selten ( ) manchmal ( ) meistens ( ) immer

Es fällt mir schwer, andere Jungen und Mädchen zu fragen, ob sie mit mir spielen.

18.

( ) nie ( ) selten ( ) manchmal ( ) meistens ( ) immer

Bitte dieses Feld nicht ausfüllen

Lehrereinschätzungen

Schätzen Sie bitte jede(n) Ihrer Schülerinnen / Schüler auf einer Skala von 1 bis 6 dahingehend ein, für wie aggressiv, wie schüchtern und wie beliebt Sie das Kind halten. Im folgenden geben wir Ihnen eine kurze Beschreibung, was wir unter diesen Begriffen verstehen:

Aggressive Schüler

Jeder Lehrer hat Schüler in seiner Klasse, die mehr Disziplin zu fordern scheinen als andere. Allgemein können sie beschrieben werden als Kinder, die des öfteren die Rechte anderer verletzen, um ihren eigenen Kopf durchzusetzen. Im extremen Fall beschimpft, schubst, tritt und schlägt dieses Kind, es zerstört Gegenstände u. ä. Häufiger jedoch kommt ein subtileres negatives Verhalten vor, z. B. jemanden verbal zu beleidigen, Gesichter zu schneiden, jemanden exzessiv zu hänseln oder andere in Schwierigkeiten zu bringen.

Schüchterne Schüler

Das zurückgezogene Kind kann allgemein beschrieben werden als ein Kind, das nicht um eigene Rechte kämpft und möglicherweise ständig bestrebt ist, die Anforderungen anderer zu erfüllen. Diese Kinder verbringen im allgemeinen die meiste Zeit allein. Falls sie im Mittelpunkt der Aufmerksamkeit stehen, fühlen sie sich sichtlich unwohl. Sie vermeiden Führungsrollen und können auch traurig, ängstlich und leicht verletzbar erscheinen.

Beliebte Schüler

Diese Kinder gehen aus sich heraus, sind freundlich, und sie sind gerne mit anderen Kindern zusammen. Sie stehen für eigene Rechte ein und werden oftmals von den anderen Kindern und dem Lehrer als Führer angesehen. Sie erscheinen glücklich und sind bei anderen beliebt.

Bitte schätzen Sie nun die Schüler Ihrer Klasse ein: für wie aggressiv, wie schüchtern und wie beliebt halten Sie jeden einzelnen?

Die Ziffern bedeuten folgendes:

1 - trifft gar nicht zu	2 - trifft kaum zu	3 - trifft bedingt zu
4 - trifft weitgehend zu	5 - trifft überwiegend zu	6 - trifft vollständig zu

Schülercode	Lehrereinschätzung

	Aggressivität:	○ 1 ○ 2 ○ 3 ○ 4 ○ 5 ○ 6
	Schüchternheit:	○ 1 ○ 2 ○ 3 ○ 4 ○ 5 ○ 6
	Beliebtheit:	○ 1 ○ 2 ○ 3 ○ 4 ○ 5 ○ 6

	Aggressivität:	○ 1 ○ 2 ○ 3 ○ 4 ○ 5 ○ 6
	Schüchternheit:	○ 1 ○ 2 ○ 3 ○ 4 ○ 5 ○ 6
	Beliebtheit:	○ 1 ○ 2 ○ 3 ○ 4 ○ 5 ○ 6

	Aggressivität:	○ 1 ○ 2 ○ 3 ○ 4 ○ 5 ○ 6
	Schüchternheit:	○ 1 ○ 2 ○ 3 ○ 4 ○ 5 ○ 6
	Beliebtheit:	○ 1 ○ 2 ○ 3 ○ 4 ○ 5 ○ 6

	Aggressivität:	○ 1 ○ 2 ○ 3 ○ 4 ○ 5 ○ 6
	Schüchternheit:	○ 1 ○ 2 ○ 3 ○ 4 ○ 5 ○ 6
	Beliebtheit:	○ 1 ○ 2 ○ 3 ○ 4 ○ 5 ○ 6

	Aggressivität:	○ 1 ○ 2 ○ 3 ○ 4 ○ 5 ○ 6
	Schüchternheit:	○ 1 ○ 2 ○ 3 ○ 4 ○ 5 ○ 6
	Beliebtheit:	○ 1 ○ 2 ○ 3 ○ 4 ○ 5 ○ 6

	Aggressivität:	○ 1 ○ 2 ○ 3 ○ 4 ○ 5 ○ 6
	Schüchternheit:	○ 1 ○ 2 ○ 3 ○ 4 ○ 5 ○ 6
	Beliebtheit:	○ 1 ○ 2 ○ 3 ○ 4 ○ 5 ○ 6

EXPLORATIONSBOGEN

Code: _____   Datum:_____

1.   Geschlecht des Kindes: O männlich   O weiblich

2.   Geburtsdatum des Kindes: _____

3.   Schulart: _____

4.   Klasse: _____

5.   Schulabschluß der Mutter:

   O Volksschul-/Hauptschulabschluß
   O Mittlere Reife/Realschulabschluß
   O Abitur (Hochschulreife)
   O anderer Schulabschluß

6.   Abgeschlossene Berufsausbildung oder Hochschulausbildung der
     Mutter:

   O gewerbliche oder landwirtschaftliche Lehre
   O kaufmännische oder sonstige Lehre
   O Berufsfachschule, Handelsschule
   O Fachschule (z.B. Meister-, Technikerschule)
   O Beamtenausbildung
   O Fachschule, Ingenieursschule
   O Universität, Hochschule
   O sonstiger Ausbildungsabschluß
   O Nichts davon, habe noch keinen Ausbildungsabschluß

7.   Derzeitige berufliche Stellung bzw. (falls nicht mehr berufstätig) die
     letzte berufliche Stellung der Mutter:

   Arbeiter:
   O Ungelernte Arbeiter
   O Angelernte Arbeiter
   O Gelernte und Facharbeiter
   O Vorarbeiter, Kolonnenführer
   O Meister, Polier

Selbständige:
O Selbständige Landwirte
O Freie Berufe, selbständige Akademiker
O Sonstige Selbständige mit bis zu 9 Mitarbeitern
O Sonstige Selbständige mit 10 und mehr Mitarbeitern
O Mithelfende Familienangehörige

Sonstige:
O z.B. Auszubildende, Schüler, Studenten, Wehrpflichtige,
   Zivildienstleistende, Praktikanten
O im eigenen Haushalt Tätige

Angestellte:
O Industrie- und Werkmeister im Angestelltenverhältnis
O Angestellte mit einfacher Tätigkeit (z.B. Verkäufer, Kontorist, Stenotypistin)
O Angestellte mit qualifizierter Tätigkeit (z.B. Sacharbeiter, Buchhalter,
   Technischer Zeichner)
O Angestellte mit hochqualifizierter Tätigkeit oder Leitungsfunktion (z.B. wiss.
   Mitarbeiter, Prokurist, Abteilungsleiter)
O Angestellte mit umfassenden Führungsaufgaben (z.B. Direktor,
   Geschäftsführer, Vorstand größerer Betriebe und Verbände)

Beamte:
(einschließlich Richter und Berufssoldaten)
O Einfacher Dienst
O Mittlerer Dienst
O Gehobener Dienst
O Höherer Dienst

8. **Familienstand der Eltern:**

O verheiratet
O ledig
O feste Partnerschaft
O geschieden
O verwitwet
O sonstiges

9.1 **Wie ist der Gesundheitszustand Ihres Kindes?**

O kränklich
O robust
O gesund

9.2 **Wie oft im Jahr ist Ihr Kind krank** (Infektionskrankheiten) ....mal

9.3 Leidet es häufig unter den folgenden Beschwerden?

O Kopfschmerzen
O Allergien
O Schlafstörungen
O Magenleiden

10. Hat Ihr Kind irgendwann einen schweren Unfall erlitten?

O Ja   O Nein

Wenn Ja, welchen und wie alt war Ihr Kind damals? _____

Waren damit eine Operation, ein Krankenhausaufenthalt, Einschränkungen im Bewegungs-, Spiel- und Kontaktverhalten verbunden? _____

11. Gab es Besonderheiten in der Entwicklung Ihres Kindes?

Zum Beispiel besondere Krankheiten (u.a. verbunden mit einem längeren Krankenhausaufenthalt)?
_____

Zum Beispiel schwierige Geburt? _____

Zum Beispiel Entwicklungsverzögerungen (laufen, sprechen lernen u.ä.)
_____

Zum Beispiel starkes Fremdeln oder starke Trennungsangst? _____
_____

Andere: _____

12.1 Wie würden Sie Ihr Kind beschreiben?

a) zu Hause:

```
        o...............o...............o
eher lebhaft    weder noch    eher ruhig


        o...............o...............o
eher zurück-    weder noch    eher kontakt-
gezogen                       suchend


        o...............o...............o
eher aggressiv  weder noch    eher friedlich
```

b) in der Schule:

o................o................o
eher lebhaft   weder noch   eher ruhig

o................o................o
eher zurück-   weder noch   eher kontakt-
gezogen   suchend

o................o................o
eher aggressiv   weder noch   eher friedlich

12.2 Wie war Ihr Kind im Säuglingsalter?

o................o................o
eher lebhaft   weder noch   eher ruhig

o................o................o
eher an-   weder noch   eher nicht
schmiegsam   anschmiegsam

13. Wie oft zeigt Ihr Kind seine Gefühle?

o................o................o................o................o
nie   selten   manchmal   oft   sehr oft

14. Errötet Ihr Kind, wenn es verlegen wird?

o................o................o................o................o
nie   selten   manchmal   oft   sehr oft

15.1 Für wie schüchtern halten Sie Ihr Kind?

o................o................o................o................o
keine   geringe   mittlere   ziemliche   starke
Schüch-   Schüch-   Schüch-   Schüch-   Schüchternheit   ternheit   ternheit   ternheit   ternheit

15.2 Wie stark ist die Angst Ihres Kindes in den folgenden Situationen?

a) Auf Geburtstagsfeiern:

o................o................o................o................o
keine Angst   leichte Angst   mäßige Angst   schwere Angst   sehr schwere Angst

b) Wenn es in der Schulklasse etwas sagen soll:

O .... O .... O .... O .... O

keine Angst   leichte Angst   mäßige Angst   schwere Angst   sehr schwere Angst

c) Wenn es vor anderen schreiben soll (in der Schule etwas an die Tafel schreiben, Schul-aufgaben machen, etwas ausfüllen):

O .... O .... O .... O .... O

keine Angst   leichte Angst   mäßige Angst   schwere Angst   sehr schwere Angst

d) Wenn es sich mit anderen Kindern/Jugendlichen trifft:

O .... O .... O .... O .... O

keine Angst   leichte Angst   mäßige Angst   schwere Angst   sehr schwere Angst

e) Wenn es mit Erwachsenen sprechen muß:

O .... O .... O .... O .... O

keine Angst   leichte Angst   mäßige Angst   schwere Angst   sehr schwere Angst

15.3 Wie stark vermeidet Ihr Kind folgende Situationen?

a) Geburtstagsfeiern:

O .... O .... O .... O .... O

vermeidet   vermeidet   vermeidet   vermeidet   vermeidet
nie   selten   gelegentlich   häufig   immer

b) In der Schulklasse etwas sagen:

O .... O .... O .... O .... O

vermeidet   vermeidet   vermeidet   vermeidet   vermeidet
nie   selten   gelegentlich   häufig   immer

c) Vor anderen schreiben (in der Schule etwas an die Tafel schreiben, Schul-aufgaben machen, etwas ausfüllen):

O .... O .... O .... O .... O

vermeidet   vermeidet   vermeidet   vermeidet   vermeidet
nie   selten   gelegentlich   häufig   immer

d) Treffen mit anderen Kindern/Jugendlichen:

O .... O .... O .... O .... O

vermeidet   vermeidet   vermeidet   vermeidet   vermeidet
nie   selten   gelegentlich   häufig   immer

e) Mit Erwachsenen sprechen:

O .... O .... O .... O .... O ....
| vermeidet | vermeidet | vermeidet | vermeidet | vermeidet |
| nie | selten | gelegentlich | häufig | immer |

16.1 Hat Ihr Kind einen Kindergarten (Kinderkrippe, Vorschule und Kinderhort) besucht?

O Ja   O Nein

16.2 Wenn Ja, ging Ihr Kind gern in den Kindergarten (Kinderkrippe, Vorschule und Kinderhort)?

In den ersten Wochen: _____

Später: _____

17. War Ihr Kind in den ersten Monaten nach der Einschulung kontaktscheu?

O .... O .... O .... O .... O
| nie | selten | manchmal | oft | sehr oft |

18. Falls Sie Ihr Kind für schüchtern halten, beantworten Sie bitte folgende Frage:

Gab es aus Ihrer Sicht eine besondere Situation, in der die Schüchternheit ihren Anfang nahm?

O Ja   O Nein

Wenn Ja, schildern Sie diese Situation bitte in Stichworten:

_____

_____

_____

_____

19. Grübelt Ihr Kind darüber, was andere über es denken?

O .... O .... O .... O .... O ....
| nie | selten | manchmal | oft | sehr oft |

20. Wie verträumt ist Ihr Kind tagsüber?

O .... O .... O .... O .... O
nie   selten   manchmal   oft   sehr oft

21. Hat Ihr Kind eine Neigung, Selbstgespräche zu führen, wenn es etwas zu verarbeiten hat?

O .... O .... O .... O .... O
nie   selten   manchmal   oft   sehr oft

22.1 Für wie schüchtern halten Sie sich selbst?

O .... O .... O .... O .... O
keine   geringe   mittlere   ziemliche   starke
Schüch-   Schüch-   Schüch-   Schüch-   Schüchternheit   ternheit   ternheit   ternheit   ternheit

22.2 Wie stark ist Ihre Angst in den folgenden Situationen?

a) Auf Parties:

O .... O .... O .... O .... O
keine Angst   leichte Angst   mäßige Angst   schwere Angst   sehr schwere Angst

b) Wenn Sie vor einer Gruppe sprechen sollen:

O .... O .... O .... O .... O
keine Angst   leichte Angst   mäßige Angst   schwere Angst   sehr schwere Angst

c) Wenn Sie vor anderen schreiben (Schecks unterschreiben, Formulare ausfüllen):

O .... O .... O .... O .... O
keine Angst   leichte Angst   mäßige Angst   schwere Angst   sehr schwere Angst

d) Bei Treffen, Zusammenkünften, Tagungen:

O .... O .... O .... O .... O
keine Angst   leichte Angst   mäßige Angst   schwere Angst   sehr schwere Angst

e) Wenn Sie mit Autoritätspersonen sprechen müssen:

O .... O .... O .... O .... O
keine Angst   leichte Angst   mäßige Angst   schwere Angst   sehr schwere Angst

22.3 Wie stark vermeiden Sie folgende Situationen?

a) Parties:

O .... O .... O .... O .... O
| vermeidet | vermeidet | vermeidet | vermeidet | vermeidet |
| nie | selten | gelegentlich | häufig | immer |

b) Vor einer Gruppe sprechen:

O .... O .... O .... O .... O
| vermeidet | vermeidet | vermeidet | vermeidet | vermeidet |
| nie | selten | gelegentlich | häufig | immer |

c) Vor anderen schreiben (Schecks unterschreiben, Formulare ausfüllen):

O .... O .... O .... O .... O
| vermeidet | vermeidet | vermeidet | vermeidet | vermeidet |
| nie | selten | gelegentlich | häufig | immer |

d) Treffen, Zusammenkünfte, Tagungen:

O .... O .... O .... O .... O
| vermeidet | vermeidet | vermeidet | vermeidet | vermeidet |
| nie | selten | gelegentlich | häufig | immer |

e) Mit Autoritätspersonen sprechen:

O .... O .... O .... O .... O
| vermeidet | vermeidet | vermeidet | vermeidet | vermeidet |
| nie | selten | gelegentlich | häufig | immer |

22.3 Waren Sie als Kind schüchtern?

O .... O .... O .... O .... O
| nie | selten | manchmal | oft | sehr oft |

Wenn Ja, welche Situationen bereiteten Ihnen die stärkste Angst?

1. _____

2. _____

3. _____

23. Ist es Ihnen wichtig, daß andere Leute gut finden, was Sie tun?

O .... O .... O .... O .... O

nicht   etwas   mittel-   ziemlich   sehr
wichtig   wichtig   mäßig   wichtig   wichtig
                            wichtig

24. Ist es Ihnen unangenehm, wenn jemand Sie ablehnt, auch wenn dieser Mensch keine Bedeutung für Sie hat?

O .... O .... O .... O .... O

nie   selten   manchmal   oft   sehr oft

25.1 Für wie schüchtern halten Sie den Vater des Kindes?

O .... O .... O .... O .... O

keine   geringe   mittlere   ziemliche   starke
Schüch-   Schüch-   Schüch-   Schüch-   Schüchternheit   ternheit   ternheit   ternheit   ternheit

25.2 War Ihres Wissens der Vater als Kind schüchtern?

O .... O .... O .... O .... O

nie   selten   manchmal   oft   sehr oft

25.3 Lebt der Vater mit dem Kind in einem Haushalt?

O Ja   O Nein

Falls Nein, bis zu welchem Jahr lebte der Vater mit dem Kind in einem Haushalt?

19....

26.1 Geschwister Ihres Kindes:

Vorname:_____   Geschlecht: _____   Alter: ____

Vorname:_____   Geschlecht: _____   Alter: ____

Vorname:_____   Geschlecht: _____   Alter: ____

26.2 Halbgeschwister Ihres Kindes:

Vorname:_____ Geschlecht:_____ Alter:____

Vorname:_____ Geschlecht:_____ Alter:____

Vorname:_____ Geschlecht:_____ Alter:____

26.3 Stiefgeschwister Ihres Kindes:

Vorname:_____ Geschlecht:_____ Alter:____

Vorname:_____ Geschlecht:_____ Alter:____

Vorname:_____ Geschlecht:_____ Alter:____

26.2 Für wie schüchtern halten Sie die (Halb-/Stief-)Geschwister?

a)   Vorname: _____

O............O............O............O............O
keine   geringe   mittlere   ziemliche   starke
Schüch-   Schüch-   Schüch-   Schüch-   Schüchternheit   ternheit   ternheit   ternheit   ternheit

b)   Vorname: _____

O............O............O............O............O
keine   geringe   mittlere   ziemliche   starke
Schüch-   Schüch-   Schüch-   Schüch-   Schüchternheit   ternheit   ternheit   ternheit   ternheit

c)   Vorname: _____

O............O............O............O............O
keine   geringe   mittlere   ziemliche   starke
Schüch-   Schüch-   Schüch-   Schüch-   Schüchternheit   ternheit   ternheit   ternheit   ternheit